U0676743

每天一堂

国学必修课

必修课

YITANG
MEITIAN GUOXUE BIXIUKE

文 捷◎编著

中国华侨出版社

图书在版编目（CIP）数据

每天一堂国学必修课 / 文捷编著. －－北京：中国
华侨出版社，2016.4
ISBN 978-7-5113-6031-1

Ⅰ. ①每… Ⅱ. ①文… Ⅲ. ①国学—通俗读物
Ⅳ. ①Z126-49

中国版本图书馆 CIP 数据核字（2016）第 066925 号

● 每天一堂国学必修课

编　　著 / 文　捷
责任编辑 / 文　喆
责任校对 / 高晓华
装帧设计 / 环球互动
经　　销 / 新华书店
开　　本 / 710 毫米×1000 毫米 1/16　印张 /19　字数 /303 千字
印　　刷 / 北京柯蓝博泰印务有限公司
版　　次 / 2016 年 7 月第 1 版　2016 年 7 月第 1 次印刷
书　　号 / ISBN 978-7-5113-6031-1
定　　价 / 36.80 元

中国华侨出版社　北京市朝阳区静安里 26 号通成达大厦 3 层　邮编：100028
法律顾问：陈鹰律师事务所　　　　　编辑部：(010) 64443056　　64443979
发行部：(010) 64443051　　　　　传　真：(010) 64439708
网　址：www.oveaschin.com　　　E-mail：oveaschin@sina.com

前　言

　　"国学"，顾名思义即为中国之学，中华之学。从狭义上讲，国学是指以儒学为主体的中华传统文化与学术。从广义上说，中国古代和现代的文化和学术，包括历史、思想、哲学、地理、政治、经济乃至书画、音乐、术数、医学、星相、建筑等，这都属于国学的范畴。

　　中国是世界文明古国，有五千年的文明史，中华传统文化源远流长，博大精深，以其深厚的底蕴和内涵享誉世界，是世界文化史上的一朵奇葩。以国学为代表的中华文化传统是中华民族的"魂"和"根"，是中华民族的标志，是中华民族的骄傲，也是中华民族生生不息、团结奋进的不竭动力。一方面，中华民族的民族精神正是在中国文化传统之中孕育和发展起来的，中华民族文化不断传承、培育和发展着中华民族精神；另一方面，中华民族精神又构成了中华民族文化的核心和灵魂，成为中华民族传统基本特质与生命活力的集中体现。同时，千百年来，国学一直影响着国人的思想和道德，国学作为中华民族文化的传承，展现的不仅仅是中国悠久的传统文化，更是每一个中国人立身处世之本。为此，学习国学、了解国学，继承与弘扬中国的传统文化，是每一个中国人义不容辞的责任。

目前，在全国各地出现的"国学热"，表现了广大人民群众了解传统文化的巨大热情和迫切需要，也反映了传统文化中蕴藏着超越时空的价值和生命力。历史和现实都昭示我们，中华民族的伟大复兴，必将伴随着中华文化的伟大复兴，而中华文化的伟大复兴，又会推动中华民族的伟大复兴。

追根溯源，知古鉴今。从个人角度来说，国学中蕴含着深刻的思想和智慧，不仅可使我们开阔视野，提升软实力，丰富知识，更有助于启迪我们的思维，引发我们新的思考、探索和行动。

为帮助大家更好地了解和学习国学，我们特别编著了这本《每天一堂国学必修课》一书。本书汇集了中国古代的历史、思想学术、政治、文化艺术、民俗等知识，以每天一堂课的形式串连起来，并以通俗易懂的文字对每个知识点进行阐术，让读者能轻松地掌握国学知识，丰富自己的文化底蕴和个人内涵。本书的体例既科学合理又新颖别致，可读性极强，是每位想学习国学朋友的好帮手。

目 录

第一章 史家：以史为鉴，可以知兴替

1

第二章　儒家：悟君子之学，践贤智之行

第三章　道家：清静无为、自然有道的修身要义

第四章　法家：以法治国、以法为教的务实理念

第五章　墨家：平等大义中的"博爱"文化

第六章　其他学派：自由国度的"百家齐鸣"

第七章　兵家：上兵伐谋、居安思危的兵家谋略

第八章　医家：对自然与生命的精妙解读

第十章 科技：上下五千年的智慧之光

第十一章 考古探秘：古老国度的特色文化

第十二章　茶酒文化：中华文明发展历程中绚烂的一笔

第十三章　天文历法：探寻宇宙和时光的奥秘

第十四章　民俗：华夏大地上的儿女风情

第十五章　文化艺术：丰富多彩的魅力古国

第十六章　称呼"趣谈"：蕴藏在"称呼"中的博大文化

第一章
史家：以史为鉴，
可以知兴替

第 1 天　中国人为何以"华夏人"自居

中国人都以"华夏人"自居，这一说法是从何而来的呢？这要先从"华"与"夏"两个字的起源说起。

何谓"华"？《说文解字》解释："华，荣也。"也有人说，"华"源于地名。其实，"华"字有更深层的含义。古人如此解释道："冕服采章曰华"，就是说，中国人的祖先——河洛先民自炎黄二帝以来，都是穿戴着冠冕博衣大带采饰的，这种服饰其实上就是图腾崇拜。

在古代，"华"同"花"，炎黄二帝的母族就是以蜜蜂为图腾的。蜜蜂采百花而成蜜，自然由对蜜蜂的崇拜延伸到对花的崇拜。炎黄子孙称自己为"花（华）"，该是源于此。

"夏"源于什么呢？《说文解字》说："夏，中国之人也。"这里的"中国"应指古代河洛地区。更深层讲，"夏"实际上应源于山鸡。在古时，山鸡称为夏翟，简称夏。《尚书·禹贡》有"羽畎夏翟"之语。唐朝经学家，孔子的第 31 世孙孔颖达在《正义》中曰："《释鸟》云：'翟、山雉。'此言夏翟，则夏、翟共为雉名。"古人以山鸡羽作舞具，称为"舞夏"。《周礼》中有一种专门染丝帛的官职，称为"染夏"。原因是经染色后，丝帛五色斑斓，色似山鸡。古人认为，河洛地区为山鸡的聚集地，《尔雅·

1

释鸟》说："伊洛而南，素质五采皆备成章曰翚。"这里的"翚"就是一种羽毛鲜艳的山鸡。可见，"夏"在古代就指山鸡。

华夏族正是因为对"鲜花"与"山鸡"这两种"五采皆备"的生灵的崇拜而得名的。

唐人孔颖达说："中国有礼义之大，故称夏；有服章之美，故谓之华。华、夏一也。"华夏族是中国历史的开创者。公元前221年，秦始皇统一中国，一个幅员辽阔、人口众多、空前统一的中央集权国家出现了。其后，华夏族也曾称为秦人、汉人，甚至唐人，直到今天的中国人。所以，到今天，中国人也都以"华夏人"自居。

第2天 华夏子孙为何都是"龙的传人"

龙是中华民族的象征，世界各地的华夏子孙都以自己是"龙的传人"，并为此而骄傲。那么，你知道这是为什么吗？

闻一多先生在其三篇作品《伏羲考》、《龙凤》、《端午考》中指出，中国人被称为"龙的传人"来源于黄帝时代的传说。

相传，黄帝在统一中原前，主要以"熊"作为图腾标志。在他战败蚩尤统一中原地区后，它的标志兼取并融合了被吞并的其他氏族、部落的标志性图案，比如马、鸟、蛇、鹿、牛等。最后，这些图案经过拼合、融合，就成为华夏民族崇拜的形象——龙，它是一种虚拟的综合性神灵。后来，"龙"的形象开始出现于各种图案中，并逐渐地成了帝王的符瑞。

据传，炎帝是一位叫登的女子感天上的"神龙"而生，黄帝是附宝感"北斗"而生，尧帝是庆都感"赤龙"而生。而这些始祖既然都是龙繁衍的后代，因此，华夏民族的子孙便都成为"龙的传人"了。

第3天 汉民族是如何形成的

中国是一个统一的多民族国家，其中人口众多、分布面积最广的民族当数"汉族"了。汉族的形成经历了极为漫长而复杂的过程，它是中国的主体民族，是上古传说炎帝（或神农氏）与黄帝（或轩辕氏）两个部落的后裔，是在中国及海外华人占多数优势的民族。在历史上，中国上古史学专家许倬云认为，华夏部落经殷商周秦等等原位处中原边缘的夷人他者，在诸夏的基础上建立了"中国"本部，于汉朝形成自称为汉人的"文化共同体"。汉族别称"汉人""华人""唐人""秦人""桃花石"等。到了近代以后"民族"一词传入中国，"汉族"便取代"汉人"成为这一族群的正式名称。

第4天　你了解中国各个朝代名称的由来吗

中国朝代名称一般都有五个来源：由部族、部落联盟的名称而来；来自创建者原有封号、爵位；源于创建者原始住所或政权统治的区域；源于宗族关系；吉祥的寓意。

夏：据传禹曾受封于夏伯，因而用以称其政权为"夏"。另据历史学家范文澜先生说，禹的儿子启西迁大夏（山西南部汾浍一带）后，才称为"夏"。

商：相传商的始祖契曾帮助禹治水有功而受封于商，以后就以"商"来称其部落。汤灭夏后，就以"商"作为国名。后盘庚迁殷（今河南安阳西北）后，又称"殷"或"殷商"。

秦：秦本为古部落，其首领为周孝王养马有成绩，被周孝王赐姓为"嬴"，并赐给了一小块土地，后来又因救周有功被封为诸侯。秦始皇统一六国，始建立秦国。

汉：项羽封刘邦为汉王。后来刘邦击败项羽，统一中国，国号称"汉"。汉朝前期建都长安，后期迁都洛阳。故有"西汉"和"东汉"之称。

魏：汉献帝曾封曹操为"魏公""魏王"。曹丕代汉后便称"魏"。

蜀：刘备以四川为主要活动地区，"蜀"指四川，所以建立其政权称为"蜀"。

吴：孙权活动于长江下游一带，历史上曾建吴国，曹操曾封孙权为"吴王"，故史称"孙吴"。

晋：司马昭逼魏帝封他为"晋公"，灭蜀后进爵为晋王。后来他的儿子司马炎继承他的爵位，逼迫魏帝退位，自立为皇帝，国号为"晋"。

隋：隋文帝杨坚之父杨忠曾被北周封为"随国公"。隋文帝后袭用此封爵，称其政权为"隋朝"。他认为"随"有走的意思，恐不祥而改为"隋"。

唐：唐高祖李渊的祖父李虎佐周有功，被封为"唐国公"，爵位传至李渊。太原起兵后，李渊称"唐王"，后攻下长安建立唐朝。

辽：辽原称"契丹"，改"辽"是因居于辽河上游之故。

宋：后周恭帝即位后，任赵匡胤为归德节度使，归德军驻宋州（今河南商丘），赵匡胤为宋州节度使。故陈桥兵变后，赵匡胤因发迹在宋州，定国号为"宋"。

西夏：拓跋思恭占据"夏州"（今山西横山县），建国时以夏州得名，称"大夏"。因其在西方，宋人称"西夏"。

金：金都城上京会宁（今黑龙江阿城南），位于按山虎水（今阿什河）畔，相传其水产金，故其国号曰"金"。

元：元的命名是元世祖忽必烈定的，是取《易经》"大哉乾元"中的"元"，有大、首等意思。

明：朱元璋是元末起义军领袖之一，是继承郭子兴而发展起来的，郭子兴属于白莲教组织。白莲教宣称"黑暗即将过去，光明将要到来"，借以鼓舞人民反对黑暗的元朝统治，所以又称"光明教"。朱元璋不仅曾经信仰白莲教，而且承认自己是白莲教起义军的一支，朱元璋取得政权后，定国号为"明"。

清：满族是女真族的一支。女真族在北宋时建立金国。明末女真势力强大，重建金国（后金）。后金为了向外扩展，断绝了同明朝的臣属关系，把"金"改为"清"。

第5天 "中华民族"这一概念是如何产生的

"中华"一词，是在公元300年魏晋时期钟信"天人合一"观念的哲人从"中国"和"华夏"两个名词中各取一字复合而成的。"中"侧重的是自然，即指天，寓意天下之中；"华"侧重民族，即指人，一般指中国。"中华民族"一词是由历史悠久的"中华"一词与近代以来由"民族"一词相互结合而来成的。

其实，在近现代，"中华民族"是相对于外国民族而言的一个概念。

如近代学者梁启超所言："凡遇一他族而立刻有'我中国人也'之一观念浮现于脑际者，此人即中华民族一员也。"可见，中华民族这个实体则在远在"中华民族"这个族称出现以前数千年就形成了的。

另外，从中华民族内部结构来看，数千年来，"中华民族"内部各族的族称在不断地变化，特别是中原政权的更迭，常常导致一些族群向边疆乃至海外迁徙。而同时，另一些边疆族则向中原汇聚，并建立政权。但不论其内部如何变化，中华民族本身始终是一个数千年以来包容中国各族共同发展的恒久的主体。

第6天　在历史上，中国还有哪些别称

我国有着悠久的历史，经历了许多朝代的更迭，在此过程中，外国对中国的称呼也常因此而异。

在唐代，中国国势异常强盛，名声极大。因此在这之后，外国便有称中国为"唐"的习惯。《明史·真腊国传》中说："唐人者，诸蕃呼华人之称也，凡海外诸国尽然。"与此相关，外国也有把中国叫"唐家"的，华侨中谈及到祖国也有叫"唐山"的。与此类似的情况是，称中国为"秦"、"汉"。晋代僧人法显在《佛国记》中提到西域称中国和尚为"秦地众僧"。现在伊朗的波斯语、印度的印地语、意大利语、英语对中国的称呼，通常都认为是从秦的发音中转化而来的。

到了中国的汉代，国力强盛，统治者曾多次派遣使臣外出。汉代之后，中国人常以"汉"来称呼自己的国家，外国也常称中国为"汉"。现在，外国一般还称中国文化的学者为"汉学家"。

"契丹"作为中国的代称在西方也流传极远。现在俄语对中国的称呼即从契丹转音而来的。

此外，外国对中国的称呼还有许多，如支那、震旦、赛里斯等等。近代日本称中国为"支那"，一般认为，"支那"是秦的转音。

关于称中国为"震旦"的解释，一种认为这是"东方属震。是日出东方，故云震旦"。另一种认为，"震"为"秦"的转音，"旦"乃"斯坦"的简称。

"赛里斯"即"丝国"之意，古代外国已经知道中国产丝。西方学者到赛里斯时，多赞誉之词，如说"其人诚实，世界无比"，"举止温厚"，"习惯俭朴，喜安静读书以度日"，再如"物产丰富"，"气候温和，空气清新"等等。

第7天　你了解地图的起源与演变史吗

在中国，地图的起源很早，相传在人类发明象形文字以前就有了地图。人类要在一个地方定居，开展生存活动，就要记录下这地方的山川、水泽、土地状况。出走远地就要辨别方向、熟识路途的山丘、沟壑、河流、湖泽、树木、道路，要出得去，回得来。没有文字就用符号、线段、极简易的图形描绘成示意地图。

公元前11世纪，周成王决定在洛河流域建洛邑。《尚书》中《洛诰》就记述了有人就图兴建的事。春秋战国时期，由于战争和管理的需要，出现了不同用途的地图。《周礼》中列举执掌不同用途的地图的部门二十余个。有的掌"版图"（户籍图）、有的掌"土地之图"、有的掌"金玉锡石之地图"、有的掌"天下图"（全国性区划图）等。1977年，河北山县就发现了战国时期中山陵墓形式范围示意图。

战国时期，因为战事不断，所以军事地图很是普遍。《孙子兵法》和《孙膑兵法》分别附图9卷和4卷。《管子·地图篇》曾记载，凡统帅军队者，必事先详尽熟悉和掌握军事活动地区的地图。

其实，在公元3世纪，中国已经提出绘制平面地图的科学理论。西晋时山西闻喜人裴秀主持绘制《禹贡地域图》，明确提出绘制地图的6项原则。

在唐代以后，贾耽师承裴秀，绘制了《海内华夷图》。这是当时世界上最著名的地图。保存在西安碑林宋代刻的《华夷图》、《禹迹图》和保存在苏州又修正了《华夷图》中失误的宋代石刻《地理图》，是人们能看到最早的石刻地图。

元代朱思本总结唐宁前人经验，根据已有图籍，辅之实地调查，编成《舆地图》2卷。明代图洪先将其改成分幅图，名为《广舆图》，是最早的地图集。

清康熙年间，政府主持，聘用西洋教士，对全国实地测量，绘制出《皇舆全图》。同治六年，即公元 1869 年，杨守敬整理和编制了历代舆地图，用墨色标志古地名，朱色标志今地名，为后人研究地理沿革做出了不朽的贡献。同治二年，公元 1863 年，胡林翼主纂、邹世治、顾圭斋运用计里画方古法和经纬度制图新法，编制成《大清一统舆图》，因涉外，又称《皇朝中外一统舆图》，为应用最广泛的古代地图。

由今人谭其骧主编的《中国历史地图集》，从 1955 年开始编纂，1975 年内部试行，1982 年公开发行。包括原始社会、夏商西周、春秋战国、秦两汉、三国、两晋、十六国、南北朝、隋唐五代、宋辽金、元明清等，共 8 册 20 个图组 304 幅图，收地名 7 万个，是最完整的历史地图集。

第 8 天 中国古代的行政区划是如何演变的

行政区划是指国家对所管辖领土进行分级管理的区域结构，是中央集权出现后的产物。在我国极为漫长的封建社会中，随着朝代的不断更迭，其行政区划的变化大致可以分为五个时期：

1. 萌芽时期。因为我国早期的政治制度都基于氏族社会的传统而建立起来的。夏、商、周三代的政治制度都保留着氏族社会的特点，如商朝的内外服制度、西周的分封制都是以血缘关系为社会组织的纽带，这时虽然已经出现中央与地方的隶属关系，但却很不成熟。

2. 郡县制时期。指春秋战国、秦、汉时。

中国古代完整的地方行政制度出现于春秋战国时期。春秋时期，秦、晋、楚等国曾在边地设立县。后来，各诸侯国也普遍设县，从边远地逐步发展到内地。设郡晚于设县，也是为了满足防卫之需要而在边地设立。最初郡县互相都不归属，后来因为经济的发展，人口的增长，中原各诸侯国北部边境的郡开始分县而治，中原腹地的县虽然逐渐地划小，数目增多，于是就在县上置郡，形成郡县两极政区。到了战国后期，各诸侯国除都城以外都已经普遍设郡。秦朝统一六国之后，分天下为 36 郡，把郡县行政区划制度推行到全国。确立了郡县制度。

到了两汉时代，统治者承袭了秦制，但是统治者认为秦朝之所以会迅速灭亡，其主要原因是未分封子弟为王侯供卫中央，于是就将当时全国60个郡中的45个都分封给诸侯王，中央直辖仅15个郡，结果重蹈战国时割据之势，引发了七国之乱，缩小其辖境。从此，诸侯王"惟得衣食租税，不与政事"，郡国并行制名存实亡，实际已经恢复秦的郡县制。

3. 州制时期。指魏晋南北朝、隋时。

"州"指地方一级行政区划名，其起源于汉武帝时所建的刺史监察制。为了加强对地方的控制，汉武帝将全国分为十三个州部，每州设刺史监察地方，不过这时的州刺史并无固定的驻所，还没有形成一级行政规划。黄巾起义爆发后，朝廷为有效地镇压各地的农民起义，改刺史为州牧，命朝中九卿任州牧，执掌一州的军、政大权，州逐渐就成为郡、县以上的一级结构。因为州牧手握重兵，并以此为割据资本，使中央集权陷于瓦解，导致三国鼎立局面的形成。

魏晋南北朝时期，地方行政制度就显得极为混乱，隋统一全国后，隋文帝"罢天下郡"，推行以州领县的两级行政制度。

4. 道（路）时期。指唐、宋时。

唐朝前期与隋朝一样是州、郡名迭相改用。到了唐太宗时期，为了加强对地方的管理，就按山川地形分全国为十道，后又增为十五道。唐玄宗时又把"府"引进到行政区划中来，将属京师、陪都地建府以显示其特殊性，这使唐朝的行政区划基本上成为道——府（州）——县三级制。

到北宋统一中原后，为改变"方镇太重、君弱臣强"的局面，地方行政机构就采用分路而治，成为路——府——县三级行政区。事实上，宋的路制是仿唐代的道制而置。宋初分全国为十三道，府虽与州同级，但地位要略高于州，国都、陪都、皇帝诞生、居住和巡游过的地方，以及地位重要的州，都改置为府，情况与唐朝极为相似。

5. 行省制时期。元、明、清时。

自元代开始，统治者就开始实行行省制。行省源于魏晋时的行台，当时为中央行政处理军国大事时的临时派出机构。金朝曾在边境广置行台尚书省。蒙古入主中原时仿金制，设行尚书省统辖一个大区的路府州县，演变成地方最高政治机构。元世祖年间，尚书省并入中书省，地方机构也改称行中书省，简称行省。从此，地方政治制度进入划省而治的阶段。

明朝建立后，统治者为强化专制主义中央集权，撤销中书省，改称布政使司（因辖境与原行省相同，习惯上仍称省），布政司之下，分府、县两级行政机构。

清承明制，在内地设立 18 个行省，行省以下机构大都承明制。省置巡抚成为一省之长，同时置 8 总督，凡督抚同在一城的省，存总督而废巡抚；非总督驻节的省，巡抚可全权处理军国大事，至此，行省制臻于健全。后因省区太大，政务日繁，又在行省与府、州间置道，作为省政府的派出机构，称道台。

第 9 天　中国汉字是如何演化的

中国汉字的发展经历了甲骨文、金文、大篆、小篆、隶书、楷书、行书、草书、宋体几个发展阶段。

公元前 14 世纪的殷商后期形成了初步的汉字——甲骨文。甲骨文主要指殷墟甲骨文，又称为"殷墟文字"、"殷契"，是殷商时代刻在龟甲兽上的文字。

到了商周时代，人们就把文字刻在青铜器上，叫作金文。金文应用的年代，上自商代的早期，下至秦灭六国，约 1200 多年。

西周晚年出现了刻于石鼓上的文字，叫作大篆，这是流传至今最早的石刻文字，为石刻之祖。大篆具有两个鲜明的特点：一是线条化，早期汉字粗细不匀的线条变得均匀柔和了；二是规范化，大篆的字形结构趋向整齐，逐渐离开了图画的原形，奠定了方块字的基础。

秦朝时期，秦始皇统一文字，李斯对当时的文字进行收集整理，然后进行删繁就简美化加工后，这种统一后的文字称为小篆。

隶书基本上是由篆书演化而来的，主要将篆书圆转的笔画改为方折，书写速度更快。

东汉时期出现形体方正、笔画平直、可作楷模的楷书，楷书的名家很多，如"欧体"（唐·欧阳询）、"虞体"（唐·虞世南）、"颜体"（唐·颜真卿）、"柳体"（唐·柳公权）等。

东汉末年产生了介于楷书、草书之间的一种字体——行书，可以说是楷书的草化或草书的楷化。

草书，形成于汉代，是为书写简便在隶书基础上演变出来的。有章草、今草、狂草之分。

到了宋代，随着中华四大文明发明之一——雕刻印刷和活字印刷术的问世，"宋体字"也便产生了。

中国汉字字体的发展和演变是中华文化发展的结果，是社会进步的一个重要体现。每一种汉字字体都有着极为鲜明的艺术特征。如篆书古朴典雅；隶书静中有动；楷书工整秀丽；行书易识好写，实用性强；草书风驰电掣；宋体整齐规范，中华文化的博大精深由此可见一斑。

第 10 天　中国的"十大古都"指的是哪里

一个又一个国家的兴亡交替，汇成了华夏五千多年的历史文化长河，而伴随着历朝历代繁荣、没落，都城无疑最真实地见证了华夏儿女不屈不挠的奋斗史。

我国古代十大古都分别是：

1. 北京，金王朝的中都、元朝起成为中国的首都、明清王朝的都城，有着 3000 余年的建城史和 857 余年的建都史。

2. 西安，古称长安，曾为西周王朝、西汉王朝、北周王朝、隋唐王朝都城，历经 2000 年。与罗马、雅典、开罗并称世界四大古都。

3. 洛阳，古代东周王朝、东汉王朝、西晋王朝、北魏王朝、后唐王朝的都城。有 4000 余年建城史和 1529 年建都史，自夏朝开始有 13 个王朝、105 位帝王在此号令天下。是华夏文明的发源地。

4. 南京，古称金陵、江宁。先后为东吴、东晋、南朝的宋、齐、梁、陈六朝的都城。南京自古就是长江下游地区的文化和政治中心，南京的城垣史迄今已有 2471 年。

5. 开封，古称汴，古代后梁王朝、后晋王朝、后汉王朝、后周王朝、北宋王朝都城。建城至今已有 2700 多年的历史。

6. 杭州，古代吴越王朝、南宋王朝都城。

7. 安阳，商王朝都城。

8. 成都，蜀汉国、成汉国、前蜀国、后蜀国都城。

9. 广州，南越国、南汉国都城。

10. 银川，西夏王朝的都城。

第 11 天　史上四次民族大融合分别是什么

我国是一个多民族的大家庭，秦朝以来的两千多年里，一直是一个多民族的聚居的国家。史上共出现过四次大规模的民族融合，才形成了我们今天人口繁衍的中华民族。

第一次：发生在春秋战国时期，据史料记载，中华民族的始祖——黄帝，在西北部打败炎帝和九黎后进驻中原。其后世子孙统一了蛮夷等氏族部落，并与炎帝组成联盟，繁衍于黄河中游两岸，公元前 770 年，黄河中下游的夏族、商族、周族和其他部落长期相处，逐渐形成以汉族为主体的华夏民族。

第二次：发生于魏晋南北朝时期。突厥、匈奴以及羯、氐、羌，等周边少数民族不断融入汉族大家庭之中，同时，部分汉人也往周边少数民族迁移，使这一时期的民族融合出现了明显的对流特征。

第三次：发生于宋辽金元时期，特点是主要发生于边疆地区，汉族与少数民族大量相互融合。一些阿拉伯和波斯人融入汉族，产生了新的民族——回族。

第四次：清朝时期的第四次民族大融合，奠定了现在中国疆域和以汉族为主体的中华民族的基础，使各民族之间的文化交流发展达到了新的高度。

第 12 天　历史上的商王朝是怎么建立的

商代是继夏朝之后，中国历史上第二个世袭制王朝时代。自天乙（汤）至帝辛（纣），共 17 世、31 王，前后经历了将近 600 年。

传说商族是高辛氏的后裔，居黄河下游，有着悠久的历史。舜帝在位时，商族出了一位杰出的军事首领——契。后来商人把他称作"玄王"，作为始祖，并编出了"天命玄鸟，降而生商，宅殷土茫茫"的颂歌来赞美他。太康失国时，契的孙子相土开始向东方发展，《诗经》上说："相土烈烈，海外有截。"到夏朝中期，契六世孙冥"勤其官而水死"，商人"郊"祀之。冥子王亥"作服牛"，向河北发展。到契第十四代孙汤时，商已成为东方一个比较强大的王国。《国语·周语下》说："云王勤商，十有四世而兴。"

天乙姓氏为"子"，甲骨文称大乙，后人习惯上称之为成汤，是一位很贤良尚德的商族首领，相传曾被囚于水牢。他在当选为首领后，看到夏王朝日益腐朽，夏的暴政已引起众叛亲离，便着手建立新的王朝。首先，以德立威，厉兵秣马，使临近部落纷纷归附。其次，翦除夏王朝方国葛（今河南宁陵县北）、韦（河南滑县东）、顾（山东鄄城东北）、昆吾（河南淮阳南），"十一征而无敌于天下"。最后，向夏王朝首都发起进攻。双方战于鸣条（河南封丘东），夏师败绩。灭夏后，汤回师亳邑，大会诸侯，正式建立了商王朝，定都于亳。

商汤立国后，汲取夏代灭亡的深刻教训，废除了夏桀时残酷压迫人民的暴政，采用了"宽以治民"的政策，使商王国内部的矛盾比较缓和，政治局面趋于稳定，国力也日益强盛起来。他对四周的许多国家进行了征伐，取得了一系列胜利。所以《孟子·滕文公下》记有：汤"十一征而无敌于天下"。《诗·商颂·殷武》也有"昔有成汤，自彼氐羌，莫敢不来享，莫敢不来王"的记载，反映了商王朝在汤的统治下已经成为四夷不敢来犯的强大国家。

第 13 天　魏孝文帝的汉化改革包括哪些内容

公元 439 年，北魏统一了我国的北方，北魏统治者为了缓和当时的阶级矛盾、民族矛盾及胡汉统治者内部的矛盾，曾多次进行改革。以孝文帝和冯太后为代表的统治集团率先进行了卓有成效的改革。

魏孝文帝不仅重用主持改革、提倡汉代的鲜卑族，还重用了许多有才干的汉族人。他深知笼络汉族地主对于巩固北魏统治的重要性，所以他一直不持民族偏见，重用汉人。对南朝投降过来的官吏，他也不加怀疑，待之以礼。魏孝文帝从改革鲜卑旧俗，学习汉族的生活方式与典章制度着手，开始了自己的汉化改革。其主要内容有以下几点：

1. 禁止鲜卑贵族穿着胡服，一律改穿汉族衣服。

2. 禁止鲜卑贵族讲鲜卑话，一律改说汉语。在当时年龄为 30 岁以上的鲜卑贵族，使用鲜卑话已经成为一种习惯，可以允许不立即改变；但是 30 岁以下的人和在朝做官的人，不得继续使用鲜卑语，明知故犯者，就要降职或罢官。

3. 官员及家属必须要穿汉服。

4. 将鲜卑贵族姓氏改为汉族姓氏，把皇族姓氏由拓跋改为姓元。现在许多姓氏都是由魏孝文帝在进行汉化改革的过程中，由鲜卑族姓氏改变而来的。比如：元——拓跋；长孙——拔拔；穆——丘穆陵；陆——步六孤；贺——贺赖；刘——独孤；尉——尉迟；嵇——纥嵇；楼——贺楼；于——勿忸于。

5. 鼓励鲜卑贵族与汉族通婚。

6. 采用汉族的官制、律令。

7. 学习汉族的礼法，尊崇孔子，以孝治国，提倡尊老、养老的风气。

魏孝文帝的改革是成功的，它缓解了民族矛盾和阶级矛盾，巩固了鲜卑贵族在北方的统治，促进了各民族之间的融合，对中国多民族的统一做出了贡献。

第 14 天　中国皇帝之最，你知道几个

中国封建社会长达两千多年，在此期间，涌现出了很多皇帝，但是，历史上的皇帝之最，你能说出几个呢？

中国历史上第一位皇帝是秦朝的嬴政；最末一位皇帝是清朝的溥仪。

在位时间最长的皇帝是清朝的康熙皇帝，在位时间长达 61 年。

在位时间最短的皇帝是汉朝的刘贺，他只当了 27 天皇帝就被废去。

即位年龄最大的皇帝是唐朝的武则天，她即位时已经 61 岁，她也是中国历史上唯一的女皇帝。

即位年龄最小的皇帝是汉朝的殇帝，名刘隆，生下来一百多天就当皇帝了，他又是寿命最短的皇帝，死时不足一周岁。

对文艺最有贡献的皇帝是唐明皇李隆基，他对戏剧、歌舞、音乐都深

有研究，创建过戏剧活动中心——梨园，被历来的戏曲艺人尊为"梨园祖师"。

最能赋诗的三国时期的魏文帝曹丕，他赋诗甚多，后人收编成《魏文帝集》，其诗语言通俗、描写细致。

最有文采、善于作文填词的皇帝是南唐后主李煜。他的词多用白描手法和贴切的比喻，前期之作多写宫廷的奢靡生活，后期之作多反映亡国之君的哀痛，留传至今的有《南唐二主词》。

最爱读书的皇帝首先要数魏孝文帝元宏，他手不释卷，骑马坐轿都不忘读书；其次，梁元帝萧绎也是一个读书狂，他自小就酷爱读书，在一目失明后还让侍者读书给他听，一生写了四百多卷著作。

最勤政的皇帝是清雍正帝，他勤于阅读奏折和写朱批，他的朱批谕旨之多无与伦比。

第 15 天　历史上的"千古第一帝"指谁

历史上的千古第一帝指秦始皇。当时秦始皇统一了六国后，便对丞相、御史下令道："寡人以渺小的身躯，起兵诛灭了暴乱，靠的是祖宗的神灵保佑，六国国王都受到了应得的惩罚，天下太平了。现在如果不改换名号，就无法彰显我的功业，让我名垂青史。所以请各位议定帝号。"

为此，丞相王绾、御史大夫冯劫、廷尉李斯等人都说："从前五帝的土地纵横千里，此外侯服、夷服等地区的各类诸侯有人来朝见，有人不来朝见，天子控制不了他们。现在陛下您兴的是正义之师，讨伐的是四方之残贼，天下平定了，在全国设置郡县，令法令归于一统。这是亘古未有的局面，五帝也比不过您。我们商议说：'古代有天皇、地皇和泰皇，其中，泰皇是最尊贵的。'我们这些臣子冒着死罪献上尊号，王称为'泰皇'，命被称为'制书'，令被称为'诏书'，天子称为'朕'。"

秦王就说："去掉'泰'，留下'皇'，采用上古'帝'的位号，称'皇帝'，其他就按你们商议的办。"嬴政下令并追尊他的父亲庄襄王为太上皇。又下令："朕听说皇上古有号而无谥，中古有号，死后根据生前的品行事迹定谥号。这样做的话，就是儿子评议父亲，臣子评议君主了，非常没有必要，朕不认同这种做法。从今以后，废除谥法。朕就叫始皇帝，后代就按辈数计算，称二世、三世直到万世，永相传，无穷尽。"

嬴政还将天下分为三十六个郡，每郡都设置了守、尉、监；改称为民为"黔首"；下令特许全国人民聚饮以示欢庆；收集全国的兵器，将其聚集到咸阳，熔化后铸成大钟以及十二个铜人，每个铜人都重达千石，被放置在宫廷内；统一法令和度量衡的标准；统一车辆两轮之间的宽度；使用统一的隶书来书写文字。

秦始皇建立起第一个以早期汉族为主体的多民族统一的封建大帝国，对中国以后的历史起了极为重要的作用。

第16天 东汉著名的"四大家族"指什么

在中国古代，家族既是社会的基本单位，又是文化的最小实体。舍此社会无以维系，传统无由立足。家可以视为国家的缩影，因而维护宗族的利益，维护家族的伦理秩序和延续至为重要。家族的兴盛能够让祖先永享血食，故必使家族永久延续不辍。

东汉最著名的家族有四大家族，分别是"班、马、耿、窦"四大家族；提到东汉历史上的班家一族，真是尽出人才。首先我们要从东汉初期著名的儒学大师、史学家班彪。班彪精研汉史，从事著作，《史记后传》60余篇，后被其子班固整理成《汉书》。

也许是因为班氏一门才华横溢，班彪的姑姑就是著名的班婕好，"宫怨诗"的鼻祖，而班彪的长子班固著有《汉书》亦称《班史》。以断代为史，纪传为体，首开中国纪传体史书之先河。班彪次子班超"投笔从戎"，跟随窦固北击匈奴，后又出使西域，为统一多民族的国家做出了贡献。班彪之女班昭是我国历史上有名的才女，也是我国历史上第一个女历史学家。她在班固死后，继续哥哥班固的《汉书》，还写了古代女子教育楷模全书《女诫》。

马氏一门最重要的是汉光武帝时期的伏波将军马援，他是东汉时期著名的军事家，世称"马伏波"。他一生东征西讨，为东汉王朝的建立和巩固立下了汗马功劳，其"马革裹尸"和"老当益壮"的慷慨名言受到后世的追捧。马援的女儿是汉明帝的皇后，她曾多次拒绝汉章帝封马氏兄弟，因不符合先帝制度，所以马氏兄弟只得"受封爵而退位归第"。

耿氏一门耿纯是东汉王朝的开国功臣之一，东汉云台28将名列十三。耿弇勇猛善战，用兵灵活，指挥果断，富于创造，是中国战争史上卓越的军事天才，"云台二十八将"中，耿弇排名第四。耿弇的侄子耿恭也是东汉大将，驻西域疏勒城遭北匈奴围攻，坚守不屈。当时称他"节过苏武"。耿秉是名将耿弇之侄，身体强壮，腰带八围。而且博通书记，《后汉书·耿秉列传》中说："能说司马兵法，尤好将帅之略"。

窦氏一门暂且只说家族，窦融是东汉初大将，窦融之侄窦固是东汉的大臣，窦固曾北击匈奴，又派班超出使西域。使得西域诸国皆归附汉朝。窦融曾孙窦宪是东汉的权臣，窦融曾孙，章德皇后兄。窦宪破匈奴，威权震朝廷，和帝恐其功高盖主，与中常侍郑众定计予以惩治，迫其自杀。

第 17 天　中国封建社会里后妃掌政的鼻祖是谁

说到垂帘听政的女人，耳熟能详的吕后、武则天、慈禧太后可谓是无人不知，无人不晓。但是倘若说到中国历史上第一个垂帘听政的女人，似乎很多人都不清楚。战国时期楚国的贵族，芈姓，秦惠文王的妃子。历史上也称其为"秦宣太后"，秦宣太后的闺名不传，芈八子并不是她的名字，而是代表她嫁给秦惠文王得到的称号。这个"八子"的封号位次比较低，秦国的后宫分为八个等级：皇后、夫人、美人、良人、八子、七子、长使、少使。

芈八子是如何成为秦宣太后的呢？本来以芈八子的地位，她的儿子永远都别想继位做王，而她也永远当不上太后。也许是权利向来倾向于胆子大的人，年轻的秦武王性子莽撞，不但不具备为王的素质，他的母亲也不善于调教他。他好勇斗狠胫骨被砸断，一命归西。年轻的秦武王没有子嗣，只能由弟弟继位。这个时候，芈八子趁着秦国发生了历史上长达三年的"季军之乱"王位争夺战，与同母异父的弟弟魏冉共同帮公子稷夺得了王位，嬴稷成为了秦昭王，而芈八子一个小小的姬妾也成为了堂堂秦国的宣太后。

芈八子成为太后以后，她任用自己的族人担任秦国的宰相，同时又封自己的同母异父的长弟魏冉为将军，执掌兵权。由此形成了芈氏一族独揽大权的政治格局，打破了原来秦国重用客卿制的传统。值得一提的是魏冉的将军之称是秦国首开的将军之职，也算是秦宣太后的一个创举。公子壮、惠文后和惠文王的王子几乎都被魏冉杀干净了。秦国尚武，而武功最盛大的时期之一，就是秦宣太后掌政的时期。

芈八子的贡献首先是促成了自己的儿子嬴稷成为秦国的君王；其次是她一跃成为封建社会里后妃掌政的鼻祖。

第 18 天　诸葛亮为何被誉为"千古良相"的典范

《蜀相》一诗曾这样称赞诸葛孔明：三顾频烦天下计，两朝开济老臣心。出师未捷身先死，长使英雄泪满襟。

汉朝末期，天下大乱，军阀混战，刘备三顾茅庐请诸葛亮出山辅佐大业，才得以兴起蜀汉政权，与东吴、曹魏形成三国鼎立之势。诸葛亮在治理蜀汉政权上也凸显出了其政治才能，除在《隆中对》提出了刘备政权长期战略外交规划外，早期常为刘备足食足兵。等到他开始独掌蜀汉军政大权以后，则以"法"为根本，到后来在朝内作八务、七戒、六恐、五惧训诫各臣，而朝外亦民风朴实，赏罚分明，突出法制的作用，在中国古代极为罕见。

他鼓励其他朝臣以集思广益的态度进谏，又敢于认错，在第一次北伐时，因误用与他最为亲密的马谡而失败，后上表自责，自贬降官，将马谡处死。《三国志》的作者陈寿的父亲是被诸葛亮依法处死的，但是他对诸葛亮的评价却是"尽忠益时者虽仇必赏，犯法怠慢者虽亲必罚"。

蜀汉后主刘禅继位，诸葛亮被封为武乡侯，领益州牧。建立丞相府以处理日常事务。当时，全国的军、政、财，事无大小，皆由诸葛亮决定，赏罚严明。对外与东吴联盟，对内改善和西南各族的关系，实行屯田，加强战备。建兴五年（227），上疏（即《出师表》）于刘禅，率军出驻汉中，前后 6 次北伐中原，多以粮尽无功告终。建兴十二年（234），终因积劳成疾，病逝于五丈原军中，将后事托付姜维，归葬定军山勉县的武侯墓。其"鞠躬尽瘁，死而后已"的高尚品格，千百年来一直为人们所敬仰和怀念，被誉为"千古良相"的典范。

第 19 天　张居正为何有"万历首辅"之称

大学士张居正（1525～1582 年），字叔大，号太岳，湖广江陵县（今湖北江陵）人。嘉靖二十六年（1547 年）进士，历任编修、礼部侍郎兼翰林院学士、吏部左侍郎兼东阁大学士、礼部尚书兼武英殿大学士，加少保兼太子太保，为明代著名政治家。中国历史上最优秀的内阁首辅，明代最伟大的政治家。

明万历年间，内阁首辅张居正为兴利除弊，进行了一系列政治、军事、经济、水利方面的改革。

政治上，张居正采取加强对官员的监督等办法，整顿吏治；在军事上，张居正任用了戚继光等一批卓越的将领，大大巩固了明朝的国防。与蒙古在边境开市通商的政策使边疆地区几十年无战事。

水利方面，张居正重新起用先前总理河道都御史潘季驯治理黄河、淮河，并兼治运河。潘季驯在治河中贯串了"筑堤束沙，以水攻沙"的原则，很快取得了预期的效果。万历七年（1579 年）二月，河工告成，河、淮分流。徐州、淮安之间 800 余里的长堤平等蜿蜒，河水安流其间。使"田庐皆尽已出，数十年弃地，转为耕桑"。黄河水患得到抑制，漕船也可直达北京，"河上万艘得捷于灌输入大司农矣"。

经济上，下令重新丈量全国的土地，然后实施"一条鞭法"的赋税制度，以使赋税负担转移到拥有土地较多的富人身上，减轻了贫苦农民的负担，以此抑制土地的进一步兼并。经过张居正改革之后，明朝的财政收入显著增加，社会矛盾得到缓解，吏治更加清明，与蒙古各部的关系缓和，边境宴然，四夷誉服。由于张居正的改革将趋于灭亡的明朝拉回了正轨，繁荣了数十载，张居正因此被誉为一代名相。

第 20 天 有"中国历代贤后楷模"之称的是谁

说到女人专权，很多人都会想到吕后、武则天、慈禧太后，然而武则天毕竟是皇帝，另外两个女人因为女主专权没有留下什么好名声，为什么呢？对于当时的社会现状以及国家的经济发展能够起到的作用不大，而且由于外戚专权，多导致国家的大权旁落，外戚恃宠而骄。但是东汉的邓绥在临朝听政时，邓氏一族并不像别的外戚那样专横跋扈，遵纪守法，时人称"阖门静居"，在道德方面赢得了很好的声誉。

邓绥鞠躬尽瘁、忧国忧民、日夜操劳国事，且政绩颇丰，得到朝廷内外大多数人的认可和景仰。邓绥为人非常的好学，而且尊重和重视有真才实学的人。她经常向博学多才的班昭请教学问和咨询政事，也十分欣赏宦官蔡伦的经史学术，对于蔡伦发明的造纸术大力推广，并封蔡伦"龙亭侯"，邑三百户。邓绥求贤若渴，曾多次下诏，要求朝中地方官员层层推举"贤良方正"及"明政术、达古今、能直言极谏者"。在她执政期间，何熙、杨震、陶敦、朱宠、陈禅等贤才，都能得到朝廷的重用。

邓绥作为太后，经常以身作则，在她执政期间，自然灾害频发，据汉书记载，自然灾害在汉代四百年的历史上最为严重，内忧外患，四夷入侵、盗贼蜂起，邓绥派官员视察灾情，开仓赈灾，抚慰百姓，并免除灾区三年的田租赋税。针对财政不足的状况，她大幅度减少朝廷的开支，精简冗员，削减宫廷的膳食、器具费用，以身作则，每天只吃一顿肉食。为了稳定边疆局势，她采纳西域都护要求留任班超之子班勇之谏，先用武力平息，再以赦免战俘、安抚和谈等方法，稳定民心，恢复边陲安宁。

在邓绥勤勤勉勉、励精图治的统治之下，尽管自然灾害如此严重，经济生产仍然得到了恢复，史称"天下复平，岁还丰穰"，东汉王朝得以渡过难关。

第 21 天 "叶赫那拉氏"的诅咒是真的吗

历史上的神话和玄妙的事情，很多都是后人为了迎合统治者或者宣传君权神授而杜撰出来的。比如刘邦斩蛇、江淹梦郭璞索笔而后江郎才尽、李白是太白金星的转世等，这些都是为了突出人物的不平凡性。清朝"叶赫那拉氏"的诅咒也是其中之一。

什么是"叶赫那拉氏的诅咒"？首先要从叶赫那拉氏开始说起。叶赫那拉氏是满族中的大姓，也是起源较早的姓氏之一。据史料记载，叶赫那拉氏最早的祖先可追溯到五代时期的海西女真，其始祖叫星根达尔汉，原姓土默特。土默特本是蒙古族，后来灭掉扈伦那拉部，改姓那拉氏。明朝时，在现在的叶赫镇西依险筑城，开始称雄于海西女真。叶赫那拉氏与爱新觉罗氏之间的矛盾由来已久。据说早在元末明初时，叶赫那拉氏与爱新觉罗家族之间发生了一场战争，结果，那场战争叶赫那拉以胜利而告终，成为女真族最大的部落。

叶赫那拉氏在清朝身居要职，地位显赫的人也有很多。比如纳兰明珠、苏克萨哈以及慈禧太后等。我们所知的著名清朝词人纳兰性德就是叶赫那拉氏，还有慈禧太后的侄女隆裕太后等。叶赫那拉氏是满族的八大姓氏之一，在满族的人口中也是姓氏较多的。叶赫那拉氏曾经的胜利并不是长久的，正如历史的发展难以预见，叶赫那拉氏和爱新觉罗氏总是在敌人和朋友之间徘徊，两家族世代有血统之亲。

著名的努尔哈赤不但是叶赫那拉氏所生，而且还娶了叶赫那拉氏的孟古，并生下了皇太极。在明朝万历年间，海西女真四部在大败后，派遣使者向努尔哈赤通好。叶赫不许诺将东哥许配给努尔哈赤。这个东哥不仅美名远扬，而且部落的巫师还说她"可兴天下，可亡天下"，努尔哈赤很高兴，立即下聘定亲。这里面东哥的姑姑已经嫁给了努尔哈赤，东哥不愿意再嫁过去。她悔婚是因为她觉得努尔哈赤是杀父仇人，还许诺谁若能杀努尔哈赤，她就嫁给谁。

这就造成了叶赫那拉氏的悔婚，还以"杀努尔哈赤"作为娶东哥的征婚条件。后来努尔哈赤诅咒说："无论此女聘与何人，寿命不会长久，毁国已尽，构衅已尽，死期将至矣。"东哥出嫁时已经三十三岁，已经远远超出了正常女人结婚的年纪，一年后，应验了诅咒，病死他乡，只在历史文献上留下了"叶赫老女"这么一笔。为报此仇，努尔哈赤于1618年率部攻打叶赫，叶赫部灭亡，兴旺一时的叶赫东西两城变成废墟。

叶赫部首领布扬古临死前曾对天发誓：我叶赫那拉就算只剩下一个女人，

也要灭建州女真，这也是爱新觉罗不选叶赫那拉氏女人为后妃的祖制来由，也正如此，才有叶赫那拉氏之女慈禧太后加速清朝的灭亡，更有慈禧太后的侄女隆裕皇太后最终签署清帝退位条约，结束清王朝的统治。也许这仅仅是一个历史的巧合，所以人们才会穿凿附会出这神秘的诅咒之说。

第 22 天　中国现存最早的史书是什么

《尚书》又称《书》、《书经》，为一部多体裁文献汇编，是中国现存最早的史书。分为《虞书》、《夏书》、《商书》、《周书》。战国时期总称《书》，汉代改称《尚书》，即"上古之书"。因是儒家五经之一，又称《书经》。现存版本中真伪参半。一般认为《今文尚书》中《周书》的《牧誓》到《吕刑》16 篇是西周真实史料，《文侯之命》、《费誓》和《秦誓》为春秋史料，所述内容较早的《尧典》、《皋陶谟》、《禹贡》反而是战国编写的古史资料。

《尚书》所录，为虞、夏、商、周各代典、谟、训、诰、誓、命等文献。其中虞、夏及商代部分文献是据传闻而写成，不尽可靠。"典"是重要史实或专题史实的记载；"谟"是记君臣谋略的；"训"是臣开导君主的话；"诰"是勉励的文告；"誓"是君主训诫士众的誓词；"命"是君主的命令。还有以人名标题的，如《盘庚》、《微子》；有以事为标题的，如《高宗肜日》、《西伯戡黎》；有以内容为标题的，如《洪范》、《无逸》。这些都属于记言散文。也有叙事较多的，如《顾命》、《尧典》。其中的《禹贡》，托言夏禹治水的记录，实为古地理志，与全书体例不一，当为后人的著述。

自汉以来，《尚书》一直被视为中国封建社会的政治哲学经典，既是帝王的教科书，又是贵族子弟及士大夫必修的"大经大法"，在历史上很有影响。

第 23 天　第一部史学理论专著是什么

我国的第一部史学理论专著是《史通》，这部著作包括内篇和外篇两个部分，每个部分各 10 卷，其中内篇 39 篇，外篇 13 篇。现今仅存 49 篇，另有《序录》一篇，为全书的序文。内篇和外篇都是以专题论文的形式写成的史通。著作的史学思想在中国古代史料学的发展过程中有相当的地位和影响。

《史通》的内篇为整部著作的主体，着重讲史书的体裁体例、史料采集、表述要点及作史原则，并以评论史书体裁为主；外篇主要是论述史官制度、史籍源流并杂评史家得失。

《史通》的作者刘知几将我国历代的史学流派总体概括为六家：记言、记事、编年、国别、通史、断代，其中，以编年和纪传为主要的史学体裁。

在编撰方法上，《史通》牵涉的范围很广泛，包括叙事、言语、题目、模拟、断限、书法、人物、编次、称谓、烦省等十多种问题，这些问题，均属于撰史方法和写作技巧上的内容，直到今天也仍然有着很高的参考价值。

关于历史文献，《史通》将唐代以前的历史文献分为两大类——正史和杂史。正史指的是先秦经、传，唐以前的纪传史和编年史，还包括唐代官修诸史；杂史又分为偏记、小录、逸事、琐言、郡书、家史、别传、杂记、地理书、都邑簿 10 种。由此可见，《史通》的论述范围极为广泛。

值得肯定的是，《史通》这部著作对我国古代的史学著作做出了一次全面的总结，并提出了较为系统的史学理论，是我国唐代以前史论的集大成之作。

当然，因为受到时代和阶级的局限，《史通》这部著作也有一些不足之处，有些内容维护封建名教，污蔑农民起义。这说明，《史通》作者刘知几本人并没能超出封建史家的立场和观点。

无论怎样，《史通》作为第一部史学理论专著，对于我国的历史有着深远的影响，是后世学者、史学家研究历史的重要典籍。

第 24 天　中国最早的一部编年体史书是什么

《春秋》，又称《麟经》（《麟史》），是鲁国的编年史，经过了孔子的修订。该史书记载了从鲁隐公元年（前 722 年）到鲁哀公十四年（前 481 年）

的历史，是中国现存最早的一部编年体史书。《春秋》一书的史料价值很高，但不完备，王安石甚至说《春秋》是"断烂朝报"，但仍为儒家经典之一。

在中国上古时期，春季和秋季是诸侯朝觐王室的时节。另外，春秋在古代也代表一年四季，史书记载的都是一年四季中发生的大事，因此"春秋"是史书的统称，鲁国史书的正式名称就是《春秋》。传统上认为《春秋》是孔子的作品，也有人认为是鲁国史官的集体作品。《春秋》中的文字非常简练，事件的记载很简略，但公元 242 年间诸侯攻伐、盟会、篡弑及祭祀、灾异礼俗等，都有记载。它所记鲁国十二代的世次年代完全正确，所载日食与西方学者所著《蚀经》比较，互相符合的有 30 多处，足以证明《春秋》并非古人凭空虚撰，可以定为信史。

春秋最初的原文仅 18000 多字，现存的版本只有 16000 多字，在语言上极为精练，结构井然有序。因文字过于简练，所以不太容易被人理解，所以，后世相继出现了许多诠释的作品，对原文中的记载进行说明和解释，被称之为"传"。如公羊高的《春秋左氏传》、谷梁赤的《春秋谷梁传》和左丘明的《春秋左氏传》被合称为《春秋三传》，被人们列入了儒家经典之作。

第 25 天　中国第一部纪传体通史是什么

司马迁编著的《史记》是我国第一部纪传体通史，记载了上自传说中的黄帝时代、下至汉武帝元狩元年间共 3000 多年的历史，包括政治、军事、经济、文化等方面的内容。

《史记》也被称为"信史"，由西汉武帝时期的司马迁花了 18 年的时间所写成的。全书共 130 卷，约 526500 字，有十表、八书、十二本纪、三十世家、七十列传。它包罗万象，而又融会贯通，脉络清晰，"王迹所兴，原始察终，见盛观衰，论考之行"（《太史公自序》），所谓"究天人之际，通古今之变"。

《史记》是历史上第一本"纪传体"史书，它不同于前代史书所采用的以时间为次序的编年体，或以地域为划分的国别体，而是以人物传记为中心来反映历史内容的一种体例。从此以后，从东汉班固的《汉书》到民国初期的《清史稿》，近两千年间历代所修正史，尽管在个别名目上有某些增改，但都绝无例外地沿袭了《史记》的本纪和列传两部分，而成为了传统。同时，《史记》还被认为是一部优秀的文学著作，在文学史上有重要地位，具有极高的文学价值，被鲁迅誉为"史家之绝唱，无韵之离骚"。

第 26 天　中国第一部纪传体断代史是什么

《汉书》，又称《前汉书》，由我国东汉时期的历史学家班固编撰，是中国第一部纪传体断代史，"二十四史"之一。《汉书》是继《史记》之后我国古代又一部重要史书，与《史记》、《后汉书》、《三国志》并称为"前四史"。

汉书的作者是东汉著名学者班固，班固世代为望族，家多藏书，父班彪为当世儒学大家，"唯圣人之道然后尽心"，采集前史遗事，旁观异闻，作《史记后传》65 篇。班固承继父志，"亨笃志于博学，以著述为业"，撰成《汉书》。其书的八表和《天文志》则由其妹班昭及马续共同续成，故《汉书》前后历经 4 人、历时近 40 年完成。

《汉书》的史料十分丰富翔实，书中所记载的时代与《史记》有交叉，汉武帝中期以前的西汉历史，两书都有记述。《汉书》的这一部分，多用《史记》旧文，但由于作者思想的差异和材料取舍标准不尽相同，移用时也有增删改动。汉武帝以后的史事，除吸收了班彪遗书和当时十几家读《史记》书的资料外，还采用了大量的诏令、奏议、诗赋、类似起居注的《汉著记》、天文历法书，以及班氏父子的"耳闻"。不少原始史料，班固都是全文录入书中，因此比《史记》更显得有史料价值。

第二章
儒家：悟君子之学，
践贤智之行

第 27 天　孔子创立的学派为何称为"儒家"

儒家思想也称为儒教或儒学，由孔子创立。那么，在最初，"儒家"得名的缘由是什么呢？

其实，"儒"本是古代从巫史祝卜中分化出来的一种社会职业。从事这一职业的，都是有一定文化礼乐知识的人，专为贵族人家"相礼"，主持婚丧祭祀。因为孔子曾经做过"儒"，后来又成为著名的学者，所以，由他创立的学派便被称为"儒家"。

在先秦时期，虽然儒家是最有影响力的学派，但也只是诸子百家之一，与其他诸子有着同等的地位。孔子及其门徒并未给自己的学派冠以"儒家"之名。儒家之名始于汉代，但追溯起来最早还是孔子之后独立门户、创立墨家学派的墨子。其在《墨子·非儒下》中曰："儒者曰：'亲亲有术，尊贤有等。'言亲疏尊卑之异也……"稍后的道家庄子同墨子一样也持批儒之立场。庄子也把孔子及其门徒称之为"儒者"。他说，"儒以诗书礼发家"。

儒者学派中真正接受"儒"这名号的是孟子。其在《孟子·尽心下》中曰："逃墨必归于杨，逃杨必归于儒。"如果孟子从捍卫本学派的卫道立场出发的话，那么战国之季的荀子则公开以"儒者"自诩，写了《儒效》

篇，对儒的作用进行了论证。他说："儒者在本朝则美政，在下位则俗。"他还把"儒"分为"大儒"、"雅儒"、"俗儒"、"贱儒"、"偷儒"等等。

第 28 天　儒家思想的起源是什么

要了解一种思想，自然要先从它的起源开始了解。儒学思想的起源也一直是古今众学者们研究的对象。关于儒学思想的起源，有多种不同的说法，其中有两种说法较为人所熟知。

其一，古时候，精通各门知识的专家都是集中在王宫之中的，但后来周天子衰败了，这些精通各门知识的专家就都散落到了民间，随着时间的推移，这些人逐渐根据自己的专业知识形成了不同的学术门派，这也就是我们所熟知的诸子百家，儒家就是由那些以前在皇宫中负责礼仪的专家们组成。也就是说，儒家起于礼官，儒学思想是以"礼"为基础发展起来的。

其二，一些学者认为，儒家原本是一种类似宗教的职业，负责治丧、祭神等一些宗教仪式，后来春秋时自孔子接手之后，便逐渐发展以崇尚等级制度和礼教道德约束为核心的思想体系。

第 29 天　儒家学说的核心思想包括哪些

由孔子创立的儒家学派是先秦诸子中对后世影响最为广泛和深远的一个学派，其核心思想主要为：仁、义、礼、智、信、恕、忠、孝、悌。

仁：爱人。孔子思想体系的理论核心。它是孔子社会政治、伦理道德的最高理想和标准，也反映出他的哲学观点，对后世产生了极为深远的影响。

义：原指"宜"，即行为适合于"礼"。孔子以"义"作为评判人们的思想、行为的道德原则。

礼：孔子及儒家的政治与伦理范畴。

智：同"知"，孔子的认识论和伦理学的基本范畴。指知道、了解、见解、知识、聪明、智慧等。

信：指待人处事的诚实不欺，言行一致的态度。

恕：己所不欲，勿施于人，包含有宽恕、容人之意。

忠：己欲立而立人，己欲达而达人。孔子认为忠乃表现于与人交往中的忠诚老实。

孝：孔子认为孝悌是仁的基础，孝不仅限于对父母的赡养，而应着重对父母和长辈的尊重，认为如缺乏孝敬之心，赡养父母也就视同于饲养犬，乃大逆不孝。

悌：指对兄长的敬爱之情。孔子非常重视悌的品德，其弟子有若根据他的思想，把悌与孝并称，视之"为仁之本"。

第 30 天　儒家学说的三种主张：礼治、德治与人治

儒家思想对中国封建社会的影响是巨大的，儒家之所以被封建统治者长期奉为正统思想，主要在于其维护"礼治"，提倡"德治"，重视"仁治"。具体主张为：

"礼治"主义：其根本含义为"异"，即贵贱、尊卑、长幼各有其特殊的行为规范。只有贵贱、尊卑、长幼、亲疏各有其礼，才能达到儒家心目中君君、臣臣、父父、子子、兄兄、弟弟、夫夫、妇妇的理想社会。国家稳定的根本就在于等级秩序的稳定。儒家的"礼"也是一种法的形式，它是以维护宗法等级制为核心，如果违反了"礼"的规范，就要受到"刑"的惩罚。

"德治"主义：就是主张以道德法则去感化教育他人。儒家认为，无论人性善与恶，都可以对其施予道德的感化。这种教育方式，是一种心理上的改造，使人心变得善良，知道耻辱而无奸邪之心。这是最彻底、最根本和最积极的一种改良社会的办法之一，也就是今天我们所说的"道德约束力"，对社会的稳定起着极为重要的作用。

关于"德治"，孔子也有自己的见解，他把"仁"作为最高的道德原则、道德标准和道德境界。他第一个把整体的道德规范集于一体，形成了以"仁"为核心的伦理思想结构，包括孝、弟（悌）、忠、恕、礼、知、勇、恭、宽、信、敏、惠等内容。

"人治"主义：就是重视人的特殊化，重视人可能的道德发展，重视人的同情心，把人当作可以变化并可以有复杂选择主动性和有伦理天性的"人"来管理统治的思想。通俗地说，就是注重那些道德高尚的人，让他们掌握一定的权力，使之居于统治地位，进而促进整个社会的道德进步，以达到天下大治的局面。"德治"强调教化的过程，而"人治"则侧重德化者本身，是一种贤人政治，因为儒家相信"人格"有着极大的感召力。

第 31 天　"四书五经"具体指哪些书

四书五经是四书和五经的合称，是中国儒家经典的书籍。

四书指的是《论语》、《孟子》、《大学》、《中庸》这四本书。

五经指的是《诗经》、《尚书》、《礼记》、《周易》和《春秋》，简称"诗、书、礼、易、春秋"。四书五经之前，还有本《乐经》，合称"诗、书、礼、乐、易、春秋"也被称为六经。后来《乐经》流失了，所以就成为了五经。

四书五经是南宋以后儒学的基本书目，儒生学子必读之书。

四书五经是封建科举时代选拔人才的命题书和教科书。同时，四书五经在社会规范、人际交流、社会文化等方面产生了不可估量的影响，其影响力甚至播于海外，是中华文化的千古名篇，也是人类文明的共同遗产。

第 32 天　儒家学说的代表人物有哪些

儒家思想是中国传统文化的内核，也是维护封建君主专制统治的理论基础。儒家思想的发展是一个不断融合的过程。其代表人物主要有：

1. 孔子

作为儒家学派的创始人，孔子一生以好学著称。其一生的言论总结起来可以分为三大类：政治思想、教育思想和美学思想。

孔子政治思想的核心是"礼"与"仁"。他提出"仁"，具有古典人道主义的性质。同时，他主张"礼"，维护周礼是孔子政治思想中的保守部分，但对于当时的社会秩序和制度来讲，体现尊卑序的精神，是中国古代社会政治思想的精华。

2. 孟子

孟子是战国时期儒家的代表人物，他继承并发扬了孔子的思想，成为仅次于孔子的一代儒家宗师，有"亚圣"之称，与孔子合称为"孔孟"。孟子主张施行仁政，并提出"民贵君轻"的思想；主张"政在得民"，反对苛政；主张给农民一定的土地，不得侵犯农民时间，宽刑薄税。

3. 荀子

作为儒家思想代表人物之一的荀子，其思想虽然与孔子、孟子思想都属于儒家范畴，便有其独特的见解，自成一说。与孔、孟相比，荀子的思想则具有更多的现实主义倾向。他在重视礼义道德教育的同时，也强调了政法制度所起的惩罚作用。

4. 董仲舒

董仲舒是西汉一位与时俱进的思想家和儒学家。他把儒家的伦理思想概括为"三纲五常"，汉武帝采纳了董仲舒的建议，从此儒学开始成为官方哲学，并延续至今。其教育思想和"大一统"、"天人感应"理论，为后世封建统治者提供了统治的理论基础。

董仲舒的教育思想包括两个方面：一个是行教化、重礼乐。认为君主的重要职责就是实施教化，而仁、义、礼、乐都是治道的工具，封建一些统治者之所以能够长治久安的治国理想，都是礼乐教化的功效。所以，董仲舒认识到教育作为统治手段的重要作用。二是兴太学、重选举。在董仲舒看来，这两种具体措施都必须统一在一种指导思想下，才能发挥为当时政治服务的作用。他指出当时思想的不统一，会妨碍政治的统一，因此他建议："诸不在六艺之科、孔子之术者，皆绝其道，勿使并进。"这便是"独尊儒术，罢黜百家"的政策。

5. 二程

二程具体指的是思想家、教育家程颢、程颐的并称。二人都曾就学于周敦颐，并同为宋明理学的奠基者。

北宋时，理学兴起，以程颢、程颐为代表的新儒学者面对佛老思想的挑战和儒学式微的局面，以儒家伦理为本位，批判地吸取佛、道精致的思辨哲学，创建理学思想体系。二程的心理学思想对后世也有较大的影响，南宋朱熹正是继承和发展了他们的学说。

6. 朱熹

南宋著名的理学家、思想家、哲学家、教育家、诗人、闽学派的代表人物，世称朱子，是孔子、孟子以来最杰出的弘扬儒学的大师。

朱熹继承了周敦颐、二程学说，兼条释、道各家思想，形成了一个庞大的哲学体系。这一体系的核心范畴是"理"，或称"道"、"太极"。

朱熹是理学的集大成者，中国封建时代儒家的主要代表人物之一。他主张动静观、格物致知论和心理理欲论。

7. 王阳明

明代王阳明是心学的集大成者，非但精儒家、佛家、道家，而且能够统军征战，是中国历史上罕见的全能大儒。他的心学提倡解放人的思想，摆脱传统的束缚，提倡四民平等。

第33天 "三纲五常"具体指什么

孔子最早提出"三纲五常"的思想，而且在儒家文化中，"三纲五常"对儒家文化的传播发展起到了构架式的作用。《论语·为政》中说："殷因于夏礼，所损益可知也。"集解："马融曰：'所因，谓三纲五常也。'"孟子在此基础上提出了"夫妇有别，父子有亲，长幼有序，君臣有义"的"五伦"规范。西汉思想家董仲舒结合儒家"五伦"的思想在其所著的《春秋繁露》一书中也提出了三纲五常论，但它的主要核心是为了维护封建等级制度的存在和发展。

"三纲"是指"君为臣纲，父为子纲，夫为妻纲"，即为臣者必须服从于君，为子者必须服从于父，为妻者必须服从于夫，君、父、夫又要为臣、子、妻做出表率。它的实质反映出在封建社会中君臣、父子、夫妇之间的一种特殊的道德关系。

"五常"就是仁、义、礼、智、信，常就是不变的意思，这里指日常基本准则。五常即五条准则，也叫"五伦"。五常的内容，古时有两种主流思想。一是指君臣、父子、兄弟、夫妇、朋友之间所规定的关系；二是指仁、义、礼、智、信人与人之间的道德标准。它和"三纲"常被连起来说，即"三纲五常"。

第 34 天　"三从四德"指什么

"三从四德"是儒家礼教对古代妇女的一种规范要求，即她们在道德、行为以及修养等方面都要遵循一定的规范，这样做是为了实现家庭稳定，维护父权及夫权家庭（族）的利益。

"三从"一词最早出现在周、汉儒家经典《仪礼·丧服·子夏传》中，所谓的"三从"指的是未嫁从父，既嫁从夫，夫死从子。意思是说在没有出嫁前，女孩子一定要听从家长的教诲，不能随意反驳长辈的训导，因为长辈们的社会见识比较多，有很强的指导意义；出嫁之后要同丈夫一起操持家业、孝敬长辈、教育孩子；如果夫君遇到不测比自己早去世，就必须尽好自己的本分，尽自己最大的努力扶养小孩长大成人，子女长大后要尊重他们的生活理念。

"四德"一词出现在《周礼·天官·九嫔》中，所谓的"四德"是指：德、容、言、功，就是说作为女子，"德"是立身之本，就是说一定要有良好的品德；"容"，即相貌，指女子一定要注意自己的妆容，出入要端庄、稳重、有礼，不能轻浮随便；"言"，是指与人交谈要能理解别人说的话，并且知道自己如何应付；"功"，即治家之道，其内容包含相夫教子、勤俭持家、尊老爱幼等生活方面的细节。

第 35 天　"主敬"思想在儒家的解读

儒家有一条重要的伦理规范就是"主敬"，这是宋代理学家程颐提出的一种道德修养方法。所谓的"丧主哀"、"祭主敬"也就是强调在从事丧礼和祭礼的时候，要避免徒具形式，一定要有悲哀和敬重的心理。"敬"

的对象为天地、鬼神、祖宗等，后来扩展到人事，通过一整套繁杂的礼仪来表达"敬"的心理。

孔子十分重视"敬"的精神。《论语·为政》中有这样的论述："子夏问孝，子曰：'色难。有事，弟子服其劳；有酒食，先生馔，曾是以为孝乎？'"大意为：子夏问什么是孝道，孔子说："在父母面前，始终和颜悦色很难。有事情，年轻人去帮着做，有了酒饭，让长辈吃，难道这样就是孝吗？"也就是说，子女在侍奉父母的时候，一直保持着和颜悦色的表情是很难的，这一点恰恰就是孔子所强调的。他曾非常感慨地说道："今之孝者，是谓能养。至于犬马，皆能有养；不敬，何以别乎？"当今所谓的孝，就是能够养活父母的意思罢了。可是对于犬马又有何区别呢？孔子的这种表述至今而言都有着十分重要的借鉴意义。由于孔子对于"敬"的强调，"主敬"成为儒家思想的一个核心理念，在谈论儒家所崇奉的至为繁多的礼仪时，宋代的程颐曾说其精神可一言而蔽之："毋不敬。"一切礼法都以一个"敬"字为依归。

第 36 天　孔子是如何诠释"孝"的

"孝"，指的是子女对父母所应当尽到的责任和义务，包括尊敬、顺从、赡养、送终、守制等内容。在动物界中存在着"反哺"的现象，人类的"孝"在生物学意义上来说也是以这种"反哺"为基础的，但人作为一种"道德物种"，这种"反哺"就具有了较之动物界的本能现象远为复杂的含义，并且升华为"孝"的概念。应当说，"孝"是全人类所共有的伦理行为，但是在中国有着尤为重要的意义。

对于"孝"，儒家有着自己的见解和看法。孔子创立"仁学"，将"孝"视为"仁"的重要内容之一。孔子的学生有若说："孝悌也者，其为仁之本与！"在儒家看来，孝敬父母，敬爱兄长，是实行仁德的根本。"君子务本，本立而道生。"君子抓住这个根本，实行"仁"的基础就建立起来了，人与人之间的伦理道德就产生了。

一次，孟懿子问孝，孔子回答说：不违背礼的规定，孔子又将这个意思告诉樊迟，樊迟不明白是什么意思，孔子再向他解释说："生事之以礼，死葬之以礼，祭之以礼。"大意为，父母在世的时候要以"礼"来侍奉他们，父母死后要以"礼"来安葬他们，安葬以后还要依"礼"来祭祀他们。

孔子认为，尽孝还不要给父母增加精神负担。《论语·为政》："孟武伯问孝。子曰：'父母，唯其疾之忧。'"大意为：孟武伯问孔子什么是孝顺。孔子说："对于父母来说，要时时刻刻关心他们的健康状况。"也就是说，身为子女，要时刻保重自己的身体，不使自己生病，更不能陷入不义而使父母担惊受怕，这就是孝。

孔子还强调，作为人子，不但要奉养父母、尊敬父母，还不要忘记父母的年龄。《论语·里仁》："子曰：'父母之年，不可不知也，一则以喜，一则以惧。'"意为，一方面父母高寿，为人子的该感到高兴；另一方面，也应该有所恐惧。因为年龄大了，随时可能会生病，也随时有可能死亡。因此，更应该多关心父母，这也是孝。

另外，孔子认为，继承父志也是"孝"的一个重要内容。《论语·学而》："子曰：'父在观其志，父没观其行，三年无改于父之道，可谓孝矣。'"意为，父亲在世的时候，要观察他的志向；父亲逝世后，要体察他的行为，如果他对父亲志向和优点长期坚持下去，就可以做到"孝"了。

"老者安之，朋友信之，少者怀之"（语出《论语·公冶长》），这是孔子的社会政治理想，要建立一个百姓安居乐业的社会，就要先从"孝悌"开始，通过从爱自己的父母、亲人开始，上对君王尽忠，下在朋友之间建立信任关系，从而扩大到去"爱人爱众"，使社会达到安定和谐的状态。所以，在孔子看来，一个人如果做到了"孝悌"，其人性就达到了基本的标准。全社会如果人人都能行"孝悌"，那么，美好的社会理想很容易就能得以实现。

第 37 天　孟子是如何诠释"孝"的

孟子所强调的"孝"主要表现在对父母的尊敬和奉养方面。《孟子·万章上》："孝子之至，莫大乎尊亲；尊亲之至，莫大乎以天下养。为天子父，尊之至也；以天下养，养之至也。"大意为，看一个孝子的最高标准，没有比尊敬父母更重要的；尊敬父母的最高标准，没有比以整个天下来奉养更重要的。这里强调的是两个字"尊"和"养"。

孟子提出了"不孝"的五条标准："世俗所谓不孝者五：惰其四肢，不顾父母之养，一不孝也；博弈好饮酒，不顾父母之养，二不孝也；好货财，私妻子，不顾父母之养，三不孝也；从（纵）耳目之欲，以为父母戮（羞辱），四不孝也；好勇斗很（狠），五不孝也。"（语出《孟子·离娄下》）大意为，懒惰不劳动、下棋好饮酒、贪财偏爱妻子儿女，不赡养父母以及放纵声色，寻欢作乐，给父母带来羞辱；逞强斗殴，危及父母的安全，这些都是不孝的行为。孟子这五条标准中，其中有三条讲要赡养父母，突出了一个"养"字。

孟子认为：孝是"善"的根本。孟子说："事，孰为大？事亲为大。守，孰为大？守身为大。不失其身而能事其亲者，吾闻之矣；失其身而能事其亲者，吾未之闻也。事亲，事之本也。孰不为守？守身，守之本也。"（语出《孟子·离娄上》）大意为，侍奉谁最重要？侍奉父母最重要。守护谁最重要？守护自身的善性最重要。不丧失自身善性而能侍奉好父母的，我听说过；丧失自身善性而能侍奉好父母的，我从来没听说过。哪个长者不该侍奉？但侍奉父母才是侍奉的根本；哪种好品德不该守护？但守护自身的善性是守护的根本。

这句话告诉我们，孝的前提就是守护自身的善性。俗话说"百善孝为先"，告诉我们，"孝"属于"善"最为重要的一种。但是一个人行孝，并不代表其善性就得到了守护，善性其他的方面也要做好，否则，孝顺也难以做到。

另外，孟子还把"孝悌"与仁义礼智等德行结合起来，"仁之实，事亲是也；义之实，从兄是也；智之实，知斯二者弗去是也；礼之实，节文斯二者是也。乐之实，乐斯二者，乐则生矣。"（语出《孟子·离娄上》）意思为：仁的实质是侍奉父母；义的实质是顺从兄长；知（智）的实质是明白这两者不可分割；礼的实质是调节、修饰这两者；乐的实质是乐这两件事，欢乐由此而产生。孟子强调说，使父母欢心，顺从父母，就叫作"大孝"。

第 38 天　儒家的"忠"具体指什么

"忠"是儒家所极力提倡的一种道德品质，后来发展成为重要的政治道德范畴，其主要含义是指对君主的忠诚。

其实，"忠"最初是指对别人尽心尽力的忠诚态度，而不是专指臣对君的道德规约和行为职责。《论语·述而》载："子以四教：文、行、忠、信。"忠，即为孔子的四项基本教育内容之一。

在先秦时代，"忠"并没有后来的"君叫臣死，臣不得不死"的愚忠思想，孔子关于臣对君忠的看法为："君使臣以礼，臣事君以忠。"也就是说，君与臣之间，不是单方面的要求臣对君的忠诚，首先提到的是君要以礼待臣。后来，孟子对"忠"也进行了阐述，《孟子·离娄》篇中，"子告齐宣王曰：'君之视臣如手足，则臣视君如腹心；君之视臣如犬马，则臣视君如国人；君之视臣如土芥，则臣视君如寇仇。'"大意为，孟子告诉齐宣王说："君主要把臣子当手足，臣下就会把君主当腹心；君主把臣下当狗马，臣下也会把君主当一般不相干的人；君主把臣下当泥土草芥，臣下也会把君主当仇敌。"这样的话，是完全没有愚忠的色彩的。

其实，在孔孟那里，"忠"隶属于"仁"的范畴，忠即为诚实的表现，它所传达的精神内涵本身便是仁义。忠在众德中（克己、爱人、惠、恕、孝、信、切、勇、俭、无怨、直、刚、恭、敬、宽、庄、敏、慎、逊、让）有着极高的地位，忠作为众德之一，是人类社会活动和人际关系中应当遵守的重要道德准则之一。

后来，自"忠"被列入"三纲"后，这一观念就被封建统治者所绝对化，皇帝作为万民之君，受命于天，受权于神，要求民众对皇帝无条件地履行忠诚，也就是所谓的"君叫臣死，臣不得不死"。另外，在帝制时代，皇帝往往是作为国家的代表被看待的，臣民效忠于皇帝常常与尽忠国家是合在一起的，出于对国家的情感和职责，贤臣也要求自己对皇帝尽到绝对的忠诚。

第 39 天　儒家是如何诠释"义"的

"义"是儒家提倡的一种价值观，其本意是指合宜的行为表现，而这种合宜的判断标准是社会公认的准则之一。在儒家，"义"体现着一种超乎个人利益之上的道德范畴。孔子曾言："不义而富且贵，于我如浮云。"并且有"义然后取"、"见得思义"、"见义勇为"等关于"义"的行为要求。

孔子是将"义"作为自身去就取舍的准则来看待的，如有所取，必当符合义的要求而后可；若有所去，亦当要首先思考是否符合"义"的标准。孟子发扬了孔子的"义"的思想，言称："生，我所欲也；义，亦我所欲也。二者不可兼得，舍生而取义者也。"由此人们就将"舍生取义"与"杀身成仁"并述，"仁"、"义"二字也成为儒家思想的重要标志，作为中国传统的核心价值理念，传承千年，根深蒂固。

第 40 天　儒家所提倡的"勇"是怎样的一种品质

"勇"是儒家所提倡的重要道德范畴之一，主要指勇敢、果断的品质。孔子将"勇"看作是仁者所必备的条件，并且将"勇"与"智"和"仁"并举，曰："知者不惑，仁者不忧，勇者不惧。"但是君子的"勇"应当是以义为前提的，"君子以义为上，君子有勇而无义为乱，小人有勇而无义为盗"。孔子又说："恶勇而无礼者"，可见，勇的品质的发扬是应当以对于礼和义的尊崇为基础的。孟子继孔子之后对勇的内涵做出了更为详细的阐发，指出真正的勇是深明大义，能够通过自省而作出进退选择的"理性"之勇，是合于气节、道义，敢于担当的道德之勇，而不是逞强好胜的血气之勇、匹夫之勇。

孟子以气养勇，以义配勇，崇尚"舍生取义"，其勇与"心"、"志"、"气"有着密切的关系，是一种体现情感与行动统一的道德品质。孟子认为勇的培养需要立其志、养其气，从而最终形成具有"浩然正气"的理想人格。

第 41 天　"信"是一种怎样的道德规范

"信"也是儒家所提倡的一种道德规范。信，即为诚，即无欺，使人无疑。"信"不仅被奉为人际相处的起码准则，亦是治理国家的基本理念。孔子在《论语·为政》中说："人而无信，不知其可也。大车无輗，小车无軏，其何以行之哉！"意思是说，人要是失去了信用或者不讲信用，不知道他还可以做什么。就像大车没有车辕与轭相连接的木销子，小车没有车辕与轭相连接的木销子，它靠什么行走呢？在这里，孔子将"信"比作车子行走不可缺少的"輗"与"軏"，比喻一个人如果无"信"，就难以立足于世。

另外，孔子在回答子贡关于政事的提问时指出"足食"、"足兵"与"民信"这基本的三点，又指出其中最为重要的就是取信于民这一点，称："民无信不立。"另外，孔子的弟子子夏也说："与朋友交，言而有信。"曾子的每日三省其身中的一项最为重要的内容便是"与朋友交而不信乎"。可见，在儒家思想中，"信"是一个人立足于世、为人处事的重要行为准则。

第 42 天　儒家是如何解读"智"的

"智"也是儒家所推崇的一种重要的道德理念之一。儒家思想中的"智"，指的并不是聪明才智，而是指一种道德智慧，也就是明辨是非、善恶的能力，也就是孟子所讲的人的与生俱来的"是非之心"。

《论语·雍也》记载："樊迟问知。子曰：'务民之义，敬鬼神而远之，可谓知矣。'"大意为：樊迟问什么是"知（通'智'）"，孔子的解释为，致力于民众应当遵从的义德，尊敬鬼神但是并不亲近它，这就可以叫作"知（通'智'）"了。

另外，《论语·宪问》中记载："子曰：'君子道者三，我无能焉；仁者不忧，知者不惑，勇者不惧。'子贡曰：'夫子自道也。'"孔子在这里将"知者不惑"作为君子所具有的基本美德之一，其后孟子进一步指出，所谓"智"，就是生而有之的"是非之心"，只要尽心将这种智慧加以发扬，就能够做到知性，由知性而知天，知天则意味着达到超凡脱俗的人生之境，这是"智"的最高境界，也是儒家思想中作为一种道德智慧范畴的"智"的概念的本真之意。

第43天 "知耻"是怎样的一种道德范畴

儒家思想中一个极为重要的道德范畴，即为"知耻"，指的是一个人通过自己内心的省察而产生的一种羞恶感。孔子曾经以"行己有耻"来表述士人之行，也就是说要以羞耻之心来约束自己的行为，自己认为羞耻的事情就坚决不去做。这是"知耻"的重要意义，也是儒家修身的一条重要法则。

孔子曰："知耻近乎勇。"朱熹对此的解释为，"勇"指"勉力而行、自强不息"的精神，是君子必当具备的一种美德。孟子将"知耻"称作"羞恶之心"，将其作为人皆有之的"良知"。荀子继承和发展了孔孟的"知耻"观念，并且对荣辱问题进行了详尽的阐述，将"知耻"看作是个人修养的要则。

明末清初思想家顾炎武指出："朝廷有教化，则士人有廉耻；士人有廉耻，则天下有风俗。"并且说："士大夫之无耻，是谓国耻。"可见，儒家所提倡的"知耻"观，不仅关系到个人品质的好与坏，还关系到国家之荣辱兴衰。

第44天 慎独——儒家提倡的重要修身方法

"慎独"是儒家提倡的一种重要的修身方法之一。《礼记·中庸》曰："道也者，不可须臾离也，可离非道也。是故君子戒慎乎其所不睹，恐惧乎其所不闻。莫见乎隐，莫显乎微，故君子慎其独也。"所谓的"慎独"，是指要求自己不仅在人群中，而且在别人看不见听不到、独自一个人的情况下，也能十分谨慎地进行内在的反省与认知，坚持必遵从道德的基本原则与方法。

《礼记·大学》中也再三地强调，"君子必慎其独也"，并且将其解释为"诚意"，"毋自欺"，也就是说一个人在独处的时候依然能保持自己的道德操守，才是真正做到了君子的本色。君子之为，在发于己心，在从乎自律，而不是依靠外在的约束来约束自己。可见，"慎独"不仅是一种道德的高度自觉性的表现，而是一种很高的道德境界，也是一种儒家追求至善的心路历程。

第 45 天　儒者该具有的五种美德是什么

"温、良、恭、俭、让"是儒者所要具备的五种美德。孔子在《论语·学而》曰："子禽问于子贡曰：'夫子至于是邦也，必闻其政，求之与，抑与之与？'子贡曰：'夫子温、良、恭、俭、让以得之。夫子之求之也，其诸异乎人之求之与？'"大意为：子禽问子贡说："孔老夫子每到一个国家一定要听闻当地的政治，是他自己要求的呢？还是别人告诉他的呢？"子贡回答说："先生以他的温和、善良、恭敬、俭朴、谦让这些美德而得来的，先生得到这些听闻的方式与别人获取的方式是不相同的吧。"

温和、善良、恭敬、俭朴、谦让这五种美德是孔子的学生对他的评价，可见，孔子本身是躬行着这些美德的，他也成为后世君子效法的榜样。

第 46 天　"克己复礼"的主旨是什么

"克己复礼"是儒家的重要思想主张，语出《论语·颜渊》一章："颜渊问仁。子曰：'克己复礼为仁。一曰克己复礼，天下归仁焉。为仁由己，而由人乎哉？'颜渊曰：'请问其目。'子曰：'非礼勿视，非礼勿听，非礼勿言，非礼勿动。'颜渊曰：'回虽不敏，请事斯语矣。'"

这段话的主要意思是：孔子的弟子颜渊有一次向孔子请教怎么样才是做到仁，孔子回答道：要约束自己的行为，让自己的一言一行符合礼的要求，只有真正做到了这一点，才算是符合仁的定义。如果真正做到了"克己复礼"，人们自然会把你看作仁人。想要成仁，是要靠自己努力的，怎么可能会凭借别人指引呢？颜渊问道：那具体要怎样做呢？孔子道：不合礼仪的事就不要去看、不要去听、不要去说、不要去做。颜渊听完孔子的教诲后说道：我虽然不够聪明，但一定会按照先生所说的去做。

由此可以看出，"克己复礼"是成仁的基本准则。"克己复礼为仁"就是这个意思。"克"在古代有"战胜"、"克制"的意思。宋朝的朱熹认为："克己"的真正含义就是战胜自我的私欲，在这里，"礼"不仅仅是具体的礼节，而是泛指天理，"复礼"就是应当遵循天理，这就把"克己复礼"的内涵大大扩展了。朱熹指出，"仁"就是人内心的完美道德境界，其实也无非天理，所以能战胜自己的私欲而复归于天理，自然就达到了仁的境界。

第 47 天　五大圣人都是谁

自古以来，儒家学派出了不少圣贤之人，其中有五大圣贤是为人们所熟知的，他们分别是至圣孔子、亚圣孟子、宗圣曾子、复圣颜子、述圣孔伋。

至圣孔子：姓孔，名丘，字仲尼。春秋末期著名思想家、教育家、政治家，同时也是儒家学派的创始人，被后世尊称为"至圣"。

亚圣孟子：姓孟，名轲。其字号在汉代以前的古书中没有记载。后来到了魏、晋之后才传出了"子车"、"子居"、"子舆"等多个不同的字号，可信度并不高，可能是后人的附会。孟子是我国古代著名的思想家，战国时期儒家学派的代表人物。相传，孟子是鲁国贵族孟孙氏的后裔，后来拜入孔子之孙子思的门下，继承并发扬了孔子的思想。孟子曾效仿孔子，带领门徒们游说各国，但其思想并不被当时各国所接受，后来退隐与弟子们一起著述《孟子》一书。孟子是儒家学派中仅次于孔子的一代宗师，与孔子合称为"孔孟"，被后人称为"亚圣"。

宗圣曾子：姓曾，名参，字子舆。是孔子的弟子，儒家学派的主要代表人物之一。世人熟知的"吾日三省吾身"修养方法就是曾子提出来的。被后世尊称为"宗圣"。

复圣颜子：即颜回，字子渊，一作颜渊，是孔子早起弟子颜路之子。据史料记载，颜回是孔子众多弟子中最受推崇的。其不仅聪敏过人，而且深思善学，虽然出身贫寒，但却能安贫乐道。被列为孔门七十二贤之首。不过可惜的是，颜回在 29 岁的时候就已经头发尽白，41 岁就过早地去世了。其去世后，被后人尊为"复圣"，至今，在山东曲阜还有复圣庙。

述圣孔伋：即子思，姓孔，名伋，是孔子之孙。战国时期著名的思想家，儒家的主要代表人物之一。历史上，对子思的生平事迹已经难以详考，其所著的《子思子》一书也已经失传。子思开创了先秦时代的思孟学派，被后人尊为"述圣"。

第48天 什么是"儒家八派"

儒家学派的思想学说体系涉及范围很广，而孔门弟子又多达三千，每个弟子都对孔子的言论和思想都有着不同的理解，在交流过程中，自然会产生些分歧。后来，孔子去世之后，他的弟子们根据自己所坚持的思想逐渐分化，将儒家学派分成了八个学派，就是"儒家八派"。因为形成于战国，所以又称为"战国儒家八派"。

这八个学派分别是：子张之儒、子思之儒、颜氏之儒、孟氏之儒、漆雕氏之儒、仲良氏之儒、孙氏之儒、乐正氏之儒。那么，这些学派都分别持有怎样的观点呢？

1. 子张之儒：是以孔子学生子张为代表的儒家八派之一。子张是孔子晚年收的一个弟子，姓颛孙，名师，字子张。春秋时期陈国阳城人。子张学业优异，禀性偏激，一生都没有做过官。孔子去世后，他就一直居住在陈国，收徒讲学，传下来的弟子就形成了"子张之儒"。关于"子张之儒"的政治主张是什么，现在已经不知其详，但大概的可以了解到，"子张之儒"具有博爱容众、严己宽人等特点。

2. 子思之儒：是以孔子之孙子思为代表的儒家八派之一。"子思之儒"发挥了孔子的中庸思想，但其学术或者政治主张究竟是怎样的，现在已经不知详情了。

3. 颜氏之儒：根据古籍记载，孔子门下姓颜的弟子共有八个人，分别是：颜无繇、颜回、颜幸、颜高、颜祖、颜之仆、颜哙、颜何。但"颜氏之儒"的代表究竟是谁，现在已经无法判断了。学术界一般认为是孔子的得意弟子颜回。"颜氏之儒"的主要特点就是安贫乐道，重在将孔子的仁德思想加以实践。

4. 孟氏之儒：学术界认为，孟子是"孟氏之儒"的代表。"孟氏之儒"主要是发展了孔子的"仁学"思想，并提出了"人性本善"的理论。主张施行"仁政"、"王道"的政治理想和"民贵君轻"的民本思想。

5. 漆雕氏之儒：根据古籍记载，孔子门下姓"漆雕"的一共有三个人，分别是：漆雕开、漆雕哆、漆雕徒父。学术界认为，"漆雕氏之儒"的代表是漆雕开。漆雕开这个人不喜欢做官，具有不屈的勇气，正好符合"漆雕氏之儒"的特点——不愿做官，好勇任侠。这一派认为人性有善有恶，主要成员有：宓子贱、公孙尼子、世硕等。

6. 仲良氏之儒：这一派已经无从考究。

7. 孙氏之儒：学术界认为"孙氏之儒"的代表人物是荀子。这一派继承了孔子的治学传统，传播儒家经典学说。在政治思想上倡导礼法兼治；哲学上主张"天人相分"、"制天命而用之"；学习上强调后天学习的重要性。还提出"人之性恶，其善者伪也"。

8. 乐正氏之儒：这一学派也已经无从考究，知识根据一些历史资料，推测，"乐正氏之儒"的代表人物可能是孟子的弟子乐正克。

虽然"儒家八派"在一些思想上各持己见，但每个学派都认为自己是代表了其师孔子的儒学思想。

第 49 天　儒家经典三礼指的是哪"三礼"

儒家经典三礼指的是《周礼》、《仪礼》、《礼记》这三本书的合称。这"三礼"是古代社会礼仪制度和礼仪理论的总汇。

《周礼》：原称为《周官》，到了西汉末年才被称为《周礼》。相传由"儒学先驱"周公旦所作。《周礼》内容极为丰富，主要是讲述各种名物、制度和典章。

《仪礼》：简称《礼》，又被称为《礼经》、《士礼》，到了晋代才被称为《仪礼》。主要叙述一些典礼的详细仪式。

《礼记》：以孔子与其弟子问答的形式记述了修身做人的原则，记载和论述了先秦的礼制、礼意。这本书虽然字数仅九万字左右，但涉及面广，门类杂多，几乎是包罗万象。集中体现了儒家学派在先秦时期的政治、哲学以及伦理思想。同时也是现代研究先秦社会的重要资料。

儒家的"三礼"一直受到历代统治者和学者的重视。对中国后世文化、政治制度、社会思想及理论观念都有着重大的影响。

第 50 天 "立功、立德、立言"是什么意思

人们常说的"三不朽"即是对"立功、立德、立言"的统称，《左传·襄公二十四年》中说道："太上有立德，其次有立功，其次有立言，虽久不废，此之谓三不朽。""立德"，即要树立高尚的品德；"立功"，指的是为国家民族建功立业；"立言"，即提出具有真知灼见的言论。此三者是经久不废、流芳百世的。据说，历史上能够做到三不朽的只有两个半，孔子和王阳明分别是一个，曾国藩半个。当然，这种说法只是客观的流传而已，历朝历代都有身先士卒、死而后已的榜样；以身作则、教化民众的文人；保家卫国、宁死不屈的兵将。他们共同的特点就是超越了个人追求，立言于己、立功于国、立德于民，这种精神激励着每个人拼搏奋进，敢于开拓进取，有着巨大的精神能量，绝非是一时的虚张声势，只求欣慰而已。

孔子在《大学》中提道："大学者，立德之处所；惟有先立德，才可立功；立德立功，方有立真言之力。"意思就是，一个人如果想有所作为，首先要有高尚的道德，这样才可以树立自己的威信，然后才有机会立功，功德圆满了才有立真言的能力。

在当今社会，各行各业都竞争激烈、优胜劣汰，人们在追求自己理想的同时，更应该不断告诫自己要立功、立德、立言，只有把这 3 点作为人生的信条，才不会因小失大，误入歧途。言行不一、道德败坏的人只是一个跳梁小丑，不要因为一时的风光背负一世的骂名。

第 51 天 "大同"思想在儒家的解读

"大同"是儒家提出的最高范畴的社会理想,《礼记·礼运》中记载了孔子对大同世界的描绘:"大道之行也,天下为公。选贤与能,讲信修睦,故人不独亲其亲,不独子其子,使老有所终,壮有所用,幼有所长,鳏寡孤独废疾者,皆有所养。男有分,女有归。货恶其弃于地也,不必藏于己;力恶其不出于身也,不必为己。是故谋闭而不兴,盗窃乱贼而不作,故外户而不闭,是谓大同。"

大意为:"大道通行的时代,天下是天下人的天下。人们选举出有德行和有才能的人来治理天下。他们彼此信任,和睦相处。所以人们全都不只把自己的亲人当亲人,不只把自己的儿女当儿女。这样,老人能安享天年,壮年能贡献才力,儿童能得到良好的教育。让年老无偶者、年幼丧父者、年老无子者和不幸残疾的人都能得到供养。成年男子各尽其才,成年女子各有其夫。人们不忍财物被抛弃在地,但不一定要收藏到自己家里。人们担心无法充分发挥自己的能力,但不会用来只为自己谋利。因此,没有人玩弄阴谋诡计,劫夺偷盗、杀人越货罪行等也不会发生,所以连大门都可以不关。这样的社会,叫作大同世界。"

清末康有为为宣传变法改制而将孔子的大同理想与西方的近代社会制度相比较,并亲著十万字的《大同书》来表达自己的政治理想。孙中山对大同世界的理想描述也十分推崇,并将"天下为公"作为自己的政治格言。"大同"是孔子对人类理想社会的构想,表达了自己对大同世界的向往,只是没有指出人类走向大同社会的具体路径。

第 52 天 儒家所提倡的"小康"是怎样的社会状态

"小康"是儒家所描述的一种社会状态,《礼记·礼运》在记载了孔子在讲述完"大同"思想后,接着说道:"今大道既隐,天下为家,各亲其亲,各子其子,货力为己,大人世及以为礼。城郭沟池以为固,礼义以为纪;以正君臣，以笃父子，以睦兄弟，以和夫妇，以设制度，以立田里，以贤勇知，以功为己。故谋用是作，而兵由此起。禹、汤、文、武、成王、周公，由此其选也。此六君子者，未有不谨于礼者也。以著其义，以考其信，著有过，刑仁讲让，示民有常。如有不由此者，在势者去，众以为殃，是谓小康。"

大意为："如今大道已经没落，天下成了一家一姓的私产。人们只把自己的亲人当亲人，只把自己的儿女当儿女。财物和人才，都成了私产。诸侯、天子们的权力变成了世袭的，并且名正言顺的世代继承，还修建了城郭沟池作为坚固的防守。故此，先人才制定出'礼'作为调节社会关系的纲纪，用来明确君臣关系，使父子淳厚，使兄弟和睦，使夫妻和谐。各种制度得以确立，划分开田地和住宅。尊重拉拢有勇有谋的人，来为自己建功立业。所以阴谋诡计由此兴起，战争也由此产生。夏禹、商汤、周文王、周武王、周成王和周公旦，由此成为三代中的杰出人物。这六位君子，没有谁敢不谨慎奉行礼制的。他们阐明礼制的内涵，用礼制来考察人们的信用，揭露过错，树立文明礼让的典范，为百姓做出榜样。如果他们有不遵守礼制的行为，就算有权势者也要被罢黜，百姓也会把他们看成祸害。这样的社会，叫作小康。"

在孔子看来，禹汤文武成王周公之时的社会可以称作"小康"，"小康"虽不"大同"，却也是一种比较和谐的社会风貌。康有为根据《春秋公羊传》的"三世"说，将"小康"比作"升平世"，将"大同"比作"太平世"，社会的发展规律是由"据乱世"走向"升平世"，再进入"太平世"的。

第 53 天　"礼治"是怎样的一种思想理念

"礼治"是儒家提倡的核心思想之一，是一种以礼仪制度作为国家的基本政治秩序的执政理念。"礼治"的基本确立是在西周初年，周公旦在确定礼制的过程中起了极为重要的作用。周初的"礼治"是以"亲亲"和"尊尊"观念为基础的。

"亲亲"就是依照血缘关系的远近来区分亲疏，再由亲疏来确定贵贱；"尊尊"就是地位低的人要尊重地位高的人，不得有所僭越。所以，君、臣、父、子各具其名，尊卑、亲疏、高低、贵贱各有其分，依此而行，整个社会便会建立起一套严明的秩序，国家的政治生活也不会出现纷乱，这就是"礼治"的核心内涵。

与"礼治"思想内涵相配合，统治者创立了一套繁复而精微的礼仪制度，令"礼治"的形式与内容相呼应，以起到良好的实践作用。但是，"礼治"未能使国家的运行长治久安，统治者并不能借此而高枕无忧，延递至东周时期，"礼治"的规则便为礼崩乐坏的乱世局面所打破。

第 54 天　"中和"是怎样的一种修身理念

"中和"是儒家中庸之道的主要内涵，原为中正、平和之意。《礼记·中庸》："喜怒哀乐之未发谓之中，发而皆中节谓之和；中也者，天下之大本也，和也者，天下之达道也。致中和，天地位焉，万物育焉。"大意为：喜怒哀乐没有发作失控，叫"中"；喜怒哀乐情绪表现出来的时候，都恰到好处，叫"和"。君子能做到"中"，是天下最大的根本；做到和，天下才能归于道。君子的中和如果做到完美的程度，天地都会赋予其应有的位置，万物都会养育他。从这里可以看出，"中和"是儒家所提倡的一种最为高尚的修养范畴。

第 55 天　"君君，臣臣，父父，子子"具体指什么

"君君，臣臣、父父、子子"是儒家提出的一种思想理念。语出《论语·颜渊》："齐景公问政于孔子。孔子对曰：'君君，臣臣，父父，子子。'公曰：'善哉！信如君不君，臣不臣，父不父，子不子，虽有粟，吾得而食诸?'"这段话表达的意思是，齐景公向孔子询问治理国家的方略，孔子回答的对策是，要使做君主的像个君主的样子，为臣的要像个臣子的样子，当父亲的要像个父亲的样子，做儿子的要像个做儿子的样子。也就是说，个人都要按照自己人的身份去行事，各就其位，名副其实。

齐景公对孔子的这种理论非常肯定，表示，如果不这样去做的话，即使国家有很多粮食，自己也吃不上；如果不这样去实行，国家可能就会大

乱。孔子的这种关于君臣父子的表述被后世演化为"君为臣纲，父为子纲，夫为妻纲"的伦理准则，这种理解是违背孔子的原义的。其实孔子强调的是每个人都要按照自己人的身份去行事，强调的是君对臣、父对子、夫对妻的统领，其目的就是为了实现国家的安定有序。

第 56 天 儒家思想对于"善"的解读

从儒家的思想核心"仁、义、礼、智、信、恕、忠、孝、悌"到其修身、齐家、治国、平天下的理念，其实，儒家都在向世人阐述以下内容，即求美、求善、求仁义；忧国、忧民、忧天下；重文、重礼，重气节；畏天、畏地、畏生命。

世间万物，凡美的必是善的。求善就是求美的另一种方式与路径。儒家所主张的善，具有极强的可操作性。读书是善，写文章是善，作诗是善，游玩是善，朋友聚会是善……因为这些举动都会直接或间地把人引向善。

对于个人，儒家强调，言必斯文，行必检点，思必内敛，最终必归于善。另外，孔子对于天，要知之、畏之、勿欺之、向之祷与不可获罪；对于鬼神，要祭之、敬而远之、与不可对其谄媚；对于动物，则要在照顾人类而行有余力时，要妥善照料之；对于广大的自然界则需珍惜与欣赏。他虽然不用"善"字来描述这样的关系，但其宗旨就是让人向"善"。

孟子也经常使用"孝悌忠信"一词来作为"善"的具体内容。"孝悌忠信"简单地来说，孝是与父母的和谐关系得到实现；悌是与兄弟姐妹之间的和谐关系得以实现；忠是与长官或者老板之间的和谐关系得以实现；信是与朋友之间的和谐关系得以实现。换句话说，如果孝悌忠信都代表善行，那么，"善"即为个人与他人之间的和谐关系得以实现。

第 57 天 孟子的"民本思想"是怎样的理念

"民为贵，社稷次之，君为轻"，这是孟子提出的一种"民本思想"理念。意思是说，人民是第一位的，国家其次，君在最后。在孟子看来，君主应该以人民为先，为政者要保障人民的权利。

同时，孟子又说："是故得乎丘民而为天子，得乎天子为诸侯，得乎诸侯为大夫。诸侯危社稷，则变置。牺牲既成，粢盛既洁，祭祀以时，然而旱干水溢，则变置社稷。"大意为，所以得到民众的拥护就能做天子，得到天子的信任就能做诸侯，得到诸侯的信任就能做大夫。诸侯危害了土谷之神，那就改立诸侯。祭祀用的牲畜是肥壮的，谷物是清洁的，又是按时祭祀的，然而还是干旱水涝，那就改立土谷之神。

孟子"民本思想"的内涵为，人民是天下的根本，国家或社稷是为了给人民谋求福利才建立的，而君主则是为了治理国家才设立的，归根结底，也是为了给人民带来更多的福利才会有君主这个位置的，也就是说，君主以国家为基础，而国家则又以人民为基础。所以说，"民为贵，社稷次之，君为轻。"

第 58 天　"王道与仁政"是一种怎样的主张

"施仁政，行王道"是儒家所主张的治国理念，"王道"指的就是先贤圣王之道，符合仁义治国的准则，仁政是把仁义作为治国的基本政治理念，"仁政"是"王道"的表现，"王道"是"仁政"的基础。"王道"的思想源于孔子的仁政，由孟子提出："仁也者，人也；合而言之，道也。"仁与人就像一个太极的图案，它们互为表里，二者合起来就是"道"。"仁"的思想是孟子思想体系的灵魂，他从各个方面反复对仁进行阐释与完善。孟子在见到梁惠王时说道：谷与鱼鳖不可胜食，材木不可胜用，是使民养生丧死无憾也。养生丧死无憾，王道之始也。仁政的理想最终指向了"王道"，这是孟子政治理想的最高境界。

孟子指出：人的天性是善良的，"恻隐之心""羞恶之心""辞让之心"和"是非之心"是与生俱来的，称之为"四端"。它们是"仁、义、礼、智"四德的基础，这就是孟子的"性善论"。其作为孟子社会理想的支撑点，在两个方面同时显示意义。

人人都有"恻隐之心"，作为统治者，只要"以不忍人之心，行不忍人之政，治天下可运之于掌上"就是件轻而易举的事，"行仁政而王，莫之以御"提醒统治者要施行"仁政"。为政必须依仁而行，不仁只能自取灭亡。仁政是孟子的政治学说和他的社会理想的最基本内容，而性善论则作为其内在的依据做出最好的阐释。通俗一点地说，在孟子看来，正是由于人性的善良，尤其是那些统治者本身善良，仁政才有实现的可能。

第 59 天 "独善与兼济"指的是什么

独善与兼济，是儒家倡导的修身准则，语出《孟子·尽心上》："穷则独善其身，达则兼善天下。""独善"和"兼济"是对这段话的简单概括，其意为：一个人在"命运不通达"、"不走运"的时候，更要尽量提升自己的思想境界，让自己的思想高尚起来；一个人走运得志，即飞黄腾达的时候，应当把自己的智慧与才能用以救济天下苍生。孟子也说道："得志，与民由之；不得志，独行其道。富贵不能淫，贫贱不能移，威武不能屈，此之谓大丈夫。""得志"在古代多指在朝廷里位高权重，即所谓的"达"；相反，"不得志"就是在仕途路上不尽如人意，就是所谓的"穷"。

儒家学说讲究入世，所谓入世的主要方式就是从政，所谓"学而优则仕"、"治国平天下"。但一个人的一厢情愿并不能代表仕途上的通达，孟子游说诸侯，但他终身是一介布衣，孔子周游列国，四处碰壁。孔子曰："天下有道则见，无道则隐。""不在其位，不谋其政。"意思就是出仕并不是人生唯一的出路。孟子提出"独善其身"与"兼善天下"，事实上就是对孔子思想的补充，使其更为明确。一个人如果有幸参与政事，就应该以天下百姓为重，使民众受到惠泽，正如范仲淹所说"先天下之忧而忧，后天下之乐而乐"，这才是为官的根本所在；相反，如果没有得到治国平天下的机会，懂得退而修身，洁身自好也不失为一种积极的人生。这两种处世之道都是积极入世的体现，"兼济"为进，"独善"为退，进退都是儒家贤圣之道。

第 60 天　孟子为什么选择熊掌而不选鱼

孟子说："鱼，我所欲也，熊掌，亦我所欲也；二者不可得兼，舍鱼而取熊掌者也。生，亦我所欲也，义，亦我所欲也；二者不可得兼，舍生而取义者也。"他认为当两样东西都想要的时候，有时不能如愿以偿，两者之中需作出取舍。那么他为什么在鱼与熊掌不可兼得的时候选择罕见的熊掌而放弃寻常的鱼呢？

其实鱼与熊掌只是一个比喻，鱼是人们常吃的食物，熊掌却不是人人都能得到的，通常情况下在两者之间做出选择时，自然会选择珍贵的熊掌而放弃随处可见的鱼。孟子所讲述的只是人之常情罢了。但下面话锋一转，把命题升华到生死大义上。生，是我想要的，义也是我想要的，两者不能兼得，我宁愿割舍生命而保全大义。孟子把生命誉为鱼，把大义比作熊掌，认为大义比生命要宝贵。孟子相信人性本是善良的，舍生取义之境界不是圣贤独有的，人人都有为大义而死的高尚情操，只不过贤德的人不容易丧失对义的追求罢了。鱼与熊掌之间的选择，就像生与死、利与义之间的抉择，人们普遍贪恋生而畏惧死亡，在利益与道义之间挣扎徘徊。以人性而论，人对某种事物的渴求可能超过生命，对某种事物的厌憎可能超过死亡，而廉耻之心可以帮助人们抵住各种诱惑，认清基本的道德规范，明白许多诱惑应该加以抑制，而死亡并非最可憎之事，如此人们便能从内心深处渴慕义举，从而变得大义凛然。

孟子主张"仁"、"义"，继承和发展了孔子的思想，正所谓"杀身成仁，舍生取义"，人间的道义值得牺牲性命来维护，抛弃鱼而选择熊掌阐述的就是这个道理。

第 61 天　汉朝时为什么会将儒家思想作为正统思想

儒家思想在秦始皇时期遭到了严重的打击，可为什么到了汉朝的时候就得到了汉武帝的重用呢？

这与汉武帝的统治有很大的关系。在汉朝初年的时候，国家的治理一直采用道家思想。后来汉武帝即位，迫切地想要从政治和经济上进一步强化专制主义中央集权制度，所以主张"无为"的道家思想已经不能满足他的政治需要，甚至与好大喜功的汉武帝相抵触。但儒家的春秋大一统思想、仁义思想和君臣伦理观念显然同汉武帝当时所面临的形势与任务相适应。后来，在大臣董仲舒的建议下，儒学终于取代了道家的统治地位，成为了当时社会的正统思想。这就是历史上有名的"罢黜百家，独尊儒术"。

其实，董仲舒当时所建议的"独尊儒术"，已非春秋战国时期儒家思想的原貌了，而是以儒家思想为中心，结合道家、法家、阴阳五行家而形成的一种与时俱进的新思想。这种"新儒家"思想一直受到古代封建统治者的推崇，影响长达 2000 多年。

第 62 天 　"大一统"的观念是如何产生的

中国的大一统思想由来已久。孔子心中的理想帝王就应握有一统天下的权威，所谓"礼乐征伐自天子出"。儒道墨法等各派思想中都潜藏着大一统的身影。老子主张以"一"为本，"道生一，一生二，二生三，三生万物"（《老子》第 42 章）。大一统从此有了本体论。

正式提出"大一统"的是《公羊传·隐公元年》："何言乎王正月，大一统也。"唐人颜师古说："一统者，万物之统皆归于一也……此言诸侯皆系统天子，不得自专也。"疏曰："王者受命，制正月以统天下，令万物无不一一奉之以为始，故言大一统也。"李斯更是明确提出："灭诸侯，成帝业，为天下一统。"《汉书·王吉传》中称："春秋所以大一统者，六合同风，九州共贯也。"大一统的原始意义正是消灭对手，由帝王一人统治天下。

大一统在中国之所以一成不变，一个重要的原因是，从古至今，一直有许多中国人热爱、推崇大一统。唐朝的李白赞叹道："秦皇扫六合，虎视何雄哉！"明朝的李贽在《藏书》中尊始皇为"千古一帝"。大一统的逻辑中派生出来的许多观念使得大一统在中国人的心灵中扎下根来，中国人对大一统形成了精神依赖。

第 63 天　"存天理，灭人欲"是一种怎样的思想

"存天理，灭人欲"常被人误以为是朱熹所创，但事实上，《礼记·乐记》早就对此提出了相关的阐述："人化物也者，灭天理而穷人欲者也。于是有悖逆诈伪之心，有淫泆作乱之事。"这里所说的"灭天理而穷人欲者"就是指泯灭天理而为所欲为的人。

后人在评判"存天理，灭人欲"这一思想时常常认为"存天理，灭人欲"禁锢了人的自由等。朱熹在《朱子语类》中说："去其气质之偏，物欲之蔽，以复其性，以尽其伦。"（卷七）简单地说，朱熹主张的是明理见性，人为自己的私欲所蒙蔽，所以看不到自己的真实面貌，所以不能体悟到天地之理，要想体验到、找到万事万物的共同之理，就要除去人的私欲。孟子提出了"尽心"、"存心"、"养心"之学，"尽心"就是要在认识上达到自我超越，"知性知天"；"存心"也便是"养心"，即是养性知天，所以孟子说："养心莫善于寡欲。"（《孟子·尽心下》）孔子说："性相近也，习相远也。"（《论语·阳货》）孔子的意思是人有不同，但初始共同的地方很多，但是由于习染性情就变得很复杂多样了，孟子在这个问题上认为人的"真我"是一样的，为什么不同？主要是因为人的私欲，所以他提倡要超越"自我"，实现"真我"，这也就是他发挥孔子思想的一个方面，也是他给宋明理学家留下一个可以发挥的地方。程颢提出了"存天理，去人欲"的思想，他和朱熹一样，也是从"理"上得来的。

第 64 天　"性三品"说的是什么

"性三品"是中国古代一种主张人性分为 3 等的理论。西汉董仲舒最早提出"性三品"的人性论。董仲舒结合阴阳理念对人的天性进行了分析，正如天有阴阳一样，人也有善恶之分。人所具有的善良的品质体现了天的阳性，董仲舒将其命名为"性"；人所具有的恶的品质体现了天的阴性，

称之为"情"。但"性"与"情"两个方面并非绝对的，虽然"性"蕴含着善的一面，但并不等同于善，只是意味着有善的可能。对此他曾比喻说："性比于禾，善比于米；米出禾中，而禾未可全为米也；善出于性中，而性未可全为善也。"董仲舒根据人的"性"、"情"不同，将人性分为三品，上品为"圣人之性"，是"性"主导，而少"情欲"，具有不交而可为善的品性；下品为"斗筲之性"，"情"为主导，而"性"缺乏，属虽教而不能为善的品性；"中民之性"位于两者之间，"性"与"情"的成分相当，是为善亦可为恶的品性。董仲舒的"性三品说"与孔孟的"性相近"、"人皆可以为尧舜"是截然不同的概念。东汉著名的思想家王充对董仲舒的"性三品"说给予了充分的肯定，对此曾说道："董仲舒之言本性有善有恶，为普遍人的本性；孟子的性善论指的是上等人的品性；荀子的性恶论说的是下等人的本性，这几种思想的差异在于所指的对象不同。"

第 65 天　"天人合一"是一种怎样的学说

"天人合一"是中国古典哲学的根本观念之一，与"天人之分"说相对立。我们的祖先将"天"视为有意志的神灵，认为人与天之间是能够沟通的，正如伏羲所演示的易经八卦，其根本目的就是为了"以通神明之德，以类万物之情"。"天人合一"这一学说建立在天人相通的基础上。社会发展到东周时期，人们已经对巫术的作用有所淡化，人们关注的重心已经由天转向人，"天"的传奇色彩开始淡去，化为自然和人伦意义的一面。孟子将天视为道德的本源，认为人的心性受之于天，尽心知性即可与天地相通达。正如其在《有天爵者，有人爵者》中所说："仁义忠信，乐善不倦，此天爵也。"用的就是天赐爵位来表示人的高尚道德。"夫君子所过者化，所存者神，上下与天地同流。"意在表明君子的道德修养所能达到的崇高境界。庄子的思想时期，把"天"指向自然的层面，人是自然的一部分，认为天与人本来就是一体的，之所以天人分隔，是由于人的文化造成的，所以庄子主张"绝圣弃智"、返璞归真，从而达到天人相容的本原境界。最早表述"天人合一"思想的是西汉时期的董仲舒，在他的《春秋繁露》中明确阐述了"天人之际，合二为一"的思想。

第 66 天　为什么秦始皇选择焚书坑儒，而汉武帝却选择独尊儒术

从表面上看，秦汉两代统治者对于儒家思想的态度截然相反，一个是严厉打击，另一个却是大力提倡，"焚书坑儒"和"独尊儒术"看起来似乎是性质完全不同的两个历史事件，但"坑儒"也好，"尊儒"也罢，其目的都是为了维护自己的统治，其出发点都是为了统一人们的思想，加强和巩固封建专制制度。

在不同的历史时期，统治者会采取不同的文化策略来统治国家，战国时期的秦始皇靠武力统御天下，因此比较迷恋武力，扫除六国建立秦王朝以后，他认定法家思想最适合治国，而儒家提出的观点与其相悖，一些儒生经常引经据典议论时政，秦始皇觉得这些人妨碍自己通过推行严苛的律法治理国家，于是就无情地把他们坑杀了。

秦朝因为暴政而灭亡，这足以显露出法家思想的弊端，汉武帝当政时，吸取了秦亡的教训，对待儒家思想彻底改变了态度，他没有像秦朝那样打压儒家，而是想办法来改造这一思想并为自己所用。他所采纳的儒家思想已经是由董仲舒改良之后的新儒学了，新儒学为封建专制制度提供了理论依据，故而被奉为正统思想，得到了大力弘扬。

纵观秦汉两个朝代，统治者对待思想文化的态度是不同的，虽然都是为了统一思想，秦朝选择了暴力封杀，而汉朝却选择了对现有的思想加以改进，使之为自己的统治服务，从这一点上来看，汉武帝要比秦始皇高明，从秦朝的短命和汉朝的长寿来看，也能说明这一点。人的思想有如滔滔江水，与其封堵，不如疏导，前者只会酿成洪灾，后者才是解决问题的有效手段。

第三章
道家：清静无为、自然
有道的修身要义

第 67 天　你了解"道家"思想的发展轨迹吗

　　道家是春秋战国时期诸子百家中最为重要的思想学派之一，以老子和庄子为主要代表。与儒家的入世思想不同，道家主要强调"整体论的"、"机体论的"世界观，重视人的自由。其主要崇尚自然，主张清静无为，反对争斗。

　　道家思想起始于春秋时期的老子，先秦时期并没有"道家"这一称谓，用"道家"一词来概括由老子开创的这个学派是由汉初开始的。这个时候，道家也被称为"道德家"。

　　汉朝时期，儒家学者董仲舒向汉武帝提倡"罢黜百家，独尊儒术"的政策，并被后世帝王所采纳。道家从此也就成为社会的非主流思想。

　　虽然道家并未被官方采纳，但继续在中国古代思想的发展中扮演极为重要的角色。魏晋玄学，宋明理学都糅合了道家思想发展而成。佛教传入中国后，也受到了道家的影响，禅宗在诸多方面也是受了庄子的启发的。

　　道家在先秦各学派中，虽然并没有儒家和墨家这么多的门徒，地位也不如儒家崇高，但是随着社会历史的发展，道家思想以其独特的宇宙、社会和人生领悟，在哲学思想上呈现出永恒的价值与生命力。

第 68 天 "老子"为何被称为"哲学之父"

作为道家学派的创始人,你知道"老子"的称谓是怎么来的吗?

老子,约生活于前 571 年至前 471 年之间,春秋时期人,楚国苦县厉乡曲仁里人(今河南鹿邑或安徽涡阳)。其姓李名耳,字伯阳,字聃,一字或曰谥伯阳。

据传,老子在出生时就长有白色的眉毛及胡子,所以后来就被称为老子。春秋时期,老子曾在周国洛邑任藏室史(相当于国家图书馆馆长)。他博学多才,孔子曾向他问礼。在晚年,老子在函谷关写成了五千言的《道德经》(又名《老子》)。《道德经》含有极为丰富的辩证法思想。其讲究虚心实腹,与人无争的哲学思想。老子的这种深邃的哲学思想与古希腊哲学一起构成了人类哲学的两座高峰,老子也因此被尊为中国的"哲学之父"。老子的哲学思想后来被庄子所传承,并与儒家和后来的佛家思想一起构成了中国传统思想文化的内核。

第 69 天 道家的思想核心是什么

诸子百家中,每个学派都有自己的思想特色及核心,那么,道家的思想核心是什么呢?

道家的思想核心是"清静无为"、"顺应自然",反对斗争,崇尚自由,提倡与自然和谐相处。

相比于诸子百家中的其他重要学派,道家虽然没有墨家那么多的门徒,更不如儒家的地位崇高。但随着历史的不断发展,道家的思想开始逐渐被社会所重视,其哲学思想也在不断地向人们呈现它的价值与生命力。

著名史学家司马迁的父亲、道家学派的信仰者司马谈曾写过一篇文章,阐述秦时期六大学派(道家、儒家、墨家、名家、法家、阴阳家)的要旨,其中,司马谈对道家的思想评价为,道家兼有其他五家学派的长处,同时又避免了它们的短处,无论是用来修身还是用来治理国家,都可以达到事半功倍的效果。

第70天 道家分为哪几个派别

在先秦时期，道家和其他诸子百家都被称为"道德家"，西汉史学家司马谈在《论六家要旨》中首次提出了"道家"的称谓。后来，随着历史的不断发展，道家学说因为侧重点不同，被分划为不同的派别，主要有：黄老之学、老庄之学、杨朱之学。

黄老之学

黄老派是黄帝和老子思想学说的合称。

黄老派主张"不贵治人贵治己"，因俗简礼，与时迁变，除衍存简，休养生息等。这些主张都成了中国历史上历次大乱后统治者治世的"急救丸"，同时也与中国古代的盛世密切相关。其代表人物有老子、文子、列子、管子、田骈、宋钘、尹文、鹖冠子、吕不韦、刘安、严君平、扬雄、王充等人。代表作：《老子》、《文子》、《列子》、《黄帝四经》、《黄帝内经》、《慎子》、《鹖冠子》、《管子》、《吕氏春秋》、《淮南子》、《太玄经》、《论衡》等等。

老庄之学

老庄派为老学、庄学的合称。主张清虚自守，齐物而侍，清静无为。代表人物为：老子、庄子、王弼、郭象、竹林七贤、张湛、陶渊明、成玄英、李荣、李白、唐玄宗、苏轼、陈景元等。代表作主要有：《老子》、《庄子》、《竹林七贤文集》、《世说新语》、《各晋魏玄学著作》、《各重玄学著作》、《各道家学者典籍注疏》等。

杨朱之学

杨朱派的创始人为杨朱，主要主张趋吉避害、为我贵己、重视个人生命的保存，反对他人对自己的侵夺，也反对自己对他人的侵夺。通过对自我的进行完善，达到社会整体和谐的目的。其代表人物有杨朱、告子、巫马子、孟季子、子华子、詹子（詹何）、魏牟、田巴、儿说、公孙龙等人。

代表作：没有著作传世，大体源出《老子》。（如《老子》第十三章：

"贵以身为天下，若可寄天下。爱以身为天下，若可托天下。"《老子》第八十章："甘其食，美其服，安其居，乐其俗。"）

第 71 天　什么是"黄老之学"

"黄老之学"是道家初期的思想称谓，或者说是道教思想的前身，其思想形成于战国时期。黄老之学集中了黄帝和老子的思想。从内容上看，黄老之术继承和发展了老子关于"道"的思想，他们认为，"道"是作为客观必然性而存在的。即认为万物的主宰都是虚静的"道"，正因为"道"是虚静的，所以才能顺应万物，成为万物的主宰。

在社会政治领域，黄老之学强调"道生法"，也就是说，治理国家的法律、政令均是"道"派生出来的，这种说法不但解决了法律本身合法性的问题，还为道家治世开辟了道路。另外，黄老之学还提出了因天循道（万物皆有循环之道）、守雌用雄（内心要坚强，但外表却要柔弱而与人无争）、君逸臣劳（君主清闲，臣子努力做事）、清静无为、因俗简礼、休养生息、依法治国、宽刑简政、刑德并用等一系列的政治主张，告诫统治者要通过"无为"而达到"有为"，就是说政府尽量不要干涉人们的生活，不要一味地追求所谓的丰功伟业和政治霸业。

这样的政治主张在汉朝初年产生了一定的影响，结果出现了中国历史上的"文景之治"的盛世。到东汉时，黄老之术与新产生的谶纬之说相结合，就逐渐演变为自然长生之道，对道教的形成产生了很大的影响。

在养生方面，黄老之学主张治身治国，试图将治身治国紧密地结合起来，它以自己的哲学观点为依托，为中医学的发展奠定了理论基础，其代表作为《黄帝内经》。

第 72 天　如何理解"老庄之学"

老庄之学就是将人们从世俗中解放出来，使之回归自然。老子将回归自然称为"复归于朴"，庄子则将回归自然称为"悬解"。

老子认为，人生在世，应该去效法大道，顺应自然。顺应自然的关键就是守柔处弱，避用刚强，因为事物都是从柔弱开始的，柔弱是一切新生事物的标志，守柔处弱是永久长存的关键点，而一旦壮大、刚强起来，就开始走向衰老和死亡。遵从大道的德性，人也就回归到了纯朴的状态，即为"复归于朴"。

庄子认为，人生在世被无数的苦恼缠绕着，最根本的原因在于人们内心的欲望，想要摆脱大道的法则，随心所欲。人之所欲是没有止境的，想富想贵，想荣想耀，想要出人头地，想要长生不死。这些欲望超过了自然的赋予，难以实现，于是就会陷入痛苦中，不可自拔。要想从痛苦中解脱出来，只有一个办法，那就是顺从自然，不要妄求。达到了这一点，也就是求得了"悬解"。

用庄子的原话是说："且夫得者，时也，失者，顺也；安时而处顺，哀乐不能入也。此古之所谓悬解也。"（语出《庄子·大宗师》）也就是说，将个人得失完全从自己的心境中排除出去，一切一切都顺着自然的安排，就会求得悬解，超越哀乐，免除痛苦。

第 73 天　老子的"三宝"指什么

《老子》第六十七章中说："我有三宝，持而保之：一曰慈；二曰俭；三曰不敢为天下先。慈，故能勇；俭，故能广；不敢为天下先，故能成器长。今舍慈且勇，舍俭且广，舍后且先，死矣！夫慈，以战则胜，以守则固。天将救之，以慈卫之。"其主要意思为：我有三条法则，非常珍视地保守着：第一叫慈爱；第二叫克制；第三叫不敢置身在天下人的前面。因为慈爱，对现实生活充满了热爱，才会激发我至大至刚的勇力去战胜所有可能破坏这一切的力量；克制，才能积蓄力量，才能不断地扩大推广，不断地充实壮大起来；不敢置身在天下人的前面去争夺那些人人喜爱的珍贵或者逃避人人厌惧的凶难，才有资格成为万众的首领。现在有的人不讲慈爱而一味地逞勇斗狠；不讲克制而只求高速发展、无度扩张；不讲谦和退让而一味地争先要强，那是在自取灭亡啊！慈爱的力量至大至刚至正，用于攻战必得，用于守卫必固。上天想要救护哪一方，就用慈爱的力量去保护他。

其实在这里，老子讲的是相辅相成的道理，唯慈能勇，唯俭能广，不敢为天下先，方能成器长，所谓"三宝"，也就是三种处世之道。

为何这三个法则能够被老子称为"宝"，其意义就在于：

第一，慈爱能够成就勇气。这种勇气并非是世俗的好战斗狠的那种，而是奋力精进的勇气。成就任何"大道"，都要经历很多的挫折与磨难，这些挫折与磨难甚至是以千年、万年时间来计算的，甚至有时会让人失去生命，缺乏建立在大智大勇基础上的信心和坚毅，如何去完成这样宏大的追求呢？

第二，克制能够成就"大道"。克制就是对自我的一种约束，克制的根本意义就在于把所有的力量用在真正应该用的地方，不在不该用的地方浪费。只有在正确的方向上聚集起足够的能量才能完成，或者突破、提升自己，这样才能到达"广大"的境界。一个不懂得自我约束、克制自我的人是不可能成就什么事业的。普通人在成就事业时也只是懂得权衡利弊，暂时舍弃一些东西去成就更为迫切的目标。对于懂得"道"的人来说，他明白这种约束和克制是为了成就更高层次的自由和解脱。

第三，"不敢为天下先"能够成就一个人的领袖地位。在老子看来，"敢为天下先"的核心意义就是"处下"和"不争"。心怀"大道"的人最终要求得的并不只是自己的解脱和自由，而是众人的自由和解脱。他是众人的导师，也必然是众人的领袖。这个导师和领袖地位的获得来自于他始终全心全意为众人服务的根本利益努力的行为，他永远把自己的利益考虑在最后，永远最先承担起可能要面临的灾难和祸患，所以才能成为众人的导师和领袖。

第 74 天　道家的养生之道是什么？

道家思想不仅促进和影响了中医养生的形成，而且也有它自己的一套养生之道。据资料记载，道家养生是一门综合了多种科学原理的综合学科，被视为中华传统养生文化宝库中的精华与瑰宝。那么，道家的养生之道究竟是怎样的呢？

道家认为，要想长寿，人的生命就要符合自然规律，这也是道家养生的根本观点。具体来说，分为以下几点：

1. 清静无为：可以分开来理解，清净指心神宁静；无为指不轻举妄动。这种养生之道一直被历代的养生学家所重视，认为清静无为以养身长寿。

2. 贵柔、返璞归真：所谓"贵柔、返璞归真"的意思就是说，让人生回到最初的状态。为什么要这样呢？道家学派创始人老子通过对世间万物的观察，发现新生的东西虽然柔弱，但却是生命力最富有的阶段。随着事物的不断强大，它也会不断地衰老，所以，为了避免过早的衰老，道家提倡"贵柔、返璞归真"。

3. 形神兼养：要注重生活规律，调节饮食，锻炼身体，形神兼养。道家还倡导了中国古代的"导引术"，用于健身、治病、防病。

道家的养生之道对后世的影响非常大，至今都有很多的崇拜者与继承者。

第 75 天　《道德经》为何被称为"万经之王"

《道德经》，又称《道德真经》、《老子》、《五千言》、《老子五千文》，是中国古代先秦诸子分家前的一部著作，其时为诸子所共仰，传说是春秋时期的老子（即李耳，河南鹿邑人）所撰写，是道家哲学思想的重要来源。《道德经》分上下两篇，原文上篇《德经》、下篇《道经》，不分章，后改为《道经》37 章在前，第 38 章之后为《德经》，并为 81 章，是中国历史上首部完整的哲学著作。

《道德经》提出了"无为而治"的主张，成为中国历史上某些朝代，如西汉初的治国方略，在经济上可以缓解人民的压力，对早期中国的稳定起到过一定作用。历史上《道德经》注者如云，甚至有几位皇帝都为其作注。

唐贞观二十一年（647年），译《道德经》为梵文，传入东天竺；唐开元二十三年（735年），唐玄宗亲注《老子》。日本使者名代，请《老子经》及老子"天尊像"归国，对日本社会发展产生过影响，自《道德经》问世以后，像对待儒家学派的创始人孔子一样，皇家对老子的祭祀也一直延绵不绝，曾有汉桓帝刘志、魏文帝曹丕、唐高宗李治、女皇武则天、唐玄宗李隆基、后梁太祖朱晃、宋真宗赵恒、宋徽宗赵佶8位皇帝亲临鹿邑朝拜老子。

第76天　如何理解老子的"功成身退"

"功成身退"，语出《老子》第九章："持而盈之，不如其已。揣而锐之，不可长保。金玉满堂，莫之能守。富贵而骄，自遗其咎。功成名遂身退，天之道也。"意思是说，执持盈满，不如适时停止；显露锋芒，锐势难以保持长久。金玉满堂，无法守藏；如果富贵到了骄横的程度，那就给自己留下了祸根。大功告成之后，要懂得自行隐退，而不再贪恋于名位，这是合于天道的做法。

老子所说的"功成身退"主要阐述的是一种"物极必反"的哲学思想。旨在告诫人们，过度的贪婪，只会落得可悲的下场。人无论在什么时候，都要学会适可而止。这对于历史上那些立下过奇功的臣子有极大的启发，立了大功后，为了防止功高震主，要学会激流勇退。否则后果不堪设想。其实，"飞鸟尽，良弓藏；狡兔死，走狗烹"说的也是这个道理。这是范蠡离开越国写给文种的，听起来让天下有识之士非常伤感，但是其中蕴含的哲理却非常发人深省，千百年来一幕幕惨剧浮现于眼前。汉高祖刘邦诛杀异姓王；宋太祖赵匡胤杯酒释兵权；明太祖朱元璋火烧庆功楼等等不胜枚举。老子在这些事情还未发生前就看到了这一点，"功成名遂身退，天之道"，真无愧于"圣人"的称号。

中国历史上，范蠡就是"功成身退"的典型代表，他辅佐越王勾践"卧薪尝胆"，打败吴国称雄诸侯的故事可谓家喻户晓，但是功成之后，他就驾一叶扁舟带着西施飘然离去。从此开始经商，最终得以"善终"。

"功成身退"对现代人的启发是：要学会适可而止、恰到好处的处世哲学。

第 77 天　怎样做到"无为而治"

"无为而治"是道家的基本政治主张，最早是由老子提出来的。无为的核心是顺其自然，老子认为"我无为，而民自化；我好静，而民自正；我无事，而民自富；我无欲，而民自朴。"

老子认为天地万物都由道化生，道的本真就是自然生万物，所谓："道生一，一生二，二生三，三生万物。"天地万物的运动变化都遵循道的规律，使其按照自身的规律自然发展，不对它强加干涉，只有这样，事物才能正常存在和健康发展。为人处世、修心养性，更应该以自然为本源，减少自己的欲望杂念，不要有贪心妄想的心态，坦然面对事物，必定会达到预期的目的。正所谓"圣人处无为之事，行不言之教"。

"上德无为而无以为"、"上仁为之而无以为"、"上义为之而有以为"。"为学日益，为道日损，损之又损，以至于无为。无为而无不为。"这些都是老子的《道德经》中阐述有关无为而治的思想。不过需要注意的是，虽说无为才能无不为，但"无为"并不表示无动于衷，什么都不做，这里指的是妄为、随意而为，只有集合民众的自为和自治，才能实现天下的长治久安。

第 78 天　如何理解"上善若水"

"上善若水"，语出《老子》第八章："上善若水。水善利万物，而不争；居众人之所恶，故几于道。"大意为，最高境界的善行，就像水的品性一般，能泽润万物而不争名利。处于众人所不注意的地方或者细微的地方，所以是最接近道的。

水，是无色无味的，它以百态存于自然界中，于自然而无违。老子就用水的品性来表达至善的品性，水具有两大优点，即"善利万物"和"不争"，而这两个方面又是统一的。因其"不争"，才可"善利万物"；而"善利万物"的一种基本表现就是"不争"。老子指出，正是因为不争，才不会有什么过错，这是接近于"道"的品性。

第 79 天　"民不畏死"是一种怎样的观点？

"民不畏死"出自《老子》第七十四章："民不畏死，奈何以死惧之？若使民常畏死，而为奇者，吾得执而杀之，孰敢？向使民常畏死，常有司杀者杀。夫代司杀者杀，是谓代大匠斫，夫代大匠斫者，希有不伤其手矣。"

治理天下的基本条件就是要"以百姓心为心"——关注老百姓的根本利益。这是个大前提，这就是"恩"；有了这个"恩"做基础，才有"威"的施展余地。"威"是建立在老百姓对政府的"信"的基础上的。"信不足，焉有不信。"——老百姓不信任政府，只是因为政府自己不够诚信罢了。只要政府是真心实意地为老百姓的利益服务，老百姓又怎么会不信任政府呢？

只要满足了老百姓"甘其食，美其服，安其居，乐其俗"的生活需要，当然绝大多数人都会"畏死"——谁会能过好日子还去找死呢？但是任何社会都免不了有极少数的"为奇者"——唯恐天下不乱的人。这样的人数尽管少，但对社会安定的影响和破坏力却很大。从治理国家这个层次上来说，必须要惩罚他们，制止他们继续破坏其他大多数人享有安定幸福生活的权利。

惩罚的最高级就是死刑。前面说过，死刑是手段而不是目的。既然是手段，就要注意效果，不要适得其反。死刑只杀坏人，必须杀应该杀的人，这样才有震慑力和良好的社会效应。

第 80 天　"道可道,非常道;名可名,非常名"是什么意思

生活中，如果说到"道可道，非常道；名可名，非常名"这句话，一定很多人都不会感到陌生。可如果再问，这句话出自哪里？由谁提出？什

么意思？可能很多人就回答不出了。那么，这句话的意思究竟是怎样的呢？下面，让我们深入道家思想，了解下这句道家传世名言的出处及含义。

"道可道，非常道；名可名，非常名"这句话出自道家学派传承典籍《道德经》第一章。其实老子最初写这句话的原文是"道可道，非恒道；名可名，非恒名。"但在汉代时，为避讳汉文帝刘恒的"恒"，才将这句话中的"恒"改为"常"。

"道可道，非常道"中，第一个"道"字表示修真的方法，"可道"的意思是，可以根据修炼道法的方法去修行。"非常道"表示"道"不是永远不变的，其变化是因人而异。

"名可名，非常名"中，第一个"名"指的是事物宝器法器或修炼方法的名称，"可名"的意思是，可以命名定义。"非恒名"意思是，也不是一成不变的。

简单来说，"道可道，非常道；名可名，非常名"这句话的意思就是，你见到的事物和方法，并不是前人见到的事物或方法，除了事物的变化，每个人的经历和看问题的角度不一样，即使是同一时刻看到事物，也只是盲人摸象，只能见到其中的一面。

第 81 天 "治大国如烹小鲜"是什么意思

"治大国若烹小鲜"语出老子《道德经》第六十章。是说，治理大国就要像烹调美味的小鱼一样。这是老子所崇尚的治国方法。据说，在上古时期，贤君汤曾向伊尹询问治国的主张，伊尹用这样的比喻来说明："做菜既不能太咸，也不能太淡，要调好作料才行；治国就如同烹饪，既不能操之过急，也不能松弛懈怠，只有恰到好处，才能把事情办好。"其实，这里说的是一个治国要把握好"度"的问题，统治者做任何决策都要把握好"度"，不能朝令夕改、随意搅动、胡乱折腾，一定要遵从社会的自然秩序和法则。

在这里，老子采用了伊尹的说法来表达自己的政治方略，强调治理国家要依照规律有序行事，一切有条不紊，长此以往，国家必定和谐、安定而昌盛。

第 82 天　"小国寡民"是怎样的一种治国政策

"小国寡民"是道家学派创始人老子提出的一条治国政策，出自《道德经》。其大致内容是这样的：

对于一个国家来说，疆域不需要太大，人口不需要太多。这样，那些打仗、徭役、祭祀等用的大鼎、大锅就用不上了。百姓们会重视自己的生命，不会迁徙远方、离开自己的国家。时间久了，车、船等交通工具就没有人去乘坐了，武器装备也逐渐派不上用场。百姓回归到最原始的结绳记事时代，人们满意食物、穿戴、住处及习俗。时不时会看到邻国的百姓，听到他们的鸡犬叫声，而彼此到死也不会相互来往。

"小国寡民"其实也是道家"无为而治"思想主张中的一部分。在道家哲学中，其思考的出发点就是整个宇宙，也就是说，道家的思想在一开始就具有一种全局的观点。这也是道家相比其他诸子百家的高明之处。"小国寡民"就是具备了这样一个全局的观念与长远的眼光。虽然"小国寡民"只是一个理想化的社会状态，但其中还是有很多合理性存在的。正是这些"合理性"的存在，"小国寡民"也是我们今天处理许多社会问题的重要借鉴。

不过，道家提出"小国寡民"中的"国"，同今天的"国"是不同的。道家指的是一种分封的邦国，而"小国寡民"主要是指一种地方自治的主张，同我们今天的"国"是不一样的。

至今，"小国寡民"也是一些学者的研究对象，由此可见老子的智慧所在。

第 83 天　"外化而内不化"说的是什么

"外化而内不化"出自《知北游》篇："仲尼曰：'古之人，外化而内不化；今之人，内化而外不化。'""外"，指人对内心之外的所有事物的态度以及外在行为；"化"就是"变化"的意思，这种变化不是说的自然变化，指的是人们对外在事物的一种心理反应，说白了就是随机应变之意；"内"，即内心，指的是人们内心所保持的一种自然本性。所以"外化而内不化"是一种豁达而坚贞的人生观的体现。

古时候的人在其外能适应环境的变化，在其内依旧能坚守高尚的情操；当今的人，在其内不能恪守礼法，在其外又不能适应环境的变化。顺应外物变化的人，内心纯一坚定而不离散游移，时逝境迁依然能安然听任，处之泰然，安闲自得地与外在环境相顺应，处世为人游刃有余。"外化而内不化"就是希望人们不要受纷繁嘈杂的外部世界所影响，要在内心上有所坚持，否则将被大千世界所左右，从而丧失自我，不能自拔。生命有所坚持，生存才可以随遇而安。

第84天　庄子提出的"齐物论"是什么意思

道家思想中，有很多经典的哲学命题，"齐物论"就是其中的一个，由道家学派的代表人物庄子提出。

《齐物论》是《庄子》中的一篇代表篇目，包括"齐物"与"齐论"两个篇目，意思是说，世界上的一切事物，包括人的品行和感情，虽然表面看起来的千差万别的，但是归根结底却又是齐一的，这就是"齐物"。既然世间万物都是齐一的，人们的言论归根结底也是没有任何不同的，虽然人们对事物有着不一样的看法和观点，但归根结底还是一样的，这就被称作"齐论"。将"齐物"和"齐论"合在一起，就是本篇章的主旨内容——"齐物论"。

"齐物论"与庄子的另一哲学观点"逍遥游"构成庄子哲学思想体系的主体。庄子认为，无论是各种各样的学派观点还是各种各样的争论，其实都是没有意义的，从事物本于一体的观点来看，事物的是与非、正与误是不存在的。庄子看到了事物间的区别，看到了事物的对立，又认为一切又是统一的、浑然一体的，而且还都在向其对立的一面不断转化，所以事物之间是没有区别的。

"齐物论"既有宇宙方面的讨论，也涉及认识论方面的许多问题，因而在我国古代哲学研究中具有重要地位。

第85天 《逍遥游》代表了庄子怎样的哲学理论

《逍遥游》是《庄子》的代表篇目之一，也是诸子百家的名篇。文章想象奇特怪诞，洋溢着浪漫色彩，通过寓言的方式进行描写，表达出"逍遥游"的真谛——追求顺其自然，没有任何束缚，最终获得无穷的自在。

《逍遥游》全文可分为三个部分。其中，第一部分是根据许多不能"逍遥"的例子说明，要想真正达到自由自在的境界，就必须要做到"无己"、"无功"、"无名"，是本篇的主体部分。第二部分是紧密承接第一部分的阐述，说明"无己"是摆脱各种束缚和依凭的唯一途径，要真正做到忘掉自己，忘掉一切就可以达到逍遥的境界，也就是说，"无己"的人才是精神境界最高的人。文章余下部分为第三部分，论述什么是真正的"有用"和"无用"，说明不能为物所滞，要将"无用"变"有用"。第三部分是进一步对"逍遥"的说明，表达了反对投身社会活动，志在不受任何拘束，追求悠游自得的生活旨趣。

《逍遥游》全篇一再阐述"无所依凭"的主张，强调追求精神世界的绝对自由。说明，人应该不受任何的束缚，自由自在地活在世间。从而引申出庄子哲学思想中的一个重要观点——"逍遥游"。

"逍遥游"反映了庄子超越时间和空间、摆脱客观现实和影响的制约，在主观的幻想中忘掉现实的一切，从而实现"逍遥"的人生观。

在庄子眼里，客观现实中的一切事物，包括人类本身，都是相互对立而又相互依存的。这样一来，就没有了绝对的自由，所以，想要"无所依凭"就得"无己"，庄子希望一切顺乎自然，超脱现实。将人类的生活与万物的生存混为一体，超脱现实，否定人在现实社会中的一切作用，提倡"不滞于物"，追求无条件的精神自由。

第86天　《庄子》为什么又被称作《南华经》

除了《道德经》，道家还有一部闻名于世的代表作品——《庄子》，是道家学派著名代表人物庄子及其后学的著作集，无论在哲学还是文学上，都有较高的研究价值，与《周易》、《老子》（即《道德经》）并称为"三玄"。《汉书·艺文志》（中国现存最早的一部文献目录）著录《庄子》共52篇，但如今所流传下来的仅剩33篇。有《逍遥游》、《齐物论》、《养生主》等名篇，里面的一些典故为后世所传诵。《庄子》还有另外一个名字，叫作《南华经》，这是为什么呢？那还要从它的作者庄子说起。

庄子是老子思想的继承和发展者，后世将其与老子并称为"老庄"，思想学术界尊称他们的哲学思想体系为"老庄哲学"。相传，庄子曾隐居南华山，后来唐玄宗天宝初年，庄子被诏封为南华真人，所以，其著作《庄子》就又被称为《南华经》。

第87天　"庄周梦蝶"是怎样的一种思想境界

"庄周梦蝶"，语出《庄子·齐物论》："昔者庄周梦为蝴蝶，栩栩然蝴蝶也，自喻适志与！不知周也。俄然觉，则蘧蘧然周也。不知周之梦为蝴蝶与？蝴蝶之梦为周与？周与蝴蝶则必有分矣。此之谓物化。"这段话的意思为：过去有一天，庄周梦见自己为成了一只蝴蝶，一只翩翩飞舞着的蝴蝶，自己感到非常快乐，悠然自得，而不知道自己是庄周。一会儿梦醒了，惊惶不定之间却发现自己是庄周。不知是庄周变成了蝴蝶，还是蝴蝶变成了庄周呢？庄周与蝴蝶必定是有区别的，这就是物与我的交合与变化。

《齐物论》是庄子阐述齐物思想的名篇，所谓"齐物"者，说的是世界万物包括人的品性，看起来是千差万别的，然而归根结底却又是齐一的，是相对统一的。

"庄周梦蝶"是庄子提出的关于齐物思想的一个重要的哲学观点，这种观点认为人不能够确切地区分真实和虚幻、万物亦真亦幻，相对而互化。在一般人看来，一个人在醒的时候所见所感是真实的，梦境是幻觉，是不真实的，庄子却不以为然。醒是一种境界，梦是另一种境界，二者是不相同的。庄周是庄周，蝴蝶是蝴蝶，二者也是不相同的，但是在庄子看来，这都是一种现象，是"道"之运动中的一种形态，一个阶段而已，既相分离而又相交合的。

在 17 世纪法国哲学家笛卡尔在《形而上学的沉思》中阐述了这样的观点：人通过自己的意识感知世界，世界万物都是间接被感知的，因此外部世界有可能是真实的，也可能是虚假的。这就是怀疑论的思想基础和理论前提。"庄周梦蝶"这一典故所寓含的哲学意义与笛卡尔的这段话是有着相通之处的。

第 88 天 "相濡以沫，不如相忘于江湖"是怎样的一种观点

"相濡以沫，不如相忘于江湖"出自《庄子·内篇·大宗师》，其原文为："泉涸，鱼相与处于陆，相呴（xǔ，慢慢呼气之意）以湿，相濡以沫，不如相忘于江湖。"意思为，泉水干涸了，鱼儿困在陆地上相互依偎，以唾沫相互湿润以求得生存。与其这样，却不如我们彼此不相识，各自畅游于江湖。在这里，庄子以"鱼"做比喻，精辟地阐述了"道"通其变的观点。

其实，庄子向我们传达的是这样的理念：两人如果靠痛苦来维系感情，那么，还不如放手来得轻松，这并非是一种无情，而是人生的一种大智慧，是无偏无私的大情。

两条鱼的感情很动人，也很高尚，然而对于它们来说，最好的情况却不是用死亡来相互表达忠诚与友爱，而是自由快乐地遨游在大江大湖中，哪怕彼此之间谁都不认识谁。这是一种极为坦荡、淡泊的人生境界。

人生在世，都会被外物所累而使自己陷入苦恼之中，却极少有人能够超然物外，学会放手，这样才能让人生获得真正的自由和乐趣。

为此，在生活中，当一段美好的感情成为彼此的束缚，成为痛苦的折

磨的时候，与其苦苦坚持，不如轻松放手，这样才能让自己以后的时光变得轻松快乐，才能让这段感情成为生命中一种美好的回忆。

第 89 天　庄子有着怎样的"生死观"

生与死的问题，是古往今来人们都在探讨和论述的一个问题，关于此，庄子也有过论述。《庄子·至乐》中讲述了庄子妻子死了他却鼓盆而歌的故事："庄子妻死，惠子吊之，庄子则方箕踞鼓盆而歌。惠子曰：'与人居，长子老身，死不哭亦足矣，又鼓盆而歌，不亦甚乎！'"

庄子曰："不然。是其始死也，我独何能无慨然！察其始而本无生，非徒无生也而本无形，非徒无形也而本无气。杂乎芒芴之间，变而有气，气变而有形，形变而有生，今又变而之死，是相与为春秋冬夏四时行也。人且偃然寝于巨室，而我噭噭然随而哭之，自以为不通乎命，故止也。"

意思是说，惠子（惠施）听说庄子的妻子死了，心里很难过，想去表示一下哀悼之情。可是当他到达庄家的时候，眼前的情景却使他大为惊讶。只见庄子叉开两腿，像个簸箕似的坐在地上，手中拿着一根木棍，面前放着一只瓦盆。庄子就用那根木棍一边有节奏地敲着瓦盆，一边唱着歌。

惠子先是发愣发呆，然后就有些怒气地到庄子面前，庄子依旧敲盆、唱歌。惠子忍不住了说："庄子！尊夫人跟你一起生活了那么多年，为你养育子女，操持家务。现在她不幸去世，你不伤心、难过倒也罢了，竟然还要敲着瓦盆唱歌！你不觉得这样做太过分吗！"

庄子说："不是，其实当妻子刚刚去世的时候，我何尝不伤心难过呢！只是细细想来，妻子最初是没有生命的，不仅没有生命，而且连形体也没有，不仅没有形体，而且连气息也没有。在若有若无恍恍惚惚之间，那种最原始的东西经过变化而产生气息，又经过变化而产生形体，又经过变化而产生生命。如今又变化为死。这种变化，就像春夏秋冬四季运转不止那样。现在静静地安息在天地之间，而我却还要哭哭啼啼，这不是太不通达了吗？所以就止住了哭泣。"

其实，在庄子看来，人的生命是因为气之聚，而人的死亡是因为气之散，是顺应自然之"道"的。庄子的这番论述，将生死视为一种自然现象，生必然要转化为死，死也要转化为生，既然生有生的意义，死也就有死的价值。这种生死观，能够让人坦然地面对生与死，安然地顺从于它。一个人如果能这样去对待生死与，那就算是真正地领悟了生命的真谛。

第90天 "庖丁解牛"有何养生之道？

"庖丁解牛"的典故出自《庄子·养生主》："庖丁为文惠君解牛，手之所触，肩之所倚，足之所履，膝之所踦，砉然响然，奏刀騞然，莫不中音。合于《桑林》之舞，乃中《经首》之会。"这段话说的是，有一个名叫庖丁的厨师替梁惠王宰牛，手所接触的地方、肩所靠着的地方、脚所踩着的地方、膝所顶着的地方都发出皮骨相离声，解牛时刀子发出的声响不但有节奏性，而且合乎音律。宛如《桑林》舞乐的节拍、《经首》曲调的节奏。

后来，人们就用"庖丁解牛"来形容经过反复的实践，掌握了事物的客观规律，技艺精湛，做起事来得心应手。梁惠王对庖丁的技艺十分惊讶，庖丁却对梁惠王说："臣之所好者，道也，进乎技矣。"意思是："我所重视的是自然的规律，早已超出了宰牛技法的追求。"紧接着庖丁又向梁惠王讲述了自己长期宰牛的经历过程，从最初宰牛时看到牛，到后来对牛的机体构造了如指掌，以至于现在宰牛时"而刀刃若新发于硎。彼节者有间，而刀刃者无厚；以无厚入有间，恢恢乎，其于游刃必有余地矣"的高超境界。梁惠王听罢，感慨万千，从庖丁解牛悟到了养生之道。宰牛和养生，两者之间看似没有联系，但庖丁解牛所掌握的技法是和自然规律的认识相通，养生之道，无外乎也离不开自然变化的规律，而真正的养生就是归于自然。

第 91 天 "宋明理学"是怎样的一种学说

宋明理学又称"道学"，是以中晚唐的儒学复兴为前导，由韩愈、李翱开启的将儒学思想由外转而向内，援佛道以证儒理，通过两宋理学家多方共同努力而创建的中国后期封建社会最为精致、最为完备的理论体系。由于这个思想体系以"理"作为宇宙最高本体，以"理"作为哲学思辨结构的最高范畴，所以被称为理学。

宋明理学代表人物有北宋的周敦颐、张载、程颐、程颢、邵雍；南宋的朱熹、九渊；明代的王阳明。就主导思潮而言，理学代表人物发挥了程颐、程颢以来的"天理"思想，将之视为最高范畴，"理"的表现是"气"，"气"又派生出万物，这样，万物之中皆含有"理"。由于有了这样的万物生成观，因此，朱熹认为要认识世界，找回"天理"，就可从分析万物下手，识其"气"性，最终得其"理"，这就是所谓的"格物致知"。朱熹将形而上学的"理"标举为主宰宇宙的万物之本，这也意味着人类社会的伦理秩序与宇宙秩序间的完全沟通，为伦理秩序的存在和永恒不变找到了哲学依据。以此为基础，朱熹提出了道德修养为一切人生根本的命题，描绘出"诚意——正心——修身——齐家——治国——平天下"的封建士大夫人生图景。

第 92 天 道家和道教是一个意思吗

道家是一种思想，是中国古代的重要思想派别之一。道家思想崇尚自然，强调无为而治。具有辩证法的因素和无神论的倾向，主张顺应自然，道法自然，反对斗争。道家思想虽然没有像儒家一样成为官方主流思想，但是，道家思想对后世的影响是巨大和深远的，时至今日，道家思想也是形成道教思想的重要基础和来源。

道教首先从字面上就可以看出它是一种宗教，值得一提的是，道教是中国固有的一种土生土长的宗教，是我国的本土宗教，不像其他宗教那样是流传过来的。道教在我国距今已有 1800 余年的发展历史。

道家和道教虽然不是一回事，但道家和道教是有着千丝万缕的联系的。事实上，道教继承和发展了道家思想，并以道家代表人物为自己宗教的创始人。

第 93 天　道教四大名山指哪里

道教四大名山具体指：

1. 湖北武当山

武当山位于湖北省西部十堰市境内，背靠神农架林区，面临丹江口水库，是国家第一批重点风景名胜区之一。这里既是道教名山之一，又是武当功夫的发源地。武当山的天柱峰顶端有建于 1416 年的金殿，是武当山最突出、最有代表性的道教建筑群，也是我国现存最大的铜建筑群。

2. 江西龙虎山

龙虎山位于江西省鹰潭市贵溪县渔塘乡境内，由酷似龙虎的二山组成，是我国典型的丹霞地貌区，原名云绵山。相传因第一代天师在此炼丹，丹成而龙虎现，故改名为龙虎山。

3. 四川青城山

青城山位于四川省都江堰市西南，全山林木青翠，四季常青，诸峰环峙，状若城郭，故名青城山。自古就有"青城天下幽"的美誉，素有"拜水都江堰，问道青城山"之说。

4. 安徽齐云山

齐云山又名白岳、云岳，距离安徽省屯溪市 33 公里，因最高峰齐云岩而得名，以幽深奇险著称。齐云山与黄山、九华山合称"皖南三秀"，素有"天下无双胜境，江南第一名山"之誉。山上建有三清殿、玉虚殿、无量寿宫、文昌阁等著名道观。

第四章
法家：以法治国、
以法为教的务实理念

第 94 天　你了解法家学派的由来吗

在学习诸子百家的过程中，无论是针对哪个学派的探究，我们最先想了解的，一定是这个学派的由来。法家学派作为诸子百家中的重要学派之一，其虽起源于战国时期，但思想的先驱可以追溯到春秋时期。这是为什么呢？这个法家学派的由来究竟是怎样的呢？这就要从一个叫子产的人讲起。

子产，复姓公孙，名侨，字子产，又字子美。春秋时期著名政治家、思想家。在郑国为相数十年。在子产为相期间，对郑国实行了一系列的政治改革，如：承认私田的合法性，向土地私有者征收军赋；铸刑书于鼎，为我国最早的成文法律。子产还提倡采用"宽猛相济"的治国方略，在他执政期间，郑国被治理的井然有序。执政过程中所运用的，就是后来法家学派主张的思想，所以说，子产是法家思想的先驱之一。（春秋时期法家学派思想的先驱还有管仲。）

后来到了战国初期。封建制在各诸侯国相继建立。为了顺应经济、政治、思想领域全方面变革奴隶制的需要，逐渐就产生了一些在理论上各具特色的思想家，虽然这些思想家在方策上各有不同，但他们有一个共同的特点——那就是以"法"治国。这就是逐渐形成了法家学派。其主要创始人有李悝、商鞅、慎到、申不害等。战国初期时，虽然法家学派初具雏形，但因为其创始人所侧重的法家观点不同，所以，法家学派一直没能有一个统一的思想体系。战国末期之后，新法家学派代表人物韩非子集法家思想之大成，建立了完整的法治理论和朴素唯物主义的哲学体系。

法家学派是先秦诸子中对法律最为重视的一派，主张"以法治国"，并提出了一整套的理论和方法，为后来建立中央集权的秦朝提供了有效的理论依据，后来的汉朝继承了秦朝的集权体制以及法律体制，这就是我国古代封建社会的政治与法制主体。

法家在法学方面做出了卓越的贡献，对于法律的起源、本质、作用及法律同社会经济、国家政权、伦理道德等基本的问题也都做了探讨，并且卓有成效。

第 95 天　法家的主要思想都有什么

法家学派的主要思想分为以下几点：

1. 反对礼制：这一点上，法家是与儒家完全相对立的，法家注重的是法律，认为维护贵族特权的礼制是落后的、不公平的；认为当时的新兴地主阶级反对贵族垄断经济和政治利益的世袭特权，要求土地私有和按功劳与才干授予官职，是公平的。

2. 法律的作用：法家主张"以法治国"，并认为法律的作用一共有两个。第一个作用是"定分止争"，也就是明确物品的所有权。对于这个作用，法家学派的创始人之一慎到举了一个很浅显的例子去说明：如果一只兔子在跑，就会有很多人去追，但对于集市上那么多的兔子，人们却是看也不看。但这并不是说人们并不想要兔子，而是因为兔子的所有权已经确定，就不能再争夺了，否则就会违背法律，受到制裁。法律的第二个作用是"兴功惧暴"，就是鼓励人们去立战功，并且让那些不法之徒感到恐惧。"兴功"的主要目的还是为了富国强兵，取得兼并战争的胜利。

3. 对人性的评价——"好利恶劳"：法家学派对人性也阐述了自己的观点。法家认为，每个人都有"好利恶害"或者"趋利避害"的本性。法家学派先驱之一的管仲就曾举过这样一个例子，商人就算日夜兼程地赶路千里他也不会觉着远，那是因为前方有利益在吸引他；打鱼人不怕逆流航行的危险，航行百里也不会感觉遥远，那是因为他在追求打鱼而获得的利益。针对例子中"商人"和"渔夫"的相同思想，法家学派创始人之一商鞅得出这样一个结论："人生有好恶，故民可治也。"

4. 历史观——"不法古，不循今"："不法古，不循今"由商鞅提出，同时也反映出了法家学派的历史观。法家学派认为历史是向前发展的，一切的法律和制度都应该随着历史的潮流而发展，即不能复古倒流，也不能因循守旧。法家学派反对保守的复古思想，主张锐意改革。后来，法家另一代表韩非子根据商鞅的这点主张，进一步地发展这一观点，提出了"时移而治不易者乱"，在宣扬自己学派思想的同时，还讽刺了守旧的儒家学派，认为儒家学派是守株待兔的愚蠢之人。

5. "法"、"术"、"势"结合的治国方略：在治国方面，法家学派的创始人们各有各的特点，比如，商鞅注重"法"，即健全法制；申不害注重"术"，即驾驭群臣、掌握政权、推行法令的策略和手段；慎到注重"势"，即君主的权势，要独掌军政大权。后来韩非子集法家思想之大成，将这三点治国方略相结合，从而察觉、防止作乱，维护君主的地位。

第 96 天　法家学派中的"治国之道"有哪些

法家是春秋战国时代一个以法为核心的思想学派，关于它的"治国之道"，还要从当时的社会变革谈起。

中国的战国时期是一个大变革的时代，因为铁制工具的普及，社会生产率得到大大的提升，这使得个体家庭成为当时社会基本的生产单位。这时，战国时期法家先贤李悝、吴起、商鞅、申不害、乐毅、剧辛相继在各国变法，要求废除贵族世袭特权，让平民通过开垦荒地、获得军功等渠道成为新的土地所有者。这让国中的平民有了做官的机会，从而瓦解了周朝的等级制度。这也从根本上动摇了靠血缘纽带维系的贵族政体。这也意味着，法家开始成为平民的政治代言人，其政治口号为"缘法而治"、"不别亲疏，不殊贵贱，一断于法"、"君臣上下贵贱皆从法"、"法不阿贵，绳不挠曲"、"刑过不避大臣，赏善不遗匹夫。"

法家代表韩非子认为，法令应该"编著于图籍，设之于官府，而布之于百姓。"齐国早期的法家代表管仲也说："君臣上下贵贱皆从法。"他们积极主动通过变法打破贵族的统治，用官僚政治代替贵族政治，将最高权力集中于封建君主手中。为此，他们通过一系列的改革措施，公布法令，统一制度，奖励耕战，富国强民。

法家在理论上提出了进化论和性恶论两个重要的观点。他们认为，"古今不一度"，社会是不断向前发展的，固守先王之道是非常行不通的。"世异则事异，事异则备变"，要想使社会达到长治久安，就必须要加强法治。到了汉代，统治者们看到只用法家思想并没有使秦王朝得到长治久安，严刑峻法，反而加速了秦王朝的灭亡。于是，汉武帝改变策略，"罢黜百家，独尊儒术"，实则把法家思想同儒家思想等结合起来糅为一体，进行政治统治。这一思想被历代统治者所效法。

法家思想的一个重要特点就是注重实际，不尚空谈。在春秋战国几百年的战乱后，是法家促进了大一统封建帝国的建立。封建统治者也在受法家思想影响的情况下，在2000多年前就确立了郡县制，后来历代王朝大体上承袭了秦代的制度，而秦制又多采用的法家学派思想。可见，在中国几千年的历史长河中，法家思想犹如一股伏流，始终在产生着影响。后世许多的思想家、政治家，都不同程度地继承了法家的变革精神。

法家为了统一全国上下的思想，加强中央集权，实行限制文化教育，这些措施，对后世产生了极大的不良影响。

法家的政治学术思想概略地讲，主要有以下内容：

1. 奖励农耕，崇尚军功，以求富国强兵。

2. 因时变法，整饬法令，设立在官府，布之于百姓。

3. 厚赏重刑，执法严厉，刑过不避大臣，赏善不遗匹夫。

4. 君主谨守主道，用刑名之术考核群臣，操持赏罚二柄。

5. 君主独占权势之位，高度集权，君临万民，权力无限，超越于法令之上。

第 97 天 法家思想有哪些不足之处

每个学派所倡导的思想都会有它的优点和缺点，那么，法家思想中有哪些不足的地方呢？

第一点，法家思想有极力夸大法律的作用。任何事物都是"物极则反"，法家思想在不断夸大法律作用的同时，也让这种"夸大"成为了法家思想的不足之处。法家强调用重刑去治理国家。"以刑去刑"，就算是很轻的罪也要实行重罚，有迷信法律的作用。

第二点，法家学派认为，人性都是追求利益的，没有什么道德标准可言。于是就倡导用利益、荣誉等去诱导人民去做。比如战争方面，如果一个人立下了很高的战功，就给予他很高的赏赐或者官职。然后用这种方式去激励将士们奋勇作战。

第 98 天 韩非子提出的用人之术都有哪些

韩非子作为法家学派的集大成者，可以说是法家学派最有力的代表。他不仅将商鞅、申不害等前人的学说融合到一起，而且还参照了儒家、道家的思想主张，使法家学派的思想逐渐变得成熟。不仅如此，韩非子还提出了七种用人之术，记录在《韩非子·内储说上》，这七条用人之术分别是：

1. 众端参观：意思就是说，对于下级的言行，领导者要从多个方面去参观、验证，因为真理往往是掌握在少数人的手中。

2. 必罚明威：是针对下级犯错的政策。对于那些犯有罪行的人，惩罚的态度一定要坚决，这样才能显示出制度的尊严，从而防止因为藐视制度而铸成大错。

3. 信赏尽能：既然有惩罚制度，就一定要有奖赏的制度。对于有功之臣的赏赐一定要兑现，适当地去激励下级，才能让其竭尽全力去为你效劳。

4. 一听责下：要让下级有单独发表言论的机会，防止的是一些下级会"人云亦云"，随大流。

5. 疑诏诡使：这条是用来试探下级对你是否忠诚。适当发出些可疑的命令，使出诡诈的手段，从而观察下级，看其对你是否忠诚。

6. 挟知而问：这条用来试探下级是否诚实可靠，将一些已经知道的事情说出来，并向下级询问，然后从下级的言论中试探出其是否诚实可靠。

7. 倒言反事：适当地同下级说一些与自己意愿相反的话，做一些与自己本意相反的事情，从而试探出下级是否有二心。

第99天　中国封建社会史上第一次成功的变法是否依据了法家的思想

在中国历史上，大大小小的变法运动数不胜数，其中有一则"李悝变法"是中国封建社会史上第一次成功的变法运动。那么，这则根据"李悝"命名的变法运动，其变法思想的依据是法家思想么？答案是肯定的。下面，就让我们来了解一下这则变法运动。

"李悝变法"是李悝在魏国为相的时候进行的变法改革。在政治、经济上都提出了相应的改革措施，极大地促进了魏国农业生产及发展，使魏国从此变得富强起来。其变法的主要内容有：

1. 废除官爵世袭制。对于那些完全依靠父祖辈爵禄享有特权，但对国家却没有什么贡献的人，剥夺他们的官职和俸禄。然后把这些官职和俸禄授予给那些对国家做出贡献的人。

2. 编制了一部《法经》，也中国历史上第一部完整的封建法典，其作用是用来维护封建统治秩序。

3. 革除旧有的阡陌封疆，鼓励自由开垦土地，提倡在一块土地上杂种各种粮食作物，要求农户在住宅周围栽树种桑，充分利用空闲地扩大农户农副业生产。对于增产和减产者，实施明确的赏罚制度。

4. 为了限制商人的投机活动，保护农民的利益，国家实行"平籴法"。就是说，在年成好的时候，政府以平价收购粮食并作为储备，这样就可以使粮食的价格不至于暴跌。等到荒年的时候，再以平价出售，保证了粮食价格的不会暴涨。

5. 改革军制，精选武士。选中者免除全家徭役，并奖给田宅。

这场根据法家思想实行的变法实施之后，魏国的经济有了迅速的发展，国家也逐渐变得强大起来，成为了战国初期一个实力强盛的国家。这场变法对于整个中国历史来说，也是有着重大的意义，使中国文明逐渐进入了更广泛、更深刻的阶段。

第100天 "法"、"术"、"势"说的是什么

"法"、"术"、"势"是法家代表人物韩非子所提倡的政治权术。韩非子的"法"是建立在类似于荀况的"性恶论"的基础之上，减少了对人性善的期望而承袭了荀况"以法制之"、"矫饰人之情性而正之"的主张，强调统治者应采取一种主动的姿态，用"法"、"势"、"术"相结合的"王者之道"牢牢控制被统治者。韩非子认为："民之故计，皆就安利而辟危穷"（《韩非子·五蠹》）；"君臣之际，非父子之亲也，计数之所出也"（《韩非子·难一篇》）。人天性自私，人与人之间的关系全以功利为本，毫无情感成分可言。韩非子认为，人生而好利恶害，这是人之本能，但是此种本能既非善亦非恶，只是一个客观存在的事实而已，此事实乃是一切法律制度得以建立和存在的前提。韩非子并不主张化"性"，只是主张因"性"，即利用人性的弱点建立法律制度以治天下。所以，他说："凡治天下者，必因人情，人情者有好恶，故赏罚可用。赏罚可用则禁令可立，而治道具矣。"（《韩非子·八经》）

韩非子之所以强调"术"，是希望统治者以真正的"王者"姿态从具体的统治事务中独立出来，而不是身陷于琐碎事务中不能自拔。"术"是随时可以运用到立法、行政、司法过程中的灵丹妙药。虽然韩非子强调功利实效，但另一面，他也颇受老子"无为而治"的思想影响，因此并不主

张统治者处处插手、事必躬亲。他认为，"圣人、明主治吏不治民"（《韩非子·外储右下》），因为"知不足以遍知物"，"君不足以遍知臣"（《韩非子·难三》）。

韩非子强调"法"在统治中的作用，同时突出"势"的重要性。他所认为的"势"，主要指君王手中的权势、权威，即君主统治所依托的权力和威势。他认为："君持柄以处势，故令行禁止。柄者，杀生之治也；势者，胜众之资也。""凡明主之治国也，任其势。"即把"势"看成统治者相对于被统治者所拥有的优势或特权。韩非子指出："圣人德若尧舜，行若伯夷，而不载于势，则功不立，名不遂。"君王能够"制贤"、"王天下"的首要原因并不在于其能力高强、品德出众，而是由于拥有"势"而位尊权重，舍此，必将一事无成。

第 101 天　法家有着怎样的"诚信观"

诚信是中国传统道德规范中的极为重要的内容，带有普遍的成人立身标准，自古至今，中国的先哲们都有所认同。法家思想也不例外，法家所提倡的诚信和儒家是一样的。"诚"即为真心实意，开诚布公；"信"的基本含义也为诚实、不疑、不欺。

法家先驱管仲认为，诚信是天下行为准则最为关键的一条，如何讲求诚信，他从两个方面做出了阐释。首先他注重诚信，将诚信纳入德行的范畴之中。管仲在其著作《管子·枢言》中这样说："先王贵诚信，诚信者，天下之结也。贤大夫不恃宗室，士不恃外权。坦坦之利不以攻，坦坦之备不为用。故存国家、定社稷，在卒谋之间耳。信之者，仁也。不可欺者，智也。既智且仁，是谓成人。"意思为：先王最重视诚信，有了诚信，天下各国就结好了。贤大夫不依靠宗室门第，士不依靠别国同盟，取得平平的小利不视为功，面对平平小富不为所用。所以，存国家、定社稷的大事就在短暂之间的谋划当中解决了。对人有信叫仁，不被欺瞒叫智，既仁且智，就可以说是成熟的人了。

管仲还把诚信的道德观念拓展到刑罚和军事领域之中。他在《管子·

权修》中指出："赏罚信于其所见，虽其所不见，岂敢为之乎?"意思为：赏功罚过，对于亲身经历的人们确实兑现了，那么，没有亲身经历的也就不敢胡作非为了。

后来，吴起和商鞅等改革派，也将诚信纳入改革的措施之中，在倡导践行变法的过程中非常注重诚信的作用，从一定意义上讲，他是靠诚信为变化打基础，他懂得用诚信赢得民心，从诚信入手树立改革的形象。吴起靠诚实守信受到老百姓的拥护，维护了自己的道德形象。

作为法家集大成的韩非子也吸取了商鞅等前期法家的诚信观念，崇尚信，宣扬信。

第 102 天　商鞅在文化方面的改革有哪些

在历史上，"商鞅变法"是历代变法活动中较为彻底的一次，文化改革是其变法的主要内容之一。商鞅的文化改革在当时是与儒家持反面意见的。他百般指责儒学，他说："礼乐"、"诗书"、"仁义"、"修善"、"孝悌"等等都是祸国殃民的东西，如果统治者用这些文化思想来治理国家，就必定会"敌至必削，不至必货"，即敌人一来，国土就必然被侵削；敌人不来，国家也会走向贫穷。他同时也痛斥那些"不作而食，不战而荣，无爵而尊"的奴隶主贵族和儒生都是"□民"，应当除之而后快。当那些儒生利用"诗"、"书"作为"以古非今"的舆论工具，企图进行反对活动的时候，商鞅则坚决主张采取"燔诗书而明法令"的手段，对他们进行打击和镇压。

在文化方面，商鞅始终站在新兴地主阶级的立场上，特别重视为新兴地主阶级培养革新变法的人才。他在《韩非子·和氏》中提出："禁游宦之民而显耕战之士"，所谓的"游宦之民"，主要是指那些满脑子腐朽、保守思想意识的儒生以及一些游食者。他们摇唇鼓舌，游手好闲，不从事生产劳动，商鞅认为必须要加以禁止和打击。商鞅要培养和提拔的"耕战之士"，就是那些在进行封建兼并战争和发展封建经济中对新兴地主阶级做出了实际贡献的人。商鞅认为对待这样的革新分子则必须要"任其力不任其德"，"官爵必以其力"的原则大胆地培养、提拔和任用。

第103天　商鞅是如何在教育方面进行改革的

商鞅在变法活动中，十分注重教育方面的改革。他反对儒家以"礼、乐、诗、书"去教育学生，反对向学生灌输"仁"、"义"、"礼"、"智"等道德准则。他认为"儒学"不过是一些"高言伪议"，不切实际的"俘学"。因为商鞅是极为务实的改革家，为了培养"耕战之士"和厉行"法治"的人才，商鞅主张学习法令和对耕战有用的实际知识。

同时，他提出"壹教"的教育纲领。"壹教"实质上就是执行新兴地主阶级的统一教育，它的主要内容是用新兴地主阶级的法令、政策统一人们的思想。他曾经明确指出"法"是地主阶级的生命，治理国家的根本，因此对民众必须加强"法治"的教育。其在《君臣》中说："言不中法者，不听也；行不中法者，不高也；事不中法者，不为也。"即为凡不符合法令的言论，不听；不符合法令的行为，不赞扬；不符合法令的事情，不做。一切的言论、行动必须要根据新兴地主阶级的"法"为标准。

为使"法治"教育在全国能够贯彻执行，商鞅实行"置主法之吏，以为天下师"，把教育的权力掌握在新兴地主阶级官吏的手中。如果遇到"主法令之吏"有迁徙、死亡的情况，得立即选派接替者"学读法令"，可见商鞅对树立法家对教育的领导是十分重视的。

在教育改革中，商鞅虽然加强和巩固地主阶级专政，强调"法治"教育的重要性。但是他却漠视了学校在教育中的特殊作用，取消了专业的教师和文化知识的传授，这是极为违背文化教育发展的客观规律。他一概否定了旧的文化，对传统旧思想采取了删除的简单粗暴的政策，这也是一个极大的失误。

第104天　"法后王"是一种怎样的政治理念

"法后王"是荀子提出的政治主张，主张效法当代圣明君王的言行、制度，因时制宜，与"法先王"相对。

荀子所谓的"后王"既不同于其所谓"先王"，也异于孟子所谓的"先王"，学术界一般把荀子的历史思想概括为"法后王"，使之与孟子的"法先王"相对立。荀子在对待历史的态度上不仅"法后王"，而且也"法先王"，是后王先王并法重者。"先王"观念的形成以历史人物为摹本，凝聚了历史人物的一切智慧和才能，不是在现实层次上而是在理想层次上进行的，这是理解荀子"法后王"观点的关键所在。

荀子所谓的"后王"，是对当时理想人君的理想化描述，在"后王"身上，凝聚了新时代发展的一切要求，"后王"成为礼法、王霸、义利等品质的表征，荀子的"后王"与"先王"一样，也是在理想层次上而非现实层次上来表述的。与先王相比，荀子更注重"后王"所表征的价值和意义，荀子汲取先秦诸子的合理成分，适应了社会形势的发展，提出了义利并重、王霸兼施、礼法兼尊等一系列主张，较之孔孟儒家、商韩法家更有利于维护国家的统一，而"后王"作为理想人格的化身，正是义利、王霸、礼法等思想的综合体现，"法后王"象征着历史的进步，荀子正是通过"法后王"来阐明自己进步的历史观。

第 105 天　中国历史上最有名的法典指什么

在我国的法律发展史上，人们一致公认的最具有代表性的刑法典，是产生于唐朝并影响了以后整个封建时期法典制订的《唐律疏议》。

《唐律疏议》是唐朝《永徽律》的律文注释全书，因为其在《永徽律》执行过程中对律文的理解有着极大的差异，故由长孙无忌等进行了疏解，每条下附有说明和解释，随律颁行，由于它是官方编写，又由皇帝命令颁行全国，具有极大的权威性，成为了唐代官吏审理案件的标准。唐时原称《疏律》，其后宋朝沿用，直到元朝才通称为《唐律疏议》。

《唐律疏议》是一部儒家伦理化的法典，用儒家伦理化思想全面指导立法和法律注释，并积淀、衍化为律疏的原则和规则。唐代的统治者总结了汉代"引经决狱"、魏晋南北朝的儒生注律和伦理入法的立法成果和历史经验，将儒家伦理观念确定为制定律疏的指导思想。《唐律疏议》的律文解释中，既要重视疏注词义，又不忘阐明法理，根据战国秦汉魏晋南北朝至隋以来的需求封建法律理论，对律文的内容叙述其源流，对其含义加以发挥，对不完备的地方加以补充，使唐律内容更为丰富。对于律文中某些难以理解的难题，采用生动的问答方式作进一步的阐释，辨异析疑，还大量引用书外法令作为必要的补充。《唐律疏议》不仅完整保存了唐律，还保存了大量唐代的令、格、式的内容，同时记载了大量有关唐代政治、社会经济的资料，是研究唐代阶级关系、等级关系以及官制、兵制、田制、赋役制的重要依据。

《唐律疏议》集中体现了唐代初年封建统治集团的法律思想，还极力鼓吹君主专制、封建伦理和等级制度，为维护封建统治者做出了卓著的贡献，堪称古代律学的一大杰作，历来受到封建统治者的高度评价。唐以后各朝封建法典的制定和解释，都引其为蓝本，广为参考。

第五章
墨家：平等大义中的
"博爱"文化

第 106 天　墨家是怎样的一个学派

春秋战国时期，百家争鸣，诸多学派纷纷涌现，墨家就是其中的一个重要学派。创始人是墨翟，也就是我们所熟悉的墨子。墨家学派这个名字也是从墨子之名而来。

《淮南子·要略》载："墨子学儒者之业，受孔子之术。"可见，墨家思想是从儒家分出来的。墨子对儒家学说进行了批判和改造，从而树立起自己的一面旗帜。

墨家是一个纪律严明的学术团体，其首领称"矩子"，墨者必须服从矩子的领导，相传达室"墨者之法，杀人者死，伤人者刑"。例如矩子腹的儿子杀了人，虽得到秦惠王的宽恕，但仍坚持执行"杀人者死"的"墨者之法"。

依照墨家的规定，被派往各国做官的墨者，必须推行墨家的政治主张；行不通时宁可辞职。另外，做官的墨者要向团体捐献俸禄，做到"有财相分"，当首领的要以身作则。

墨家是一个有领袖、有学说、有组织的学派，他们有强烈的社会实践精神。墨者们吃苦耐劳、严于律己，把维护公理与道义看作是义不容辞的责任。

墨家的"兼爱"思想，要求人们平等互爱，也互相援助；墨家的"尚贤"思想于今而言，更值得我们提倡。

在墨子的著作中，还有一部分学说涉及自然科学，如力学、光学、声学等到，小孔成像原理还是墨家最早发现的。

第 107 天　墨家的基本思想是什么

墨家学派的基本思想主要有以下几点：

1. 兼爱：意思是完全的博爱，对待别人也要如同对待自己，爱护别人像爱护自己一样。大家彼此之间都相亲相爱，不受等级地位、家族地域的限制。墨子认为，当时社会动乱的原因就是在于人们不能兼爱。墨家提出的"兼爱"思想同儒家的亲亲相对立，将父慈、子孝、兄友、弟悌等等对待亲人的方式，扩展到其他陌生人身上。

2. 非攻：意思是反对侵略战争。这点思想是墨家学派的重要范畴，同时也是墨子军事思想的集中体现。其中包含了丰富的政治、哲学、科学、文化、伦理思想。墨家学派认为，战争无论对于胜利者还是失败者，都是毫无意义的行为。对失败者，战争是一场伤害性命，损失财产，毫无意义的破坏活动；对胜利者，战争不过是让他们得到了数座城池与税收，但总体的伤害和损失依然是巨大的。

3. 尚贤：意思是举贤不分门第，不分亲疏贵贱，以贤能为用人标准。

4. 尚同：意思是上下一心为人民服务，为社会兴利除弊。（有一说法为"上同"，认为天子是百官之首，而百姓听令百官，与上而同，此乃"上同"之意。）

5. 天志：意思是掌握自然规律。

6. 明鬼：意思是希望以神鬼之说使君王警惕，杀无辜者得不祥，又可以因为一些怒气而杀害臣民的生命。

7. 非命：意思是要通过自己的努力奋斗而掌握自己的命运。

8. 非乐：意思是摆脱划分等级的礼乐束缚，废除繁琐奢靡的编钟制造和演奏。因为在古时候，音乐不仅浪费时间而且还花费很大，对于国家来讲，并没有生产的行为，墨家认为这是无用之事。

9. 节用：意思是节俭以扩大生产，反对奢侈享乐的生活。

10. 节葬：意思是社会不应该把财富都浪费在死人的身上。这与儒家的"三年之丧"相对立。道家认为，儒家的厚葬很消耗钱财，而后人的守丧三年时间太久，等三年守丧结束之后，后人虚弱得要人扶起才能行，这就影响了国家的生产力，是一件浪费的事情。

第 108 天　墨子是怎样的一个人

在先秦诸子百家的学派领袖中，墨子是唯一一个农民出身的哲学家。他创立的墨家学说在当时的社会中影响极大，在当时的百家争鸣，有"非儒即墨"之称。

身为一个平民，墨子在少年时期曾经做过牧童，学过木工。据说他制作守城器械的本领很是高明。他常以"鄙人"自称，被人称为"布衣之士"。作为没落的贵族后裔，他受过不少的文化教育。据《史记》记载，墨子曾经做过宋国的大夫。他是一个有相当文化知识，又是比较接近工农小生产者的士人。他曾经自诩："上无君上之事，下无耕农之难。"他是一个同情"农与工肆之人"的士人。

墨子曾经穿着草鞋，步行天下，曾到各地去拜访天下名师，学习治国之道，并游学于各国。墨子曾从师于儒者，学习孔子的儒学，称道尧舜大禹，学习《诗》、《书》、《春秋》等儒家典籍。墨子批评了儒者对待天帝、鬼神和命运的不正确态度，不赞同厚葬久丧和奢靡礼乐，认为儒家所讲的都是些华而不实的废话，但是，关于儒家的"孝、慈、仁、义"等，墨子基本上是认同和认可的。

后来，墨子舍弃了儒家，另创立新的学说，在各地聚众讲学，以激烈的言辞抨击儒家和各诸侯国的暴政。随即，大批的手工业者与下层士人便开始追随墨子，逐步形成了自己的墨家学派，成为儒家的主要反对派。墨家是一个宣扬仁政的学派。在代表新兴的地主阶级利益的法家崛起以前，墨家是先秦百家中极为重要的一个学派。

另外，墨子一边积极宣传自己的学派主张，另一方面还广收弟子，一般的亲信弟子达到数百人之外，在当时形成了声势浩大的墨家学派。

第 109 天　《墨子》是怎样的一部著作

每个学派都会有一部或者多部代表自己思想主张的代表作，比如道家学派的《道德经》，儒家学派的《论语》等，那么，墨家学派的代表作是什么呢？

墨家学派的代表作是《墨子》，是墨子讲学时由弟子们记录后整理而成。据中国现存最早一部文献目录《汉书·艺文志》记录，《墨子》共 71 篇，但如今只存 15 卷，53 篇。

《墨子》这一著作虽然只是记言的性质，但其所记载的已不是只言片语，篇幅很长，且首尾完整、逻辑性很强。不仅如此，《墨子》中的每篇文章都有自己的中心思想和标题，可以说是中国论辩散文的开始，在我国古代散文发展史上有重要的贡献。

在《墨子》中，有十篇散文是著作中很重要的一部分，被称为"十论"，即：《尚贤》、《尚同》、《兼爱》、《非攻》、《节用》、《节葬》、《天志》、《明鬼》、《非乐》、《非命》。这些文章代表了墨家学派的主要哲学思想和社会政治主张。

《墨子》是研究墨家学派的重要史料，因为他确立了"三表法"作为立论说理的准则，所以在中国哲学史上也占有重要的地位。

第 110 天　哪些机关器械是由墨家发明出来的

墨家学派创始人墨子，不仅是我国战国时期伟大的思想家，而且还是一个善于工巧和制作的发明家。可以说，墨子是一个博学多才的人。

相传，墨子可以在顷刻之间将一个三寸之木削成一个可载 300 公斤重的轴承。还曾利用杠杆原理研制成桔槔，用于提水。还制造了辘轳、滑车和云梯等，用于生产和军事上。那么，由墨家发明出来的机关器械都有那些呢？下面让我们来看一看。

1. 连弩车：一种置于城墙上可同时放出大弩箭六十支，小弩箭无数的大型机械装置。驾驶时需要十个人，这个器械最巧妙的是长为十尺的弩箭的箭尾用绳子系住，射出后能用辘轳迅速卷起收回。记录于《墨子·备高临》。

2. 转射机：是一种置于城墙上的大型发射机，机长六尺，由两人操纵。但它与连弩车不同的是，它更为灵活，能够在一人射箭的同时由另一人将机座旋转。记录于《墨子·备城门》。

3. 藉车：是一种能够投射炭火的机器，外部包铁，一部分埋在地下，由多人操纵用来防备敌方的攻城队。记录于《墨子·备城门》。

第 111 天 墨家学派最终为何会神秘消失

墨家学派作为春秋战国时期的重要学派之一，在经历过学派的鼎盛时期后，便神秘消失在了历史的长河中，这是为什么呢？这还要从墨家兴盛的那 100 年说起。

墨家学派是由墨子本人创办，相比于其他学派，墨家可以说是一个有着严密组织的学派，有领袖，有学说。但是，墨家学派的主张与思想却极不利于封建皇帝专制，逐渐成为了封建统治者在统治道路上的一大障碍，而且，在墨家这个严密的组织中规定，学派中去各国做官的人员，在行政过程中，必须要推行墨家学派的政治主张，如果行不通，宁可辞官不做。就这样，诸多原因，墨家学派逐渐被封建统治者所打压，如果说到墨家学派消失的根本原因是什么，那只有一个，就是其思想不适应统治者的需要。

后来，秦始皇为统一六国，将灭掉墨家当成了一个重要任务。在这场对抗秦国入侵和兼并的过程中，墨家学派已经是"伤亡惨重"，学派中的人员死伤大半，一些残余的墨者纷纷逃亡到了海外，东渡日本。战国后期，墨家学派的力量可以说已经是十分微弱。

西汉时期，汉武帝上台，又实行了"罢黜百家、独尊儒术"政策，就这样，墨家学派彻底消失在了历史的长河之中。

另一方面，墨家学派并不像儒家等其他学派一样深得所有民心，而且其训练艰苦，规则严厉，没有推行继承下去，最终造成失传，这也是墨家学派神秘消失的其中一个原因。

直到清乾嘉时期，《墨子》一书的研究突然兴起，同时也让沉默了两千多年的墨家学派重新被世人所认识，但却再没有了最初的那份荣耀与光芒。

第 112 天　学派中的首领为什么被称为"矩子"

"矩子"是对墨家首领的称呼。根据一些艺术作品和历史记载的不同，又写成"巨子"或者"钜子"。那么，这个称呼是从何而来的呢？一共有两种说法。

第一种说法是，由于墨家弟子喜好武力，所以其推举首领的方式也是通过比武的形式。选举每隔五年进行一次，被选为首领的人会得到祖先留下来的"墨矩"，称为"矩子令"，象征权威。只要有"矩子令"在手，就可以对全国各地的墨家弟子发号施令，所以，将墨家的首领称为"矩子"。

还有一种说法，同墨家学派创始人墨子有关。墨子不仅是战国时期著名的思想家、政治家，同时还是一名优秀的木工。"矩尺"是墨子生前最常用的木工工具，所以将墨家学派的首领称呼为"矩子"，是对首领的尊敬，也是对墨子的怀念。

"矩子"，是墨家学派最完美的领头人，集结了智慧、力量、勇敢、谦和、宽容、善良于一身。根据史料记载，可以从典籍中考证的墨家矩子一共有三个人：孟胜、田襄子、腹䵍。创始人墨子有没有当过墨家学派的"矩子"，已经是无法考证了。

第 113 天　墨家为何会提出"非攻"、"兼爱"等政治主张

在墨家学派的诸多思想主张中，"非攻"和"兼爱"这两条深为人所知。由墨家学派创始人墨子提出。那么，墨子为什么会提出这样的政治主

张呢？这与墨子所处的时代是有着密不可分的关系。

墨子生于春秋末、战国初期，当时各诸侯国间战争不断，百姓们饱受战争折磨。墨子正是因为看到了战争所带来的诸多危害，所以他主张"非攻"和"兼爱"。

在墨家学派代表著作《墨子》中，有一篇叫作《公输》的文章，文章讲述的是当时的大国楚国想利用公输盘（即鲁班，姓公输，名盘）制造的机械去攻打实力弱小的宋国，墨子得知后勇敢地前去劝阻，并最终成功让楚王放弃侵略宋国的想法。这篇文章不仅反映了当时的社会状态，同时也很好地诠释了为什么墨子要高举"非攻"及"兼爱"政治主张的大旗。

第 114 天 墨家三派具体指什么

墨家学派创始人墨子去世后，墨家学派也逐渐产生分歧，出现不同的派别，即墨家三派。这三派非别是：

1. 楚墨的邓陵子（游侠派）：这一派更多是以侠客的身份到处行义。游侠派强烈反对各国之间的战争，他们认为，每一场战争都是权贵们为了自己的利益而发动的，对百姓毫无益处。这一点依旧是高举了墨家学派的"非攻"政治主张。游侠派是以自己的价值观去衡量世界的。

2. 齐墨的相夫子（辩论派）：这一派是一个以学者辩论为主的门派。这一派的人员游历各国，讲授墨家的兼爱思想。辩论派坚决反对用暴力去解决问题，甚至是起义。他们希望可以用柔和的方式去获得和平。辩论派是思想上最擅长幻想的一派。

3. 秦墨的相里勤（游仕派）：这一派非常务实，注重科技研究。这一派曾经帮助过秦国完成统一战争。他们之所以帮助秦国，是因为只看见秦国当时的制度，并认为这种制度是最接近墨家所最终设想的。

这三个派别活动于战国中后期。发扬了创始人墨子重视实践的特点，但与墨子思想有所不同的是：他们在自然方面，摒弃了墨子的天鬼观念，对物质、移动和时空的关系做出了唯物主义解释，将唯物主义哲学和科学紧密地联系在一起；在政治方面，他们提出了"义，利也"的著名理论，突出了"利",并将它作为标准和基础,去解释各种社会问题及道德范畴。

第115天 "尚贤"与"尚同"说的是什么

"尚贤"与"尚同"是墨子提出的政治主张,他认为,即使是一般农民和工匠,只要具有一定的才能,就应该选他为贤,给他以高位厚禄,给予他一定的权限让他去做事。墨子认为,尚贤任能是为政之本。一个国家的贤良之士的众寡以及是否做到尚贤使能,是关系着国家的强弱或兴衰、社会的稳定或混乱之根本。他说:"尚贤使能为政也。逮至其国家之乱,社稷之危,则不知使能以治之。"也就是说,尚贤是一个国家政治的根本,如果不知道尚贤的重要性,就会导致国家混乱、政权岌岌可危。墨子指出:"官无常贵,而民无终贱,有能则举之,无能则下之。""不辨贫富、贵贱、远近、亲疏,贤者举而上之,不肖者抑而废之。"墨子的这一思想在当时突破了宗法等级制度的束缚,显示出人人平等的色彩。

"尚同"指的是统一人们的思想,墨子认为,人们的思想不统一,各种冲突就会相继而来,天下就会大乱,正所谓"一人一义,十人十义,百人百义"。墨子对此给予的对策是"选择天下贤良、明智、仁义之人立为天子,使从事乎一同天下之义"。由圣贤之人来做天子,间接地用其高尚的品德和智仁的智慧来统一天下人的思想,达到人人心理相同不二,国家社会便会永享太平盛世。在当时的社会背景下,墨子的"尚同"主张只是一种不可能实现的空想。

第六章
其他学派：自由国度的"百家齐鸣"

第 116 天　杂家的形成过程是怎样的

春秋战国时期的百家争鸣，其中有一家比较特殊，它是融合了各家之学，是一个综合性的学派。这个学派就是杂家。

战国末期的时候，因为社会的不断变革，封建制国家纷纷出现，新兴地主阶级不断要求在政治上、思想上的统一。杂家就是在这种呼声下将各派思想融合，采集各家言论，贯彻其政治意图和学术主张，自成了一户门派。杂家的产生，大体上反映了战国末学术文化融合的趋势。

杂家中的很多内容都同方术有关，所流传下来的思想并不多，在思想史上也没有多少痕迹。总体来说，杂家就是将各家学派的理论各吸收一点，然后形成一门独立的学派，虽然看起来包罗万象，但实际上却对什么都不精通。

因为杂家是战国末至汉初兼采各家之学的综合学派，所以杂家在诸子百家中的地位很鲜明，《汉书·艺文志·诸子略》将其列为九流之一。杂家学派的主要特点是"采儒墨之善，撮名法之要"。

根据《汉书·艺文志·诸子略》记载，杂家的著作有《盘盂》二十六篇，《大禹》三十七篇，《伍子胥》八篇，《子晚子》三十五篇，《由余》三篇，《尉缭》二十九篇，《尸子》二十篇等。

第117天　"魏晋玄学"是如何形成的

玄学是魏晋时期的主要哲学思潮，是由道家和儒家融合而出现的一种文化思潮，也可以说是道家的一种新的表现方式。

"玄学"之称的由来，是因为魏晋时期清谈家称《周易》、《老子》、《庄子》三本书为"三玄"，所以"玄学"之名由此而来。

东汉末年到两晋是两百多年的乱世，随着东汉大一统思想的分崩离析，统治思想界近四百年的儒家之学也开始失去了号召力和魅力，士大夫对三纲五常的陈词滥调普遍都感到厌烦，于是转而醉心于形而上学的哲学论辩，聚在一起谈论玄道，当时人称为"清谈"或"玄谈"。

玄学是当时一批知识精英跳出传统的思维方式，对宇宙、社会、人生所做的哲学反思，是在正统的儒家信仰发生严重的危机后，士大夫重新寻找的精神家园。南北朝时期，佛教以玄学语言阐述佛理，玄学家也有以谈佛理见长者。东晋以后，玄学已与佛学合流，作为一种时代思潮的玄学也就渐渐地消隐了。

第118天　阴阳家的起源是什么

阴阳家是出现在战国时期的一个学派，"九流"（儒家、道家、阴阳家、名家、墨家、纵横家、农家、法家、杂家）之一。因提倡阴阳五行学说为宗旨，故名阴阳家，又称"阴阳五行家"或"五行家"。这个学派以齐国人邹衍、邹奭为主要代表人物。学派所主张的思想是主张提倡阴阳、五行学说。那么，什么叫"阴阳说"呢？所谓阴阳说，就是将"阴"和"阳"看成是事物内部的两种相互消长的协调力量，将其认为是孕育天地万物的生存法则。这种观念也正是老子所说的构成世界的概念，即："道生一，一生二，二生三，三生万物，万物负阴而抱阳，冲气以为和。""五行说"指的是由金木水火土五种基本物质"不断循环并从而变化"的理论发展出五行相生相克的观念。对于这种学说的研究，可以根据天体的运行来计算制定出历法，从而掌握世间万象。后来的研究天体的"天文家"、研究历法的"历数家"及"五行家"，都是通过研究这种学说发展而来的。

阴阳家的主导思想是以五行决定政治，"五行"的这种概念最早见于《尚书》。关于阴阳家这个学派最早的起源，可以追溯到古执掌天文历数的统治阶层，也称"阴阳五行学派"或"阴阳五行家"。

阴阳家后来因为汉武帝罢黜百家之后，部分内容融入了儒家思想体系、部分内容被原始道教所吸收，从那之后，便再也没有独立学派的阴阳家了。

第 119 天　阴阳家的主要思想是什么

诸子百家之中，每个学派都有自己所主张的思想，那么，阴阳家所主张的思想是什么呢？说来，还和儒家学派有些渊源。

因为阴阳家的思想主要就是源自儒家思想，深受儒家推崇的"六经"影响。阴阳家的思想可以从几个方面去理解：

自然观：在自然观上，阴阳家利用了《周易》经传的阴阳观念，并提出了"宇宙演化论"。后来，又受到《尚书·禹贡》的"九州划分"启发，进而提出"大九州"之说。认为中国为赤县神州，内有小九州，外则为"大九州"之一。

历史：在历史上，阴阳家将《尚书·洪范》中的"五行观"改造成为"五德终始"说。认为世代变迁、历代王朝的更替变化，都是由五行所运作。

政治理论：在政治理论上，阴阳家赞成儒家学派的"仁义"学说，主张"止乎仁义节俭，君臣上下六亲之施"，但同时强调"因阴阳之大顺"。

阴阳家的思想涵盖颇为广泛，包含天文、历法、气象和地理学的知识，有一定的科学价值。同时，在我国古代的王朝中，每个朝代都会设立一个叫作司天监的部门，这个部门的主要工作就是观测星象、测算国运，为维护统治者而服务，在这个部门工作的人，必须是精通星相学、数术学的阴阳家。

第 120 天　五行学说的"五行"指的是什么

五行学说是阴阳家学派所主张的思想，那么，这个五行学说是什么意思呢？"五行"分别指是什么呢？

五行学说指的并不是木火土金水五种具体物质的本身，而是对五种不同属性的物质抽象概括。以天人相应为指导思想，以五行为中心，以空间结构的五方，时间结构的五季，人体结构的五脏为基本间架，将自然界的各种事物，按其属性进行归纳。

木：指具有生发，柔和特性者。

火：指具有阳热，上炎特性者。

土：指具有长养，发育特性者。

金：指具有清静，收杀特性者。

水：指具有寒冷，滋润，就下，闭藏特性者。

五行学说在我国有着很广泛的应用，其中，我国伟大的中医就是根据五行说形成了一个中医系统。

第 121 天　阴阳学说在中医中是如何被运用的

阴阳学说贯穿着中医理论体系的各个方面，指导着临床诊断和治疗。

1. 说明人体的组织结构。

中医学认为，人体所有的结构可划分为阴阳两部分。人体脏腑组织，就部位上来说，上部为阳、下部为阴，体表属阳、体内属阴；就其背腹四肢内外侧来说，背属阳，腹属阴，四肢外侧为阳、四肢内侧为阴；以五脏来说，心肺居于上部属阳，肝脾肾位于下部属阴。

2. 说明人体的病理变化。

疾病的发生是因"阴阳失调"造成的。如"阴胜则寒"、"阳胜则热"、"阳虚则寒"、"阴虚则热"、"阳损及阴"、"阴损及阳"、"阴阳两虚"等病症，并且病症在一定条件下是可以相互转换的。

第 122 天　阴阳家的"五德"具体指什么

阴阳家阐释宇宙演变和历史兴衰是运用了五行理论，并创建了"五德始终"之说，又称"五德转移"。这种理论在当时的影响是非常大的，在一些著名的历史典籍都是以阴阳五行的思想为基础，如吕不韦的《吕氏春秋》、董仲舒的《春秋繁露》、刘向的《洪范五行传论》等。那么，这个"五德终始"中的"五德"指的是什么呢？

"五德"，即五行的属性：土德、木德、金德、水德、火德。阴阳家认为，宇宙的万物都是与五行相对应的，且各具其德，五德转移的结果就是天道的运行，人世的不断变迁，王朝逐代替换等。"五德"的目的在为当时的社会变革进行论证，但最终却陷入了历史循环论。

第 123 天　名家的主要思想是什么

名家是诸子百家之一，萌芽于春秋末期，以郑国大夫邓析为先驱。名家成就于乱世，并没有自己的政治主张与思想，但也可以说，名家的思想仅限于为权威者研究统治对象的归宿问题。名家学派最初指的是人、事、物、业的名符，也就是人、事、物、业思想传承与逻辑记忆的名分。是春秋文化开放之后由名望推导的一种主流思想，后来这种思想逐渐发展成以交流、传播、表达信息能量为核心的思想与逻辑的体系。

名家思想是中国古代自夏商朝以来的主流意识流派，奉名望为宗师，所以又被称为名望学说。自汉以来，在绝大多数名家人士因历史时期政治需要被作为儒家思想来传承。

名家思想是价值观的研究系统，是一种思想与逻辑表现的载体。虽然名家学派最终统治归一无用武之地而融合到儒家学派，但其对我国依旧有很深的影响。

第 124 天　名家学派分为哪两个派别

同其他学派一样，名家学派在发展的过程中逐渐分出了两个派别，这两个派别分别是合同异、离坚穿白。那么这两个派别分别主张什么呢？下面让我们来了解下。

合同异之辩：

名家所说的"合同异"就是认为万物之"同"与"异"都是相对的，被视为是一体。这派的代表人物是宋国人惠施，他提出"天与地卑，山与泽平"、"泛爱万物，天地一体"等十个命题。这个主张也就是我们今天所主张的"同物不同号，同号不同物"。

离坚穿白：

名家所说的"离坚穿白"通俗点去理解就是说，一块漂亮的石头，如果我们用肉眼看就会感觉到它的颜色是白色，但却不能感觉到它的坚硬；如果我们用手去触摸，就会感觉这块石头的坚硬，而不觉其"白"。所以说，这块石头的"坚"和"白"这两个性质是彼此孤立的。这派的代表是赵国人公孙龙，他还提出了"白马非马"、"坚白石二"等命题。就是我们今天所说的"一眼看穿"。

在名家学派的这两个派别中，合同异强调事物的统一性，离坚白强调事物的差异性。在战国末期的时候，墨家学派对名家这两个派别的片面性有所纠正，提出了"坚白相盈"的观点。再后来，儒家的荀子亦强调"制名以指实"。

第 125 天　纵横家是怎样的一个学派

纵横家是战国时期成立的一个学派，"九流"之一，创始人是鬼谷子。

战国的时候，有一批从事政治活动的谋士，主张"合纵"、"连横"，利用审察时势、陈明利害的方法对列国君主进行游说，这些谋士所宣传的思想对当时的社会形势有一定的影响。后来到了战国至秦汉之际，便逐渐形成了“纵横家”这个学派。

纵横家多为策辩之士，以从事政治外交活动为主，所以纵横家也可被称为我国最早、最特殊的外交政治家。

纵横家这个学派的出现和时代有着很大的关系，当时的社会割据纷争，王权不能稳固统一，需要在国力富足的基础上利用联合、排斥、危逼、利诱或辅之以兵之法不战而胜，或以较少的损失获得最大的收益，而纵横家们所提出的智谋、思想、手段、策略是当时处理国与国之间最好的办法，故为人所接受，所以学派思想日益为当时的社会所采纳。

纵横家所提出的理论主要为纵横，或合众弱以攻一强，此为纵；或事一强以攻诸弱，此为横，所以纵横家对纵横谋士的要求为：知大局，善揣摩，通辩辞，会机变，全智勇，长谋略，能决断。在传播思想的方法上，纵横家认为首先要对现实有最明确的认识，确定连横的对象，然后知其诸侯为人而定说辞，游说的方法，或抑或扬，或抑扬相合，或先抑后扬，或先扬后抑，重点在“对症”。

虽然相比于其他的思想流派而言，纵横家在历史上活跃的时间是比较短的，但它所处的历史阶段在我国历史甚至世界历史上都是独一无二的，后世任何一个时代都难以超越的。

第 126 天　哪个学派是农业生产及农民思想的反映

先秦诸子百家中，各个学派代表着各种各样的思想及人群。其中有一个学派是农业生产及思想的反应，这个学派就是农家学派。

农家学派，又称“农家流”，“九流”之一，是先秦在经济生活中注重农业生产的学派，该学派思想特点是“所重民食”，尊神农氏。

农家学派主张推行耕战政策，提出要发展农业生产，研究农业生产，并采取一些奖励措施。在古代的一些典籍，如《管子·地员》、《吕氏春秋》、《荀子》中，可以看到农家对农业生产技术经验之总结与其朴素辩证法思想。

农家的代表人物是楚国人许行，此人在历史上并无著作流传，生平事迹被记录在《孟子》中，生卒年不详，约与孟子同一时代。许行主张"种粟而后食"、"贤者与民并耕而食，饔飧而治"。同时还提出"市贾不二"的价格论，这一主张的中心要旨是在肯定分工互助的基础上。提倡人人平等劳动、物物等量交换，以实现其改革思想。

农家的著作有很多部，如《神农》二十篇、《野老》十七篇、《宰氏》十七篇、《董安国》十六篇、《尹都尉》十四篇、《赵氏》五篇等。可惜的是，这些著作都已经失传，没有一部完整保存下来。如今我们想要研究农家的思想，就只能根据诸子著作中的记载，虽然只有星星点点的内容，但仍然具有很高的价值，值得重视。

第七章
兵家：上兵伐谋、居安
思危的兵家谋略

第 127 天　兵家是怎样的一种思想潮流

兵家，是春秋时期研究军事理论和从事军事活动的一个重要学派，是中国古代军事思想的精华。据《汉书·艺文志》记载，兵家分为兵权谋家、兵形势家、兵阴阳家和兵技巧四类。兵家的代表人物有春秋时期的孙武、司马穰苴，战国时的孙膑、吴起、尉缭、赵奢、白起，汉初张良、韩信等。

在春秋战国时期，因为诸侯之间的战事频繁，使得军事成为一门学科，一些从事军事活动的智识之士，积极地总结军事方面的经验，并且将其提升为作战的规律，创造了一批重要的兵学著作，其中最为著名的首推《孙子兵法》。这是一部至今仍备受关注、为许多人所研究、有着重要应用意义的经典著作，其影响已经不仅限于中国，亦不仅限于军事领域。

《汉书·艺文志·兵书略》著录汉以前兵家著作有 53 家，790 篇，图 43 卷，分为权谋、形势、阴阳、技巧四家。吕思勉在《先秦学术概论·兵家》中说："阴阳、技巧之书，今已尽亡。权谋、形势之书，亦所存无几。大约兵阴阳家言，当有关于时，亦必涉迷信。兵技巧家言，最切实用。然今古异宜，故不传于后。兵形势之言，亦今古不同。惟其理多相通，故其存在，仍多后人所能解。至兵权谋，则专论用兵之理，凡无今古之异。兵家言之可考见古代学术思想者，断推此家矣。"今存的兵家著作有《黄帝阴符经》、《六韬》、《三略》、《孙子兵法》、《司马法》、《孙膑兵法》、《吴子》等，这些兵书在阐述军理规律的同时，也体现了朴素的辩证法哲学，是中国古代的一批宝贵的思想遗产。

第128天　我国古代十大兵书有哪些

古代历史的发展大都伴随着朝代的更替，而战争无疑是改朝换代的常用手段，正如《西游记》中孙悟空说的"皇帝轮流做，明年到我家"。根据战争的经验教训，古人整理总结出了许多军事著作，古代"十大兵书"就是诸多著作中的代表。

《孙子兵法》，又称《孙子》，是我国现存最早的兵书，由春秋末期著名的军事家孙武所著，与《战争论》、《五轮书》合称为世界三大兵书。现存包括《始计篇》、《作战篇》、《谋攻篇》、《军形篇》、《兵势篇》、《虚实篇》、《军争篇》、《九变篇》、《行军篇》、《地形篇》、《九地篇》、《火攻篇》、《用间篇》。

《孙膑兵法》，古称《齐孙子》，战国时期齐国孙膑所作，全书共89篇，图4卷。隋朝以前曾经失传，1972年考古工作者在山东临沂西汉墓中发现其残简。

《吴子》，战国时期吴起所著，魏文侯和魏武侯整理收集。《汉书·艺文志》记载《吴起》一书共48篇，但已失传，现在的《吴子》共有《图国》、《料敌》、《治兵》、《论将》、《变化》、《励士》6篇。

《六韬》，相传为周朝的太公吕尚（姜子牙）所著，后经考察发现，《六韬》在战国时期就已经成书。全书对权谋之道有详细独到的见解，被誉为兵家权谋的始祖。

《尉缭子》，战国晚期关于政治军事论述的著作，传说为战国时期尉缭所作。《尉缭子》反对迷信鬼神，主张依靠人的智慧，具有唯物主义的思想。对政治、经济和军事关系的认识非常深刻。

《司马法》，春秋时期齐国大将司马穰苴所著，成书于战国初期，共

150 篇，现仅存 5 篇。书中详细记载了殷周到春秋、战国时期的作战原则和方法，对研究这一时期的军事发展提供了宝贵资料。

《太白阴经》，唐朝李筌所著，全名为《神机制敌太白阴经》。全书 10 卷，现存《墨海金壶》、平津馆影宋抄本等。

《虎钤经》，宋代著名兵书，北宋许洞所著，历经 4 年成书，全书共 20 卷、210 篇，收录 210 个问题。该书现存明嘉靖刊本。

《纪效新书》，中国明代军事训练为主的兵书，著名抗倭将领戚继光于嘉靖三十九年（1560 年）在抗倭战争中写成。共 18 卷、卷首 1 卷。

《练兵实纪》，是戚继光在蓟镇练兵时撰写。全书正集 9 卷、附杂集 6 卷，与《纪效新书》合称为《练兵实纪》。全书内容广泛，详细论述了兵员选拔、部伍编制、旗帜金鼓、武器装备、将帅修养、军礼军法等与作战相关的事宜。

第 129 天　中国古代是如何称呼军队的

我国从殷商时代开始就有了有组织的武装，但是当时并没有称其为"军队"，而是称左师、中师、右师。

到了西周时代，职业军队就更多了，禁卫军有 6 个师，宿卫军有 8 个师，每师 2500 人。春秋时，各大国都设上、中、下三军。战国时因步兵穿甲胄，故称"带甲"。汉代的中央部队因屯卫于长安城内北门，所以称"北军"，统称官称"中慰"。

汉武帝时又建立"南军"和警卫部队"羽林骑"。

唐代，唐玄宗以前实行"兵符制"，农兵相结合。唐玄宗时，改募"骑"兵，又称"长从宿卫"。到了后期，中央有羽林、龙武、神策、神威等十军。

宋代的正规军称"禁军"。

元代的主力部队是"蒙古军"，俘获的宋兵，则编成"新附军"。明代在京师及南京均设立五军都督府，指挥京师及南京的各卫所。

清代称"八旗军"，后来又增设蒙古"八旗"和汉军"八旗"。

第 130 天　哪部著作被称为"第一部军事教科书"

《武经七书》是北宋朝廷作为官书颁行的兵法丛书，是中国古代第一部军事教科书。它由《孙子兵法》、《吴子兵法》、《六韬》、《司马法》、《三略》、《尉缭子》、《李卫公问对》7 部著名兵书汇编而成。北宋政府颁行《武经七书》是遵照皇帝赵顼（即宋神宗）的旨意进行的。

为适应军事斗争、教学、考选武举的需要，宋神宗于元丰三年（1080年）命令当朝最高学府国子监司业朱服等人组织力量校订、汇编、出版上述 7 书。武学博士何去非参与了此项工作。校订这 7 部兵书用了 3 年多的时间，到元丰六年（1083 年）冬才完成了刊行的准备工作。校订后的这 7 部兵书命名为《武经七书》，共 25 卷。这是北宋朝廷从当时流行的 340 多部中国古代兵书中挑选出来的，作为武学经典，可见，这 7 部兵书是何等重要。

《武经七书》是中国古代兵书的精华，是中国军事理论殿堂里的瑰宝，它不仅是中华民族的精神财富，也是世界人民共同的精神财富。它奠定了中国古代军事学的基础，对中国和世界发展近代、现代军事科学起了积极的作用。校定、颁行《武经七书》，是北宋朝廷在军事理论建设上的一个贡献。

第 131 天　"合纵连横"是一种怎样的军事策略

《淮南子·览冥训》上说："纵横间之，举兵而相角。"高诱注："苏秦约纵，张仪连横。南与北合为纵，西与东合为横，故曰纵成则楚王，横成则秦帝也。"

战国末期，秦国经变法改革，国力发展迅猛，其他六国已经不能单独和秦国抗衡了，苏秦与公孙衍先后游说六国联合抗秦，有"合纵"一称。与此同时，秦国命名相张仪劝说六国与秦国联合，进攻其他弱国，称为"连横"。连横合纵的主张提出以后，存在了相当长的时间，各国为了谋取自身利益，时而支持"连横"，时而加入"合纵"，举棋不定，反复无常。"朝秦暮楚"的成语就是因此而来的。在政治拉拢战如火如荼进行的同时，军事上同样也兴起了合纵、连横的活动："合纵"指的是联合众弱小国家集中攻一强大国家，一次遏制强国的吞并；"连横"即秦国拉拢弱国进而攻击弱国，以达到兼并土地的目的。

张仪推行的连横策略在秦国获得了成功，《史记·李斯列传》说"拔三川之地，西并巴蜀，北收上郡，南取汉中"，"散六国之从（纵），使之西面事秦"。可见秦惠王达到了对外兼并土地的目的，当时所谓的合纵连横，主角是以三晋为主的弱小国家，它们北连燕，南连楚可为纵；东连齐或西连秦即可为横。合纵既可以对秦，也可以对齐。当时连横的实质就是"事一强以攻众弱"，是强国迫使弱国帮助它达成兼并的战略。随着时局的变化，连横合纵的具体内容也相对应地发生变化和发展。等到后来的"长平之战"后，变成了六国合力抵抗强秦为合纵、依次投降秦国为纵横。

第132天 "百战不殆"的"百战"指哪些

即使现代很多不学《孙子兵法》的人，都听说过《孙子兵法》中有这样的一句话"知己知彼，百战不殆。"很多人的解释都是"打一百次仗都不会失败"，很多人把这个"百"看成是虚指。其实这种说法并不正确，"百"的确是虚指，但是却不是指次数，而是讲不同的战法，"百战"指的就是一百种不同的战法。

明朝开国功臣刘基，也就是我们大家所熟知的刘伯温，他曾著有《百战奇略》一书。内容收录了从先秦到五代1680年间散见于史籍中的重要军事材料。按照作战双方的军事、政治、经济、自然诸条件分为百题，分别论述，并以古代战例为例，加以注释。

百战分别是：计战、谋战、间战、选战、步战、骑战、舟战、车战、信战、教战、众战、寡战、爱战、威战、赏战、罚战、主战、客战、强战、弱战、骄战、交战、形战、势战、昼战、夜战、备战、粮战、导战、知战、斥战、泽战、争战、地战、山战、谷战、攻战、守战、先战、后战、奇战、正战、虚战、实战、轻战、重战、利战、害战、安战、危战、死战、生战、饥战、饱战、劳战、佚战、胜战、败战、进战、退战、挑战、致战、远战、近战、水战、火战、缓战、速战、整战、乱战、分战、合战、怒战、气战、归战、逐战、不战、必战、避战、围战、声战、和战、受战、降战、天战、人战、难战、易战、饵战、离战、穷战、风战、雪战、养战、书战、变战、畏战、好战、忘战。

第133天　你了解古代的兵役制度吗

民军制：夏、商、周时代，兵役属于田制之中，有受田权利的成年男子，都有服兵役的义务，平时耕牧为民，战时出征为兵。西周时期，兵役制度规定每家出一人为"正卒"，随时要准备出征；其余为"羡卒"，服后备兵役。军队的核心由王室和贵族子弟组成。

征兵制：这项制度是秦始皇统一中国后实行的，即为规定17岁到60岁的男子无论贵贱都必须服兵役两年。守卫京师一年称"正卒"，守卫边防一年称"戍卒"。西汉初年，规定年满20岁的男子都要向官府登记，从23岁起服兵役两年。一年在本郡服役，学习骑射，称"正卒"；一年守卫京师或屯田戍边，称"卫士"或者"戍卒"。

府兵制：这一制度由西魏权臣宇文泰建于大统年间，北周、隋至唐初期而趋于完善，唐太宗李世民时达到鼎盛，唐玄宗天宝年间（公元742～755）废止，历时约二百年。府兵制的重要特点是兵农合一，府兵平时为耕种土地的农民，农闲时训练，战时从军打仗。府兵参战武器与马匹自备，全国都有负责府兵选拔训练的折冲府。府兵的社会地位较高，可免除赋役，征战有功者可得勋级，死亡者家属可得抚恤。

募兵制：这一制度用于唐五代以后。在北宋时期，朝廷直接管辖的禁军人员从全国各地招募而来；守卫各州的厢兵，在本州范围内招募；守卫边境地区的藩兵，从当地少数民族中招募；保卫乡土的乡兵由各地按户籍抽调的壮丁组成。此外，还强迫罪徒当兵。招募为兵者，必须在脸、臂或者手部刺字，以防逃亡。

世袭兵役制：这一兵役制度早在三国、两晋时期就实行过，即为把士兵之家列为军户，父死子继，兄终弟及，世代服兵役。元代初期，规定15岁以上、70岁以下的蒙古族男子都要服兵役。后因兵源不足，又规定汉人20户出1兵，凡当过兵的"壮士及有力之家"都列为军户，世代为兵。到了明代，各卫所的军士，少数驻防，多数屯田，农时耕种，农闲时训练，战时出征。军士之家列为军户，世代服兵役。清代的八旗兵也采用世袭兵役制，凡在16岁以上的八旗子弟"人尽为兵"，世代相袭。

第 134 天　常说的"十八般兵器"都有哪些

我国古代有"十八般武艺"的说法，对于"十八般兵器"之说并没有专门的定义。大多数人也认为，"十八般兵器"一说也是源于"十八般武艺"的概念。明朝的谢肇淛所著的《五杂俎》指出"十八般武艺"为："一弓、二弩、三枪、四刀、五剑、六矛、七盾、八斧、九钺、十戟、十一鞭、十二锏、十三挝、十四殳、十五叉、十六把、十七绵绳套索、十八白打（徒手相搏）。"成书于同一朝代的长篇小说《水浒传》提到的十八般兵器为："矛锤弓弩铳，鞭锏剑链挝，斧钺并戈戟，牌棒与枪杈。"即矛、锤、弓、弩、铳、鞭、锏、剑、链、挝、斧、钺、戈、戟、牌、棒、枪、杈。

事实上，中国武术上所用到的兵器远不止18种，长兵、短兵加上各种奇门兵器，总数恐怕百种有余。而且通过以上所述可以看出，古代兵器种类丰富：长的、短的、明的、暗的、带钩的、带刺的、带尖的、带刀的、善攻的、利防的、劈的、刺的、挡的、射的，等等，"十八般"只是实战最为常用的代表兵器。

近代梨园界有人把十八般兵器称之为刀、枪、剑、戟、斧、钺、钩、叉、鞭、锏、锤、抓、镋、棍、槊、棒、拐、流星锤18种。然而最普遍的说法可以用20个字概括：刀枪剑戟，斧钺钩叉，镋棍槊棒，鞭锏锤抓，拐子流星。

第 135 天 "三令五申"具体指什么

生活中的很多成语都是从军事上演变过来的,比如五花八门、三令五申等。三令五申和"谆谆告诫"都有"劝告、告诫"之意,但三令五申一般是上级或长辈对下级或晚辈的命令、告诫。

"三令五申"是我国古代军事纪律的简称,它最早出自《史记·孙子吴起列传》。生活中我们经常能够听到一些人运用这个词,却不知道这个词的运用并不是什么时候都合适,它主要运用在上级对下级的告诫、命令。那么这个词到底指的是哪三令、哪五申呢?

所谓"三令",一令观敌之谋,视道路之便,知生死之地;二令听金鼓,视旌旗,以齐其耳目;三令举斧,以宣其刑赏。所谓"五申":一申赏罚,以一其心;二申视分合,以一其途;三申画战阵旌旗;四申夜战听火鼓;五申听令不恭,视之以斧。"三令"与"五申"的原意是教育将士应该在点阵中或军事行动中明确作战守则。如今,"三令五申"是再三地向下级命令告诫的含义。

第 136 天 清代的"军机处"是干什么的

在清代,军机处是处理军政大事的主要机构,最早设立于雍正七年(1729 年)。当时清军在西北与蒙古准噶尔部激战,为及时处理军事情报,雍正皇帝开始设立"军机房",雍正十年(1732 年)改称"办理军机处"。因为军机处的成立越发加强了君主独裁统治,所以西北战事结束后,本来是临时机构性质的军机处并没有被裁撤,职权反而更加扩充了,"军国大计,罔不总揽。"乾隆帝又索性去掉"办理"二字直接叫"军机处"。

军机处内设军机大臣、军机章京。军机大臣的正式称谓是"军机处大臣上行走",俗称"大军机",由皇帝亲信的满汉大学士、各部尚书、侍郎、总督等官员奉特旨担任,有些也由军机章京升任,人数和任期都不固定。军机章京,俗称"小军机",亦称"司员",一开始由军机大臣在内阁中书等机构中选调，乾隆时期改为从内阁、六部、理藩院等衙门中录用。由于军机处并不是国家正式机关，所以军机大臣、军机章京均为兼职，既无品级，也无俸禄。军机大臣的任命、职务没有先例可以遵循，完全秉承皇帝的旨意，相当于皇帝的私人秘书。

军机大臣的职责就是每天面见皇帝，有时甚至一天数次，参阅各地奏折，商讨处理军国大事，把皇帝的谕旨以军机大臣的名义发各部各地。军机大臣直接服务于皇帝，从而使皇权专制达到了顶点。

第 137 天　最早的军事学校是谁创建的

中国的军事文化源远流长，其中，军事教育的起源也是极早的。据《资治通鉴》记载，前秦国王苻坚于公元 380 年 2 月办过实属军事院校的教武堂，教员是晓达阴阳、精通孙武兵法的人，学员是身经百战的骁勇战将，校址选在了位于水陆交通要道的渭城。可见当时苻坚对这所军事院校是如何的重视。

教武堂办起来之后，却遇到了一些文武大臣的反对。最后，反对的呼声压过了支持者的声音，不得已，苻坚下令解散了这所教武堂。

第 138 天　清军"八旗"的来历是什么

八旗是清代满族的社会生活军事组织形式。在万历四十三年（1615年），努尔哈赤创立了"八旗"制度。努尔哈赤为何将军队划分为"八旗"呢？"八旗"的来历是什么呢？

其实，"八旗"源于一个传说。据传，天上原来有八条龙，它们相互之间经常发生争斗。有一天，玉皇大帝召见天使说："太阳和月亮总是在一起，这样天天都是白天，半阴半阳的，人们感到很不舒服，传我的谕旨，命令八条小龙去把太阳和月亮分开。"

八条小龙得到命令后，都想立头功，个个都争先恐后去搬月亮，挪太阳，最后没有一个成功的。

后来，龙王对这八条小龙说："如果你们团结起来，不就可以达到目标了嘛。假如你们各拿一支箭，用力一掰就断了；如果把这 8 只箭绑在一起，还能掰断吗？过去你们无法取胜，就是单个力量太弱的缘故。"

小龙们一听，恍然大悟，当即表示要组合到一起，它们重新回到了天上，齐心协力把太阳和月亮给分开了，从此，人间就有了白天和黑夜。

这八条小龙完成任务以后，都累得筋疲力尽，纷纷朝地上掉下去，此时，刮起一阵大风来。不知道从哪里刮来的八块颜色不同的大布落在地上，这八条小龙正巧分别落在这八块布上。白色的小龙落在黄布上，就变成后来的正黄旗；蓝色的小龙落在白布上，就变成后来的正白旗；黄色的小龙落在红布上，就变成后来的正红旗；树皮色的小龙落在蓝布上，就变成后来的正蓝旗。一条小龙，虽然落在黄布上，由于黄布外边镶了一条红边，所以就叫镶黄旗；一条小龙，虽然也落在白布上，但白布外镶了一条红边，所以又叫镶白旗；一条小龙落到了红布上，由于红布外边镶了一条白边，所以就叫镶红旗；另外一条小龙落到蓝布上，也是因为外边镶了一条红边，所以叫镶蓝旗。

后来，后金国将这八块带有龙图案的布当成了旗标，这就是"八旗"的来历。

第 139 天　八旗子弟是怎么划分的

中国清代满族的社会组织形式：满族的先世女真人以射猎为业，每年到采捕季节，以氏族或村寨为单位，由有名望的人当首领，这种以血缘和地缘为单位进行集体狩猎的组织形式称为牛录制，总领称为牛录额真（牛录意为大箭；额真，又称厄真，意为主）。

清太祖努尔哈赤于明万历二十九年（1601 年）正式创立，初建时设四旗：黄旗、白旗、红旗、蓝旗。

1614 年因"归服益广"将四旗改为正黄、正白、正红、正蓝，并增设镶黄、镶白、镶红、镶蓝四旗，合称八旗，统率满、蒙、汉族军队。规定每 300 人为一牛录，设牛录额真一人，五牛录为一甲喇（队），设甲喇额真

（参领）一人，五甲喇为一固山，设固山额真（都统、旗主）一人，副职一人，称为左右梅勒额真（副都统）。皇太极即位后为扩大兵源，在满八旗的基础上又创建了蒙古八旗和汉军八旗，其编制与满八旗相同。满、蒙、汉八旗共24旗构成了清代八旗制度的整体。满清入关后，八旗军又分成了禁旅八旗和驻防八旗。

第 140 天　"地雷"在什么时候开始使用的

地雷的出现，在我国大约已经有500多年历史了。有关"地雷"的名称，比较准确地历史记载出于明代。《兵略纂闻》中记载："曾铣在边，又制地雷。穴地丈许，间药于中。以石满覆，更覆以沙，令于地平，伏于地下，可以经月。系其发机于地面，过者蹴机，则火坠落发石飞坠杀，敌惊为神。"

明末已经有了"地雷炸营"、"炸炮"、"石炸炮"、"无敌地雷炮"等等多种地雷，在使用方法上也有了踏火和拉火之别。在战术区分上，也有了可装药五斗的大雷和"连结数十个"的连环雷。明代兵书《武备志》中记载了10多种地雷的形制及特性，并绘有地雷的构造图。

第 141 天　最早的"手榴弹"是什么样

很多人都以为，打仗用的手榴弹是在近现代才有的，其实不然，中国早在18世纪就开始使用手榴弹了。

早期的手榴弹是我国的彝族人民发明的，当时它主要用于狩猎时杀伤群体的动物。最早的手榴弹构造就是把火药装在葫芦里的"葫芦飞雷"。太平天国农民起义时，彝族农民军便把这种兜抛式的"葫芦飞雷"改制成手投式用来打击清军。

第 142 天　"不战而屈人之兵"说的是什么

"不战而屈人之兵"出自《孙子兵法·谋攻篇》："凡用兵之法，全国为上，破国次之；全军为上，破军次之；全旅为上，破旅次之；全卒为上，破卒次之；全伍为上，破伍次之。是故百战百胜，非善之善者也；不战而屈人之兵，善之善者也。"

注意：这里追求的是"全"，而不是"破"。"全"是上策，"破"则次之。要达到"全"，就需要以智取胜，而不是以力取胜。孙子说，这是用兵的法则。

由此，孙子认为，能够百战百胜，还不算是最高明的将帅；只有不战而使敌人屈服，那才称得上是高明中之最高明者。"故上兵伐谋，其次伐交，其次伐兵，其下攻城。"（《谋攻》）孙子强调：用兵的上策是以谋略胜敌——以智取胜。其次是外交仗，再次是用武力战胜敌人。最下之策乃是攻城。"攻城之法为不得已"。因为，为了攻城，要制造战车、准备器械，这必须好几个月才能完成。垒筑用以攻城的土山，又要几个月。结果闹得将帅焦躁愤怒，兵民疲惫不堪；还要强迫士兵像蚂蚁似地去爬梯攻城，造成士兵伤亡惨重。这就是攻城的灾害。

所以，善于用兵的人，不必直接交战就能使敌军屈服，不必硬攻就能夺取敌人的城池，不必久战就能毁灭敌人的国家。"必以全争于天下，故兵不顿，而可全，此谋攻之法也。"这里，反复强调这样的思想：要获得全国、全军、全旅、全卒、全伍的"全"胜，就一定要用全胜的谋略来取胜于天下——这就是谋攻的法则，也就是：以智取胜。

第 143 天　古代的"三军"是否指海、陆、空三军

在我国古代，"三军"的说法最早源于春秋时期，与现代的海、陆、空三军的实质意义是不相同的。

春秋战国时期，晋、齐、鲁、楚等国军队都设上、中、下或者左、

中、右三军。其中以中军的地位较高，也更为骁勇善战。后来，又演变为前、中、后三军。唐宋以后，前、中、后三军已经成为军队的一种固定建制。不过，这时"三军"的概念与春秋时期已有很大的不同，是指担任不同作战任务的各种部队。前军即军队行军或执行作战任务的各种部队；中军即主将亲自统率的部队，也是全军的主力；后军即军队在行军或作战中担任后方掩护、警戒任务的部队。

第 144 天　古代的虎符是用来干什么的？

虎符是古代调遣兵将的兵符，虎符因其形状与虎相似，因此得名。最早产生于春秋战国时期，当时采用铜制的虎形作为中央发给地方官或驻军首领的调兵凭证，称为虎符。

虎符的背面刻有铭文，分为两半，右半存于朝廷，左半发给统兵将帅或地方长官，并且从来都是专符专用，一地一符，绝不可能用一个兵符同时调动两个地方的军队，调兵遣将时需要两半勘合验真，才能生效。

在中国历史博物馆中藏有"西汉堂阳侯错银铜虎符"（汉错银铜虎符）一枚，长 7.9 厘米，宽 2.5 厘米，虎作伏状，平头、翘尾，左右颈肋间各镌篆书两行，文字相同，曰"与堂阳侯为虎符第一"。

西安市的陕西历史博物馆也藏有一枚从西安西郊发现的虎符，据考证是公元前 475 至公元前 221 年的战国文物，称为秦代错金"杜"字铜虎符，高 4 厘米，作猛虎疾奔状，象征军威和进军神速。虎符的身上刻有嵌金铭文 40 字，记述调兵对象和范围，制作却极为精巧。

虎符在古代战争中曾发挥了重要的作用，也发生了很多与之相关的故事。《史记》中记载，战国时期的公元前 257 年，秦国发兵围困赵国国都邯郸，赵平原君因夫人为魏信陵君之妹，乃求援于魏王及信陵君，魏王使老将晋鄙率 10 万军队救援赵国，但后来又畏惧秦国的强大，又命令驻军观望。

魏国公子信陵君无忌为了驰援邯郸，遂与魏王夫人如姬密谋，使如姬在魏王卧室内窃得虎符，并以此虎符夺取了晋鄙的军队，大破秦兵，救了赵国。

在《三国演义》第五十一回中,曹操因赤壁之战兵败北退,诸葛亮则趁南郡空虚,命勇将赵云夺城,成功地俘获守将陈矫,取得虎符,然后以此虎符诈调荆州守军出救南郡,趁势又由张飞袭取了荆州,接着再用同样的方法调出襄阳守军,乘机由关羽袭取了襄阳。诸葛亮仅凭一个小小的虎符便将曹兵调开,兵不血刃地夺取了3处城池,由此可见当时虎符作用之大。

第 145 天　被誉为"中华第一勇士"的将领是谁

蒙恬(?～前210年),姬姓,蒙氏,名恬,祖籍今山东省蒙阴县,先世为齐国人。其父蒙武是战国时秦国将领。蒙恬自幼熟读兵书,而且立志征战沙场,报效祖国。

公元前221年,蒙恬率领秦军攻破齐国都城,实现了秦始皇统一全国的军事战略,但蒙恬却没能享受开国战将应有的荣誉。其时,北部边境匈奴大举南侵的消息传到了咸阳,匈奴军烧杀抢掠,无恶不作。蒙恬不顾长年累月征战的疲累,领命"北逐戎狄"进军河套一带。

公元前215年,蒙恬率领30万能征善战的大军奔赴边关。安下营寨后,他派人侦察敌情,自己亲自攀山越岭察看地形。由于准备充分,刚开始交战时,就把匈奴军杀得人仰马翻,四散而逃,匈奴大败。公元前214年的春天,秦军与匈奴爆发了一次决定性战役。双方交战地为黄河以北,匈奴主力遭秦军重创,最后匈奴战败,向北逃去。史书上载:"匈奴人向北(逃窜)七百多余里。"蒙恬众望所归,一战平定河套地区,打得匈奴心有余悸。西汉文学家贾谊曾形容蒙恬说"胡人不敢南下而牧马",这正是对蒙恬战功的充分肯定。

第 146 天　你知道"步兵"的由来吗

在中国古代,步兵被称为"徒"或"卒",有"徒兵"、"徒卒"、"武卒"、"锐士"、"技击"、"带甲"等称呼,主要围绕战车作战,后来逐渐成为主要的作战力量。后来，骑兵发展成为主要的兵种，步兵担负辅助任务。

我国最早的步兵部队产生在春秋时期的晋国，第一次独立使用步兵作战的地方在今天的山西省太原市附近。

春秋时期，中原一带诸侯交战的方式主要是车战。公元前 632 年，晋文公重耳为了对付戎狄族的武装侵扰，建立了"三行为伍"的独立于战车建制以外的步兵，但在相当长的时间内，步兵的主要任务是担任边防和卫戍任务，并不是军队中的主力。直到公元 541 年，在太原附近发生的一次与戎狄族交战中，步兵的作用才第一次得到充分的发挥。"步兵"一词，最先见于公元前 325 年的兵书《六韬》之中，到西汉初期，才作为正式的军事术语得以流传下来。

第 147 天　古代最早的海军建于何时

我国是世界上最早建立海军的国家之一。在公元前 6 世纪的春秋末期，我国便有了比较完善的海军组织。伍子胥在太湖里帮助吴国训练海军，他把战舰划分为"大翼"、"小翼"、"突冒"、"桥舡"等许多种类，分担攻坚、驱逐、冲锋等任务。

我们记载最早的海战发生于公元前 485 年。当时吴国军舰从海路进攻山东半岛的齐国，双方的舰队在黄海相遇，展开激战，结果吴军被齐军打败。

我国历史上第一个建立雄厚海军力量的是三国时的东吴，东吴的水军主力在长江，当时共有 500 艘战舰。

隋朝时，出现了一种叫"五牙"的大战舰，战舰上安装了 6 根木桅，每根大桅顶系巨石，下设辘轳，战斗中和敌舰迫近时，可以迅速用辘轳把巨石放下，砸坏敌船。若一击不中，可以迅速地收起再放。若敌舰四面包围，还可四周同时迫打。其战斗力之强，可见一斑。

第 148 天　"娘子军"一说是怎么来的

隋朝末年社会动荡、民不聊生，李渊起兵反隋。李渊的三女儿平阳公主女扮男装，自称为李公子，变卖了自己的家产，自发组织义军支持父亲起兵。

平阳公主四处联络义军，以过人的胆识和才华，3个月之内就召集了数支已有相当规模的江湖起义队伍，其中以胡商何潘仁的队伍最为强大，有几万人之众。收编何潘仁之后，李仲文、向善志、丘师利等义军依次归附平阳公主，使军队势力大增。与此同时，朝廷也不断发兵攻打平阳公主，平阳公主每次都奋勇迎敌，打退了敌人进攻，而且乘胜追击，势如破竹，相继攻取了武功、户县、始平、周至等地。平阳公主领导的这支队伍纪律严明、士气高涨，一个弱女子能把这帮绿林好汉组成的义军领导得井然有序，足见平阳公主出类拔萃的指挥力和组织力，而且平阳公主言出必行，处世果断，军队的所有人都对她肃然起敬。部队所到之处从不抢掠百姓，在那个兵荒马乱的年月里，这支军队受到了百姓的积极拥戴，平阳公主也被亲切地称为"李娘子"，把她的部队称为"娘子军"。

平阳公主带领"娘子军"四处征战，为李唐江山的基业立下汗马功劳。李渊称帝后，正式将这位爱女封为平阳公主。而平阳公主也没有就此安享荣华，带领她的部下转战山西，防守李家的大本营。现今山西的苇泽关就是因为当年"娘子军"的驻守而改名"娘子关"。

唐高祖武德六年，平阳公主不幸去世，当时礼官提意说女人下葬用鼓吹有悖古代礼制，高祖李渊怒道："鼓吹，军乐也。往者公主于司竹举兵以应义旗，亲执金鼓，有克定之勋。周之文母，列于十乱；公主功参佐命，非常妇人之所匹也。何得无鼓吹！"于是特例以军礼下葬平阳公主，并按照谥法"明德有功曰'昭'"，谥平阳公主为"昭"。在整个封建史上，平阳公主是唯一一个由军队为她举殡的女子。后人为了缅怀平阳公主曾作诗曰：夫人城北走降氏，娘子关前高义旗。今日关头成独笑，可无巾帼赠男儿。

第八章
医家：对自然与生命的精妙解读

第 149 天　中医中的"中"是指中国吗

提及"中医"，很多人都认为，是指中国医学或者中国大夫。并认为"中医"的命名就是为了区别于"西医"的。其实不然，"中医"的"中"，本来的意思并不是指"中国"。

据史料记载，早在距今两千多年前的西汉时代就有了"中医"一词，在那时，中国人根本不知道何谓"西医"，所以不可能为了区别"西医"而称中国的医学为"中医"。

其实，"中医"的命名主要源于中医学的内部，因为中国古代的医学理论认为，人体的阴阳保持中和才会取得平衡，不会生病。若阴阳失衡，则疾病必来。中医大夫有"持中守一而医百病"的说法，意即为身体若无阳燥，又不阴虚，一直保持中和之气，会百病全无。所以，"尚中"和"中和"才是"中医"之"中"的真正含意。

第 150 天　你了解中医的起源吗

中医历史久远，起源于华夏先民长期的劳动实践，到原始社会末期，中医已经具雏形，但是因为缺乏文字的记载，只留下了一些传说，其中最为著名的就是神农氏尝百药和伏羲制九针，根据这种说法，神农和伏羲分别是中药学和针灸学的开创者。

针熨、针刺和汤药是中医的三大基本治疗方法，灸熨源自于人们对火的应用，针刺出自于对石器的使用，而汤药则产生于对食物的寻找过程，这些在初始都是不自觉的偶然发现，后来则逐渐发展为一种确定的知识，形成了中医发展的源头。

上古时期，人们对于自然的认识还处于蒙昧的阶段，因此巫术盛行，而疾病的治疗更是与巫术密切地联系在一起，所以当时巫、医为一职，而最初的中医知识也在此时形成，在甲骨文中已经有了对确定疾病的记载。进入周代，就出现了专业的医师，并且医学开始分科，也建立了医政制度。到春秋战国及至秦汉时期，随着一批医学大家和医学经典著作的出现，中医就已经进入全面成熟的阶段了。

第 151 天　中医的理论基础是什么

中国的中医文化源远流长，其理论基础主要是精气学说、阴阳学说和五行学说。精气学说认为气是生命的本源，人体机制的正常运行需要精气的调和，故凡为疾病，都是由人体之气的升降出入失调所致。

在阴阳学说中，阴和阳分别代表着两种对立的事物或者事物对立的两面，阴阳之间对立而又统一，相互间存在着交感、制约、消长、转化等彼此依存而又斗争的关系。五行学说则认为世界上一切事物都可以按其基本属性分为五类，分别以金、木、水、火、土命名，五者之间存在着相生相克的关系。这三种学说涵盖了中医学中关于人体的组织结构、生理功能、病理变化的基本观点，并且构成了对疾病的诊断和防治的最终的理论依据。比如，在中医学理论中，表证、热证、实证可归属于阳证的范畴；里证、寒证、虚证可以归属于阴证的范畴。再比如，中医认为，金、木、火、水、土在人体中对应着肺、肝、肾、心、脾五脏，五行平衡，五脏调和，人体才能维持健康和气血旺盛。

第 152 天　中医分为哪些流派

中医学的形成就是对我国古代传统医学精华部分的继承和发扬，其实本无流派之分，因为不同医生主治的领域不同、相同的医术掌握的程度不同，也就出现了所谓的流派。在古代，中医主要有以下几个流派：

伤寒派：因张仲景的《伤寒论》而问世。伤寒派是问世最早的流派。张仲景介绍的辨证方法是六经辨证，其中还有明显的药证辨证和方证辨证，以及体质辨证的例子。张仲景的伤寒论对于中医的兴旺有着极其重要的贡献。

脾胃派：该派由李东恒创立，也叫作补土派。李东恒创立《脾胃论》学说，认为脾胃是水谷气血之海，后天之本，虚则百病丛生，主张疾病由补脾胃，从脾胃着手论治。

滋阴派：由朱丹溪创立。该派治疗以滋阴为主。他创立"阳常有余，阴常不足"的论点，强调保护阴气的重要性，确立"滋阴降火"的治则，为倡导滋阴学说打下牢固的基础。

寒凉派：以金元四大医学家之一的刘完素为主要人物，刘完素提出"五运六气"的理论，重视针灸治法，临床施治重视井穴、原穴。善用五口穴，以火热论思想指导针灸临床，形成了以清热泻火为基点的针灸学术思想，对金元以后的医学家影响很大。

温补派：指由张景岳、薛己主导的温补阴阳的流派。初创了"温补学说"，提出"阴常不足，阳本无余"的著名论点。

温病学派：以叶天士为代表。该派用药多以寒凉轻灵为特点，崇尚阴柔，恣用寒凉，治病喜欢补而害怕攻下，喜轻避重，讲究平和。

火神派：该派脱胎于伤寒派，但更主张补阳为先。所以该流派也叫作温阳派和扶阳派。代表人物是郑钦安。后人有吴佩衡、祝味菊、范中林、唐步祺、卢崇汉等。

第153天 "中医四诊"指的是什么

望、闻、问、切是中医传统的四种基本诊察方法，合称"四诊"，相传最早为扁鹊总结发明。成书于汉代、由扁鹊所著的《难经》中记载："望而知之谓之神，闻而知之谓之圣，问而知之谓之工，切脉而知之谓之巧。"又解释说："望而知之者，望见其五色，以知其病；闻而知之者，闻其五音，以别其病；问而知之者，问其所欲五味，以知其病所起所在也；切脉而知之者，诊其寸口，视其虚实，以知其病，病在何脏腑也。经言，以外知之曰圣，以内知之曰神，此之谓也。"望、闻、问、切的诊察方法在中医学中具有统领性的地位，明代徐春甫在《古今医统大全》中这样说道："望闻问切四字，诚为医之纲领。"

第154天 "中医八纲"指的是什么

中医所说的"八纲"，是以阴、阳、表、里、寒、热、虚、实为主的辨证论治的理论基础。医生根据对病人的"望、闻、问、切"初步诊断后，根据人体正气的盛衰、病邪的性质、疾病所在的部位深浅等情况进行综合分析，归纳为阴、阳、表、里、寒、热、虚、实8类症状，即为"八纲"。

八纲辨证是中医师诊断病情时常用的一种分析疾病性质及产生原因的辨证方法，通过八纲辨证法可确定其症状的分类，判断病因，为确诊和治疗提供了科学基础。八纲辨证是其他各种辨证法的基础，其他辨证法均是在八纲辨证基础上的深化。

在八纲辨证中，阴阳、寒热、表里、虚实8类征候之间的关系并非是彼此平行的，一般而言，表证、热证、实证隶属于阳证范畴。里证、寒证、虚证统属于阴证范畴。所以，八纲辨证中，阴阳两证又是概括其他六证的总纲。此外，8类征候也不是相互独立，而是彼此错杂、互为交叉，体现出复杂的临床表现。在一定的条件下，疾病的表里病位和虚实寒热性质往往可以发生不同程度的转化，如表邪入里、里邪出表、寒证化热、热证转寒、由实转虚、因虚致实等。当疾病发展到一定阶段时，还可以出现一些与病变性质相反的假象。如真寒假热、真热假寒、真虚假实、真实假虚等。所以，进行八纲辨证时不仅要熟悉八纲征候的各自特点，同时还应注意它们之间的相互联系。

第 155 天　中医的六大鼻祖都指谁

中国的医学文化历史久远，博大精深，各门类的鼻祖可谓是层出不穷。但是在今天的中医界，公认的有六大鼻祖：

1. 针灸鼻祖：黄帝

黄帝是传说中的中原各族的共同领袖。现存《内经》即系托名黄帝与岐伯、雷公等讨论医学的著作。此书治疗方法多用针灸，所以对针灸的记载和论述亦十分的详细。

2. 外科鼻祖：华佗

华佗，精通内、外、妇、儿、针灸各科，对外科尤其擅长。对"肠胃积聚"等病，饮麻沸散，须臾便如灌肠洗涤，缝腹摩膏，施行腹部手术。

3. 儿科鼻祖：钱乙

钱乙，北宋郓州（今山东东平）人，主要著作有《小儿药证直诀》共三卷。以脏腑病理学立论，根据其虚实寒热而立法处方，比较系统地作出了辨证施治的范例。

4. 法医鼻祖：宋慈

宋慈是南宋著名法医学家，中外法医界普遍认为是宋慈于公元 1235 年开创了"法医鉴定学"；1247 年，总结宋代前法医方面的经验以及他本人四任法官的心得，写成了《洗冤集录》，是世界上最早的法医文著。

5. 中医"易水学派"鼻祖：张元素

张元素，金代人，中医易水学派创始人。其所处时代略晚于与其同时期的医家刘完素。著有《医学启源》、《脏腑标本寒热虚实用药式》、《药注难经》、《医方》、《洁古本草》、《洁古家珍》以及《珍珠囊》等。其中《医学启源》与《脏腑标本寒热虚实用药式》最能反映其学术观点。

6. 中医寒凉派鼻祖：刘完素

刘完素大约生活在北宋末年至金朝建立初期，是金元时期的著名医家，为后世所称"金元四大家"中的第一位医家，是"寒凉派"的鼻祖。

第156天　古代哪位医学家被称为"医圣"

张仲景是东汉名医，（约150～219年）姓张名机，字仲景，被人们尊称为"医圣"。

张仲景是南阳郡涅阳人（今河南省邓州市穰东镇），约生于公元150年，卒于公元219年。张仲景刻苦好学，天资聪慧，少年时学医于同郡张伯祖，得其真学。明朝《李濂医史》中称："仲景之术精于伯祖，起病之验，虽鬼神莫能知之，真一世之神医也。"

张仲景的时代处于诸侯混战的东汉末年，当时瘟疫肆虐，张仲景家族中有一半以上的人因伤寒而死，张仲景从此立志"勤求古训，博采众方"，为百姓解除病痛。他刻苦钻研《黄帝内经》中的中医理论，在总结前人经验的基础上结合自己的行医经验，寒来暑往几十载，写成了医学史上的不朽名著《伤寒杂病论》。全书对外妇科疾病、急性传染病进行了系统的论述，除此之外，该书还系统地分析了伤寒杂症的原因及处理方法，奠定了中医学方、药、法、理的理论基础。书中精选了300多种方剂，为中医药剂学提供了发展依据，后世大部分药方都是由它发展而来。

《伤寒杂病论》成书至今已经将近两千年，是公认的中国医学方书的经典，在医学界被誉为讲究辨证论治而又自成体系的最权威的临床经典医书。张仲景首创的六经分证、中医八纲和辨证施治的理论是中医学的基础纲领。后人根据《伤寒杂病论》著作了《金匮要略》和《伤寒论》两部医学经典著作。

第 157 天　华佗为何被称为"外科鼻祖"

华佗（145～208 年），字元化，东汉末年著名医学家。沛国谯（今安徽亳州）人。

华佗一生奔波各地，救死扶伤，精通内、外、妇、儿、针灸各科。《后汉书·华佗传》记载："若疾发结于内，针药所不能及者，乃令先以酒服麻沸散，既醉无所觉，因刳破腹背，抽割积聚。若在肠胃，则断截湔洗，除去疾秽，既而缝合，敷以神膏，四五日创愈，一月之间皆平复。"由于他"兼通数经，晓养性之术"、"精于方药"，被人们称为神医。

史书对于华佗治疗的病例有 20 多个，涉及传染病、妇产科病、小儿科病、寄生虫病、内科病、皮肤病等。在对"肠胃积聚"之疾实施医治时，华佗首创了麻沸散，对患者麻醉后实施手术，这是全世界医学史上首次应用麻醉进行手术治疗，对后世有着极大的影响。后来中药麻醉都是在麻沸散的基础上发展而来，而且这一应用比西方早 1000 多年。

华佗以为："人体欲得劳动，但不当使极耳。动摇则谷气得消，血脉流通，病不得生，譬犹户枢终不朽也。"他模仿虎、鹿、熊、猿、鸟的动作和姿态，创造了一种"五禽之戏"，以此来进行医疗体育锻炼，他的弟子吴普坚持做"五禽之戏"，九十高龄仍耳聪目明、齿牙完坚。

华佗是古代杰出的医学家，医术高明，而且有着高尚的道德情操，为人治病不分对象、不论场所。一生行医，对外科、内科、妇科、针灸、寄生虫病和医疗体育保健等方面都有独到的见解和精湛的医术。华佗曾把平生的医学理论和医疗经验写成《青囊经》，可惜失传了。

第 158 天　古医为何会说"用药如用兵"

古代的中医有"用药如用兵，任医如任将"的说法，意思为，用药就如同是在用兵，要懂得战略和战术。不但要熟知药性，更要切中病机，有的放矢，才能达到治病的目的。为何要这样说呢？

首先，中药是有性属类别的，兵有各种装备；药有轻用和重用，兵有辅攻主攻；药有缓急攻补，兵有虚实强弱；药有配伍精良，兵有出奇制胜……因此，一个艺术高超的中医，就如同是一个精通兵法的将军。

清代名医徐大椿就是这样一个人，他不仅精通医术，而且深谙兵法，他所著写的《用药如用兵论》，就讲述了如何像用兵一样用药的方法。他认为：对于循着六经传变的病邪，要预先占据它尚未侵袭的部位，就好比切断敌人的必经之路一样；对来势凶猛的病邪，要赶快守护那尚未致病的部位，就好比要守卫我方的疆土一样；对于挟带积食而造成的疾病，首先要消除积食，就好比敌方的辎车粮食已经烧毁一样；对新旧病的并发症，一定要防止新旧病邪会合，就好比切断敌方的内应一样……这些理论告诉我们，很多时候，用药就如同用兵一样，先讲究策略，再对症治之，便可以产生一定的疗效。

第 159 天　孙思邈为什么被称为"药王"

孙思邈（581～682 年）为唐代著名道士、医药学家。京兆华原（今陕西耀县）人。人们把他当作"神仙"，尊称为"药王"。他从小苦读经书，7 岁读书，20 岁时已精通诸子百家学说，"善于老庄，兼好儒典"，学识渊博。

孙思邈小的时候体弱多病，家人为给他治病几乎耗尽了所有钱财，因此，他从小就立志研究医学，治病救人。他认真研读了《黄帝内经》、《神农本草经》、《伤寒杂病论》等医学著作，广泛搜集单方、验方和药物的使用知识，向经验丰富的医师学习请教，取长补短。他所著的《备急千金要方》，简称《千金要方》，共 30 卷，分医学总论、妇人、少小婴孺、七窍、诸风、脚气、伤寒、内脏、痈疽、解毒、备急诸方、食治、平脉、针灸等，共计 232 门，收方 5300 首。最难得的是，书中首创了"复方"。《伤寒论》的体例是一病一方，而孙思邈在《千金要方》中发展为一病多方，并变通了张仲景的"经方"，有时将两三个经方合成一个"复方"，这在我国医学史上是重大的革新。

孙思邈不但精通内科，对外科、妇产科、儿科、五官科也很擅长。他描述的颌骨脱臼复位手法至今仍被沿用。孙思邈著的《千金翼方》是对《千金要方》的补编。此书共30卷，其中收录了唐代以前本草书中所未有的药物，补充了很多方剂和治疗方法。首载药物800余种。这两部书合称为《千金方》，收集了大量的医药资料，是对唐代以前医药成就的系统总结。

第160天　中医为何把中药称为"本草"

在中医中，通常都会把中药称为"本草"，比如李时珍的《本草纲目》就是一本专门记载各种中药的书籍。那么，为何要把中药称为"本草"呢？

原来古人把"草"或"草本"作为植物的代称，大多数中药又以植物药为主，所以就把中药统称为"本草"。当然，如果从药物的起源过程来观察，还可以得到更深层次的认识。

一般认为，我们的祖先在寻找食物的过程中，逐渐发现了某些动、植物有疗病的功效，进而用于治病实践。因为人类对于植物的接触过多，认识最早，起初寻找药物只是在植物中进行，所以最初的药物只有植物。

《说文解字》云："药，治病草也。"这也反映了最初只有植物药的状况。虽然以后又发现了动物药、矿物药，但"草为药之本"的概念一直保存了下来，这就是后世把药称为"本草"的由来。

第161天　中医店为何要供奉獐狮

在古代的中药店，都供奉着一种名叫"獐狮"的怪兽。很多人却不知为何要供奉，对于这个问题，据说和神农氏炎帝有着密切的关系。

獐狮是神话传说中的一种怪兽，可以尝试天下各种药物而不死。传说神农氏为了解救天下百姓，立志要尝遍天下百草，寻找可以治疗疾病的草药，可是这里面的很多草药大都是有毒的，为此，神农氏随身携带的奇兽獐狮就发挥了极为重要的作用。

有一次，神农氏到山中，突然间发现了一条黑虫，一遇动静就蜷成一团，像一颗圆溜溜忍气吞声黑珠子，咕噜噜地滚下山去。神农氏从未见过这种奇特的虫子，就捡了一个放在手心让獐狮试服。獐狮闻了闻，立马龇了龇牙，不愿吞食。神农氏就把"黑珠"塞进了獐狮的嘴里，獐狮只好小心翼翼地嚼，一会儿就吐出来了，霎时间，獐狮便浑身发黑，口吐白沫，神农急拿药丸抢救也无济于事。獐狮望着神农，落泪而亡，神农亦悲痛万分，对自己的行为懊悔不已。

后来，中药店均供奉"獐狮"以训示众人，不可滥用药物，否则会伤及性命！

第162天 "经络"指的是什么

武侠小说里提到的身怀绝技的高手大都是要打通"七经八络"的，而且好多绝世神功也都和经络通畅与否有着直接的联系，如"轻功"、"缩骨功"、"气功"，在练习之前都要先把经络打开。现实生活中，经络学在现在临床医学的应用方面发挥着重要作用，如在解释病理变化、协助疾病诊断、指导临床治疗方面有着不可替代的指导性作用。

经络是经脉和络脉的总称，人体运行气血的纵行的干线称为经脉，遍及全身各个部位的经脉分支为络脉，人体的经络网就是由经脉和络脉共同组成，人体经络网将人体内外、脏腑和肢节联结成为一个有机整体。古人用阴阳来命名经络系统，分布于肢体内侧面的经脉为阴经，分布于肢体外侧面的经脉为阳经，一阴一阳衍化为三阴三阳，相互之间具有相对应表里相合关系，即肢体内侧面的前、中、后分别称为太阴、厥阴、少阴，肢体外侧面的前、中、后分别称为阳明、少阳、太阳。在人体经络网中，十二经脉和十五脉络尤为重要。十二经脉发挥着主体性作用，其名称分别是：手太阴肺经、手厥阴心包经、手少阴心经、手阳明大肠经、手少阳三焦经、手太阳小肠经、足太阴脾经、足厥阴肝经、足少阴肾经、足阳明胃经、足少阳胆经和足太阳膀胱经。十二经脉和任、督二脉各自别出一络，加上脾之大络，共计 15 条，称为十五脉络，分别以十五络所发出的腧穴命名，如任脉之别络、足太阳别络、脾之大络、手太阴之别络等。十五络脉加强了十二经脉中表里两经的联系，对十二经脉循行进行了补充。经络学说是祖国医学基础理论的核心之一，对指导中医的各种诊疗实践发挥着重要作用。

第 163 天　中医上说的"邪气"和"正气"分别指什么

"气"是中医学上特有的术语，在人体中分为"邪气"和"正气"两种。只有在两气平衡的状态下，身体才能达到健康。

中医学所论的"正气"内涵相当广泛而丰富，仅就发病机理而言，正气是指人体的形体结构、精微物质及其产生的功能活动、抗病能力、康复能力，以及人体对外界的适应能力、调控能力之总称。

正气又简称为"正"。中医发病学认为内脏功能正常、正气旺盛、气血充盈，病邪难以侵入，疾病无从发生。即使邪气侵袭人体，正气即起来抗邪，若正气强盛，则病邪难以侵入，或侵入后即被正气及时消除，一般不易发病，即使发病也较轻浅易愈。自然界中经常存在着各种各样的致病因素，但并不是所有接触的人都会发病，此即是正能胜邪的结果。当正气不足，或邪气的致病能力超过正气的抗病能力的限度时，邪正之间的力量对比表现为邪盛正衰，正气无力抗邪，感邪后又不能及时驱邪外出，更无力尽快修复病邪对机体造成的损伤，及时调节紊乱的功能活动，于是发生疾病。

邪气简称为"邪"，又称为虚邪、病邪等，是对一切致病因素的统称。中医学中的邪气包括外感六淫、疫疠，内伤七情、饮食、劳逸，以及外伤、虫兽伤等。邪气是发病的重要因素，在一定的条件下，甚至可能起主导作用。

祖国医学在治疗疾病时所应用的法则有汗、吐、下、和、温、清、消、补等八法，概括为扶正与祛邪两大法则。疾病的发生与正气的虚弱有着密切的关系，扶正不能忽视祛邪，因为祛邪能消除致病因素，故前人有

"正足邪自去"，"邪去正自安"之说。

第 164 天　中医里面说的"人身三宝"指的是什么

精、气、神本是古代哲学中的概念，被用来指代宇宙物质的本源。中医认为精、气、神是人体生命活动的根本。古代人把"精、气、神"称为养生的三宝，精、气、神退化就会加快人的衰老，古人对这点非常重视。荀子认为："养备而动时，则天不能病；养略而动罕，则天不能使之全。"其中包含两层意思：一个是说要注意精、气、神的物质补充；二是强调不可滥耗"三宝"。

精是构成人体、维持体内生命活动的物质基础。广义上说，精包含精、血、津液，一般所说的精指的是人体的元阴，促进人体的生长发育，具有生殖功能，促进人体的生长发育，还能够抵抗外界各种不良因素影响而免于发生疾病。因此阴精充盛不仅生长发育正常，而且是抵抗疾病的重要因素。

气为生命活动的动力所在。气包含两层意思，其一是运行于人体内微小难见的物质，其二是人体各脏腑器官活动的能力，因此，中医所说的气，既是物质，又是功能。气是维持人体呼吸吐纳、血液运行、消化代谢等生命活动的基础。古人提倡"人体欲得劳动，但不可使之极"。生活中的养生拳、保健操等就是以动养气的原理。

神是精神、意志、知觉、运动等一切生命活动的统称。它包括魂、魄、意、志、思、虑、智等活动。

第 165 天　中医煎药时用的"药引子"有什么功效

中医煎药时都会用到"药引子"，它的功效是什么呢？

在中医中，"药引子"是引药归经的俗称，指某些药物能引导其他药物的药力到达病变部位或某一经脉，起"向导"的作用。中医学认为，经络是人体气血运行的通路，气血通过全身经络，通达表里、腑脏，营养四肢百骸、筋骨皮毛。经络使人体内外表里形成了统一的有机整体。"药引"犹如向导，它将诸药引向某经络腑脏及身体各个部位进行针对性的治疗，也就是说，"药引"的特殊作用，是引导药力直达病所，有向导之妙用。

在一张处方中，是否需要"药引子"，主要由医生根据病情而定。另外，药引也有缓解"毒性"的功效。

清热解毒药性寒凉容易伤及脾胃，其中含有贝壳矿石类的中药较难消化，都需要用米汤送服，可减少药物对肠胃的刺激，顾护胃气等。

第 166 天　"医不自治"的原因是什么

在中医行业中有一种说法叫作"医不自治"，就是说医生自己不给自己治病。既然自己是医生，为何不给自己看病呢？

一般人认为，"医不自治"是因为医者对疾病、医理、药理都十分清楚，给人治病时能根据病情客观地进行辨证论治，处方用药以病而立，无所顾忌，所以常常疗效明显。"医不自治"则是这种"惜己"的人性和"忧患"的心态决定的。

同时，中医看病讲究"望、闻、问、切"四大诊法，这是医生对患者实施的，假如用于自己，无论望色、闻味、切脉都大为不便，虽有镜鉴可以借助，但终难以得到准确的信息。医生在痛苦之中，判断力和理解程度又大大地降低，对诊疗思路会造成直接的影响，这可能就是"医不自治"的真正原因。

第 167 天　阴阳五行说与中医之间有着怎样的联系

阴阳五行学说是中国古代一种朴素的辩证唯物的哲学思想。古代医学家借用阴阳五行学来解释人体的生理、病理的各种现象，并用以指导总结医学知识和临床经验，这就逐渐形成了以阴阳五行学说为基础的祖国医学理论体系。

中医学认为，"阴阳是五行之气，五行是阴阳之质"，阴阳是任何事物的两面（矛盾的两面）它孕于万物之中，包罗万象，又是"八纲"之首。阴阳平衡则为不病，阴阳不平衡则为病。

五行主要针对"五脏六腑"而言，它所包罗的对象与内容就没有阴阳那么多了，五行主要用于解释"五脏六腑"之间相生相克的规律，比如"胃与肝"的关系用来解释就是"土与木"的关系，"土生木"这是众所周知的，如果"胃"有病变必然会殃及"肝"等。

因此，古人探求掌握疾病的发展过程，探求疾病的本质，从而获得满意的疗效，这也是一个探求人体阴阳变化情况的过程。

第 168 天　中国现存最早的药物学专著是哪一部

《神农本草经》又名《神农本草》，简称《本草经》或《本经》，中国现存最早的药学专著。全书共 3 卷，载药 365 种，其中植物药 252 种、动物药 67 种、矿物药 46 种，书中根据药物的功效、药性不同首创了药物的三品分类法，把全部药物分为上、中、下 3 品。其中上品药 120 种，"为君，主养命以应天，无毒，多服久服不伤人，欲轻身益气不老延年者"；中品药 120 种，"为臣，主养性以应人，无毒，有毒，斟酌其宜，欲遏病补虚羸者"；下品药 125 种，"为佐使，主治病以应地，多毒，不可久服，欲除寒热邪气、破积聚、愈疾者。"该书不仅分类详细，书中对每味药的产地、性质、采集时间、主治病理和入药方式等都有详细记载；对各种药物相互间的配合使用、药物的味道及简单药剂的制作都做了相关的概括，如"四气"、"五味"的理论，"七情合和"的理论，等等。最难得的是我们的祖先早在两千多年前就已经发现了许多特效药，如大黄可以泻火、麻黄对哮喘病有奇效、连翘可治头痛等，这些经验在古代是医生治病救人的法宝，在现代更经受住了科学分析的考验。

《神农本草经》一书的作者不详，关于其名称的由来，现代学者猜测此书是出自集体之手而托名于神农。在我国古代，植物药是药物的主体，所以本草成为了它们的代名词，《淮南子·修务训》中说："世俗之人，多尊古而贱今，故为道者必托之于神农、黄帝，而后始能人说。"汉朝时期盛行托古之风，人们厚古薄今，为了使自己的理论得到人们的重视，常借用"神农尝百草"和"黄帝养生"等传说，所以《本草经》被冠以神农二字，便成了《神农本草经》的由来。现代学者根据书中相关内容，推测此书成书于汉代。

第 169 天　《黄帝内经》是一部怎样的著作

《黄帝内经》简称《内经》，约成书于战国至秦汉时期，是一部综合论述中医理论的经典著作，总结了春秋至战国时期的医疗经验和学术理论，并吸收了秦汉以前有关天文学、历算学、生物学、地理学、人类学、心理学，运用阴阳、五行、天人合一的理论，对人体的解剖、生理、病理以及疾病的诊断、治疗与预防做了比较全面的阐述，确立了中医学独特的理论体系，成为中国医药学发展的理论基础和源泉。

《黄帝内经》包括《素问》81 篇和《灵枢》81 篇，各 9 卷。书中内容分别从阴阳五行、天人相应、五运六气、脏腑经络、病机、诊法、治则、针灸等学说，论述病因、病机、脏腑、经络、药物、摄生、养生、防病等各方面的关系，甚至涉及现代医学中的预防医学和时间医学等内容，结合当时哲学和自然科学的成就，做出了比较系统的理论概括和认识，成为中医基本理论的根基。

《黄帝内经》中提出人体血液是在脉管内不停地流动，并且是"如环无端"的循环状态，这一理论被世界科技史学界公认为是血液循环概念的萌芽。其他诸如体内各脏器的解剖结构以及灌肠法物理疗法等论述，在世界医学史上都属于首次记载。

第 170 天　《本草纲目》为什么被称为药物"百科全书"

李时珍（1518～1593 年），字东璧，时人谓之李东璧，号濒湖，晚年自号濒湖山人，湖北蕲州（今湖北省黄冈市蕲春县蕲州镇）人，明代著名医学家和药学家。

李时珍出身医学世家，自幼喜爱研习医学药典，立志悬壶济世。38 岁时，曾被楚王召任"奉祠正"一职，兼管良医所事务。3 年后，又被推荐上京任太医院判。李时珍在王府和太医院任职期间，阅读了大量医书，为《本草纲目》的编写积累了宝贵经验。

《本草纲目》问世前，我国医学书上共记载的药物有 1558 种，药物繁杂，名称混乱，行医时非常不方便使用，甚至还会有开错药方的风险。李时珍立志将这些药物系统地整理起来，重新编订一部药典。在编写《本草纲目》过程中，他脚穿草鞋，身背药篓翻山越岭，访医采药，足迹遍及大江南北、名山大川。共走了上万里路，汲取了民众近万人的意见，查阅医书 800 多部，对其中所记载的药物一一进行鉴别考证，广泛搜集新药物，对之前的错误进行改正，历时将近 30 年，终于在他 61 岁那年（公元 1578 年）写成。《本草纲目》共 16 部、52 卷，约 190 万字。全书收纳诸家本草所收药物 1518 种，在前人基础上增收药物 374 种，合 1892 种，其中植物 1195 种；共辑录古代药学家和民间单方 11096 则；书前附药物形态图 1100 余幅。这部经典的医药著作是到 16 世纪为止中国最系统、最完整、最科学的一部医药学经典。《本草纲目》不仅涉及医学、药物学，对生物学、矿物学、化学、环境与生物、遗传等诸多科学领域也有涉猎。正如李建元《进本草纲目疏》中所说："上自坟典，下至传奇，凡有相关，靡不收采，虽命医书，实该物理。"《本草纲目》是我国一部药物学巨著，不愧为我国古代的百科全书，甚至被朝鲜、越南、日本等国家广泛使用。

第 171 天　《四部医典》的著作者是谁

《四部医典》是我国古代藏医学的精华，又称《医方四续》，藏名简称《据悉》，是著名藏医学家陀宁玛·元丹贡布等编著。《四部医典》全书共分 4 部，约 24 万多字，共 156 章。第一部为《根本医典》，共 6 章，总论人体生理、病理、诊断及治疗；第二部为《论述医典》，共 31 章，介绍人体生理解剖、病症分类和治疗原则；第三部《秘诀医典》共 92 章，阐述临床各科疾病之诊断和治疗；第四部《后续医典》共 27 章，主要论述脉诊和尿诊、各种方剂药物的配伍、药物的炮制、功能、给药途径及外治法，包括放血、艾灸、火灸、外敷、拔罐等。

《四部医典》共收载方剂443，药品1002种，根据药物来源、质地、生境、入药部位的不同，分为精华类、贵重药类、土类、宝石类、木类、平地产类、草类、动物药等八大类。该书对药物的性味、炮制做了记载，作者认为药物的生长与五行（土、水、火、风、空）有密切关系，并将药物分为热性与寒性两类，热症用寒性药治之，寒症用热性药治之，这与中医用药理论类同。

全书从生理到病理，都贯穿着隆、赤巴、培根三大因素，五脏六腑、寒热气血等理论具有藏族的民族特色，其中有一些疾病是高原所特有的，有些病名至今未能找到中医或西医学中相匹的病名，藏医中关于胚胎学的认识，认为是由父精母血的结合逐渐发展起来，并且由简单到复杂，最后形成胎儿。藏医在胚胎学方面的认识在世界生物学史上是很先进的。

第172天　医生在古代都有哪些别称

医生是一个神圣的职业，在中国古代，最初从医的人不叫医生而叫郎中，在后来的社会发展进程中，又对医生赋予了很多不同的称谓。

疾医：周代医官名，相当于后世的内科医生。

医师：春秋战国时期对医生的尊称。

太常：医官名，前身为秦朝时设置的奉常。公元前2世纪中期，汉景帝改称太常。西汉时设太常、少府官职，太常为百官治病，少府在宫廷里行医。

太医令：东汉曹魏时设置，隋唐改称太医署令，为掌管医疗机构的职官。

太医博士：北魏设置太医博士，官阶从七品以下，专门负责传授医学知识。

药医师：唐代已设药医师（后称药师），负责采办诸药、调和制剂等。

郎中：始于宋代，皆称医生为郎中。

大夫：始于宋代，今北方仍沿称医生为大夫。

医生：此称呼始于唐代。

医士：此名首见于北宋。

院使：隋唐设有太医署，宋有医官院，设置提点为长官。明清时期沿承此制，将长官称为院使，下设御医、吏目、医士数十人，主要为宫廷服务。

御医：专门为皇亲国戚服务的医生。

第 173 天　中医界为什么有"杏林"之称

人们常把医术精湛、医德高尚的医生称为"杏林"，比如愈者家属在对医生表达感激之情时经常会用到"誉满杏林"、"杏林春暖"等类似的敬辞。世代为医的家庭更有着"杏林之家"的美誉。

"杏林"一词源于三国时代的名医董奉。葛洪所著的《神仙传》中对此记载道：董奉为人正直、医术精湛，隐居于庐山一带为百姓治病，他行医不收分文，但有一条很特别的规定：凡是重病被治愈的患者必须在他的居所附近栽种杏树 5 株；病疾较轻的愈者须栽种杏树一株。日积月累，被董奉治愈的患者数不胜数，房前屋后的杏树也早已葱葱郁郁，蔚然成林。每到金秋时节，硕果满枝头，百里飘杏香，董奉就在茂密的杏林中建起了一间简易的草屋，内置一个盛杏的容器，并且告诉大家，凡是想买杏的，不必付钱，只需拿等量的谷物即可换等量的杏子。就这样，董奉把以杏换谷得来的粮食施与庐山的贫苦大众和南北难民，一年施舍的粮食达数十万斗。

董奉去世后，附近百姓就在杏林中设祭坛祭祀这位高尚的道医，后人又在董奉住处修建了杏坛、真人坛，以缅怀董奉。后来，"杏林"一词广泛流传，逐渐成为医界的专有名词，历代医家更是以此来鞭策自己不仅要有高明的医术，更要有高尚的医德。

第 174 天　中国最早的医学校是什么

唐"太医署"是中国古代第一座由国家兴办的正式医学机构，唐高祖于公元 624 年在长安建立，分为药工、教学、医疗、行政四大部分，管理体系比较接近于现代的医学院校。

"太医署"设太医令 2 人，为最高官员；太医丞两人，为太医令的助手；医正 8 人，医监 4 人为太医丞差遣。这 18 人都是"太医署"的高级官员。

"太医署"由药学部和医学部两大部门组成，类似于现在医学院校系别差异。医学部又划分为按摩科、针科、咒禁科和医科，类似于院系开设的一些不同专业。

"太医署"制度严格，学生除了入学考试之外还要参加规定的月考、季考和年考。在太医署学习 9 年仍未及格者会被取消学习资格，对于考试成绩优秀者，予以嘉奖。这样的考试制度在保证了学生质量的同时又避免了人才埋没。太医署不仅规定对学生定期考核，而且所有医师、医正、医工，疗人疾病，以其痊愈多少而书之以为考核，这样就保证了师资队伍的质量，为整个医学校的教育质量提供了保障。

唐"太医署"在当时培养了大批医学泰斗，以后各个朝代都设立类似唐"太医署"的医学机构。宋朝开始，"太医署"由最高教育机构"国子监"管理，并扩大"太医署"的规模，使"太医署"的发展达到了鼎盛时期，像朱肱、陈自明，元代危亦林、齐德之，明代徐春甫、薛己等著名医师全部出自"太医署"。

太医署的设立不仅推动了我国古代医疗事业的发展，而且还使得许多邻邦国家争相效仿，如朝鲜效仿唐朝"太医署"设立了博士。日本于公元 701 年设立了类似"太医署"的医学机构，并且规定只以《新修本草》、《素问》等中国医书作为教科书。

第 175 天　中国的"法医学之父"指谁

宋慈（1186～1249 年），字惠父，汉族，建阳（今属福建南平地区）人，一生中曾 4 次担任刑法官，我国古代杰出的法医学家，著有《洗冤集录》。

宋朝法医鉴定方面的成就取得了较大的进步，相关著作相继问世，有无名氏的《内恕录》、1200 年郑克的《折狱龟鉴》、1213 年桂万荣的《棠阴比事》以及赵逸斋的《平冤录》、郑兴裔的《检验格目》等。宋慈在结合这些著作的基础上写出了我国历史上第一部系统性的法医学著作——《洗冤集录》。它在世界范围内也是比较早的法医学著作，过了 300 多年以后，意大利人菲德里于 1602 年写成了《医生关系论》一书，此时，西方才有了第一部法医学相关著作。

《洗冤集录》全书共 5 卷，卷 1 载条令和总说，卷 2 为验尸，卷 3 至卷 5 备载各种伤、死情况。《洗冤集录》记述了人体解剖、检验尸体、检查现场、鉴定死伤原因、自杀或谋杀的各种现象、各种毒物和急救、解毒的方法等十分广泛的内容。书中对于自杀、他杀或病死的区别十分明确，案例详明。如火死与假火死、溺死与非溺死、自刑与他杀、自缢与非自缢等都有详细论述说明，并列举出各种猝死情状。书中所记载的夹板固定伤断部位、人工呼吸法、洗尸法，以及银针验毒、明矾蛋白解砒毒等都有合理的科学依据。13 世纪至 19 世纪，《洗冤集录》共在我国沿用了长达 600 多年之久，成为后世各种法医著作的主要参考书，并且流传广泛，被译成荷兰文、法文、德文以及朝、日、英、俄等各种文本传到邻国或西方国家。

第 176 天　你了解针灸疗法的起源吗

中国的针灸学有悠久的历史。相传，华夏文明的始祖伏羲是中医针灸的发明者；伏羲氏"尝百药而制九针""尝草制砭"，砭就是砭石，即华夏民族最早的针灸。

在《山海经》和《内经》中有"石笩"刺破痈肿的记载，以及《孟子》"七年之病，求三年之艾"的说法，再根据近年在我国各地所挖出的历史文物来考证，"针灸疗法"的起源在石器时代。

当时，人们发生某些病痛或者不适的时候，不自觉地用手按摩、捶拍，以至用尖锐的石器按压疼痛不适的部位，以使原有的症状减轻或者消失，最早的针具砭石应运而生，随着古人智慧和社会生产力的不断发展，针具逐渐发展为青铜针、铁针、金针、银针，直到现在用的不绣钢针。

针灸治疗方法是在漫长的历史过程中形成的，其学术思想也随着临床医学经验的积累而逐渐得到完善。

第 177 天　你了解中医"拔火罐"的历史渊源吗

与针灸一样，"拔火罐"也是中医的一种物理疗法，而且拔火罐是物理疗法中最优秀的疗法之一。"拔火罐"又名"火罐气"、"吸筒疗法"，古称"角法"。这是一种以杯罐作为治疗器皿，借助热力排去杯罐中的空气产生负压，使杯罐吸着于皮肤，造成局部瘀血现象的一种疗法。

火罐疗法，是中国医学的遗产之一，在中国的汉民族已使用了很长的时间。晋代医学家葛洪著的《肘后备急方》里，就有角法的记载。所谓"角法"，是用挖空的兽角来吸拔脓疮的外治方法。唐代王焘著的《外台秘要》，也曾介绍使用竹筒火罐来治病，如文内说："……取三指大青竹筒，长寸半，一斗留节，无节头削令薄似剑，煮此筒子数沸，及热出筒，笼墨点处按之，良久，以刀弹破所角处，又煮筒子重角之，当出黄白赤水，次有脓出，亦有虫出者，数数如此角之，令恶物出尽，乃即除，当目明身轻也。"从以上介绍的角法和青竹筒制火罐的情况看来，我国晋、唐时代早已经开始流行拔火罐了。

第 178 天　"刮痧"为何能治病

刮痧是中国一种传统的自然疗法，这种疗法是建立在中医皮部理论的基础上，然后再利用玉石、牛角等工具刮拭皮肤的相关部位，最终达到疏通经络、活血化瘀之目的。

刮痧这种自然治疗方法不但可以扩张毛细血管，增加汗腺分泌，促进血液循环，还对一些由于高血压、中暑、肌肉酸疼等原因形成的风寒痹症有很好的治疗效果。经常刮痧，还具有调整经气、缓解疲劳、增强免疫力的作用。刮痧这种疗法，现在已经发展为一种极为广泛的自然治疗方法。

其实，刮痧这种疗法已经有很长的历史了。明代的医学家张凤逵的

《伤暑全书》中就有对痧症这个病的病因、病机以及症状有具体的论述。张凤逵认为，如果毒邪从皮毛进入体内，就能阻塞人体的脉络，阻塞气血，导致气血流通不畅；如果毒邪从口鼻处进入体内，就阻塞络脉，导致络脉气血不通畅。毒邪进入体内越深，郁积得就越厉害，那么毒邪就越剧烈，来势汹汹，就像燎原之势。对于这种情况，就必须马上采取措施，即以刮痧的自然疗法治疗这样的病症。

在运用刮痧自然疗法的时候，第一要将刮痧器皿放置人体表皮经络的穴位，然后进行刮拭，一直到刮出皮下出现了有血凝结成像米粒那样大小的红点为止。这个疗法可以使人体发汗，然后经过毛孔的扩张就可以将病毒排出体外，从而达到疏通经络、活血化瘀的目的。

第 179 天　我国最早的病历源于何时

病历是去医院看病时必不可少的东西，上面详细记录着医生诊断出的病因、病情及所开的处方，等等，但你知道我国是什么时候开始使用病历的吗？

据记载，西汉时期有个叫淳于意的人，在年轻时做过管理粮仓的小官，人们便称他为"仓公"。淳于意小时候家里很穷，他的许多亲人都因患病无钱医治而过早离开了人世。种种惨痛的现实激发了淳于意，他决定自学医术，挽救患病的贫苦大众的生命。于是，他在管理粮仓之余便四处搜寻药方，拜求良医。经过数年的不懈努力，他终于成了一名医术精湛、医法高明的医师。学有所成后，他走街串巷，治愈黎民百姓无数，世人尊称其为"妙手回春"、"百方之祖"。中国医学上最早的"病历"就是淳于意首创的。

淳于意是个细心人，他在给人治病诊病时，总是把病人的病情和自己诊断处理的方法记下来。当时人们把这称为"诊籍"；现在我们称它为"病历"。

汉代历史学家司马迁在《史记》一书中为淳于意作传时，曾摘要记录了他的 25 份病历，这是现在我们所能见到的古人最早的"病历"。

第九章
礼制：治人之道，
行事之法

第180天　中国"礼学"是如何形成的

中国被称为"礼仪之邦"，这是因为其在五千年的历史长河中，形成了高尚的道德准则、完整的礼仪规范和传统的美德。

关于"礼"的起源，应该追溯到原始时期的祭祀仪式上。在远古时代，"礼"主要是人们在祭祀仪式中形成的一种行为规范。近代学者王国维考证说，卜辞中的"礼"像是用两块玉盛在器皿中去作贡奉，表现的是对祖先或者上帝的崇敬。

随着社会的不断发展，"礼"引申为宗法制度中的行为规则，形成了一整套以区别尊卑贵贱亲疏为内涵的意识形态。后来，"礼"由宗族内部扩展到国家的政治生活领域，就形成了严格的社会等级制度。到了西周时期，又被统治者进一步利用，成为维护其统治的核心政治思想，这就是完整的"礼治"理论体系。因为这种意义上的"礼"可以"经国家，定社稷，序人民，利后嗣"，就是说，"礼"在稳定社会政治和秩序方面起了十分重要的作用，所以，西周以来的统治者就将它不断地完善、发展，并作为一种重大的社会思想进行宣传和发扬。

随着历史的不断发展，经过近800年的理论探索和实践检验，到了西汉中期，中国古代的礼学就形成了十分成熟的理论体系。在此后两千余年的封建社会中，统治阶级的一切礼教和礼法措施几乎都未曾超越先秦礼学的基本理论范围。同时，从西周以来就开始的对于礼治的理论探讨，也在两千多年的历史过程中一直持续，成为传统的儒家政治理论的核心组成部分，并形成了一种底蕴深厚的综合性学术——礼学。

第181天　儒家经典"三礼"之首是哪一部

"三礼"是儒家的三部经典著作，中国古代礼乐文明的代表著作，包括《周礼》、《仪礼》、《礼记》。其中，以《周礼》为首。那么，这部堪称"三礼"之首的《周礼》是怎样一部著作呢？

《周礼》本名《周官》，又称《周官经》，是我国古代关于政治经济制度的一部著作，儒家经典之一。这部通过官制来表达治国方案的著作，分为"天官、地官、春官、夏官、秋官、冬官"六篇（这也是《周礼》原名叫《周官》的原因）。这"六官"的分工大致为：天官主管宫廷，地官主管民政，春官主管宗族，夏官主管军事，秋官主管刑罚，冬官主管营造，内容丰富，几乎涉及社会生活的方方面面，这在古代文献中是十分罕见的。著作中系统地记载了"礼"的体系，有祭祀、朝觐、封国、巡狩、丧葬等国家大典，也有用鼎制度、乐悬制度、车骑制度、服饰制度、礼玉制度等制度的具体规制，还对各种礼器的等级、组合、形制、度数有详细的记载。诸多制度记载于此著作中，使《周礼》的价值尤为宝贵。

《周礼》中含有丰富的治国思想，将一个国家的典制展示完善，其内容富有哲理，可以说是一部以人法天的理想国蓝图。《周礼》中还包含了学术的研究，故受到历代学者的重视，对后世有着深远的影响。

关于《周礼》的作者是谁？何时问世？已经无从考究，自古以来也一直是人们所争论的话题。古文经学家认为其作者是西汉初年杰出政治家、军事家周公旦，今文经学家认为其产生于战国时期，还有人认为这部著作成书于汉初。

在《周礼》发现之初并没有受到太大的重视，后来才得到重视，那是在西汉末年，王莽摄政，著名学者刘歆奏请，《周官》被列入学官，并更名为《周礼》，成为当时"国典"。后来王莽亡，此著作又遭冷遇，直到东汉末年，经学大师郑玄为《周礼》作注，凭借郑玄在学术界的崇高声望，《周礼》的地位再次得到提高，成为"三礼"之首、儒家大典之一，也是学人必读之书。

第 182 天　《周礼》对人们的日常生活都有哪些规定

《周礼》的规定非常详细，人们连起坐卧行、吃饭穿衣都要遵循礼的秩序。不同身份的人，在不同的场合，说话走路、言谈举止都要遵照章法，比如在尊贵者或长者面前经过，不能昂首阔步、大步流星走过去，而要小跑着过去。登堂时，从东边走必须先迈右脚，从西边走要先迈左脚，每走上一级台阶都要稍停片刻，让两只脚都落在同一台阶上时再举步。登堂以后，由于室内空间狭小，故不能再小跑，而要根据一定的步法走路，即后一步要踩在前一步足迹的一半之处，手里要拿着贵重的礼玉，在堂上或堂下走路都要万分小心，以免摔坏了礼玉。

周朝人坐席子也非常讲究，天子坐五重席，诸侯坐三重席，大夫坐两重席，席子的纹饰也有等级的差别，君臣不可同坐一席，男女也不能同坐一席。入席必须从席子后面迈过去，从席前经过是不被允许的，坐定之后，采用跪姿，膝盖离席保持一尺距离，读书或吃饭时，膝盖和席子就不必留有间隙了，以免离席太远看不清字或者将食物撒在席子上。跪坐的时候必须光脚，谁也不能穿鞋入席，有身份的人可以把鞋放在室内，其他人等必须把鞋放置在屋外。所以通过户外的鞋子大致可以判断出室内究竟有几个人在交谈或宴饮。这些繁文缛节都是有身份的贵族必须遵守的，普通老百姓只要没有犯上之举，并没有那么讲究，"礼不下庶人"指的就是这个意思。

第 183 天　古代的"九拜"之礼是怎样的

跪拜是古代中国最为重要的、也是运用最为广泛的一种相见礼仪。这种礼仪的形成，是与古代中国人的生活方式尤其是坐姿密切相关的。

古人的坐姿与今人有很大的不同，古人没有坐具，多是席地而坐；膝盖挨着坐席，臀部抵住脚跟。这种坐姿与跪姿极为相似，不同的是"坐"是臀部托住脚跟，"跪"则是身体耸直而已。跪拜礼就是由这种席地而坐的坐姿自然形成的。现在依然席地而坐的韩国人在家里向客人表示敬意时，就是常用这种跪拜动作的，因为这种动作最自然而且最方便。

古代的跪拜礼从形式上看有九种之多，合称"九拜"。《周礼》谓"九拜"："一曰稽首，二曰顿首，三曰空首，四曰振动，五曰吉拜，六曰凶拜，七曰奇拜，八曰褒拜，九曰肃拜。"这是不同等级、不同身份的社会成员，在不同场合所使用的规定礼仪。

1. 稽首

稽首是九拜中最隆重的跪拜礼节。用于拜天、拜神、拜祖、拜庙和臣子拜见君父、学生拜见老师，以及祭祀等场合。行礼时，屈膝跪地，拱手于地，手在膝盖前，且左手按右手上，然后头缓缓地伏在手面前的地上，停留较长的一段时间。"稽"就是"停留"的意思。

2. 顿首

顿首也叫叩头。一般用于地位相等的平辈之间，如官员之间的拜迎和拜送，民间的拜候与拜别等。朋友之间的信函往来也用"顿首"以示敬意。行礼的动作与稽首相仿，只是头在地上停留的时间很短，一碰到地就抬起来了。"顿"就是"短暂"的意思。

3. 空首

《周礼》载："头不至于地为空首。"行礼时，屈膝跪地，先拱手于胸前与心相平的位置，然后俯头于两手之上。由于行这种跪拜礼时，头是悬在空中的，所以，叫空首。古人行稽首礼或顿首礼时，一般先行拜礼，也就是这个空首礼。古代书中常见的"拜手稽首"、"拜稽首"、"再拜稽首"等，指的就是这种先空首后稽首的跪拜礼。秦汉以后，空首与顿首混为一体不再细分了。

4. 振动

振动也叫振董。由于礼经无明文说明，所以后世多猜测之词，至今没有一个定论。有的认为是拜完之后还要站起来跳脚哭，因为"动"就是

"恟"，是一种用于丧事的拜礼；有的认为是双手相击后向人叩拜的礼，用于庆贺；还有的认为是一种伴随着音乐的拜礼。

5. 吉拜

吉拜是一种丧拜，非三年之服者所行的一种丧拜。拜时先空首后顿首。拱手时男尚左手，女尚右手，即男左手在外，女右手在外。

6. 凶拜

凶拜也是一种丧拜，为三年之服者所行的一种丧拜。拜时一般先顿首后空首。拱手时男尚右手，女尚左手。其程序与左右手的位置和吉拜刚好相反，是一种重于吉拜的丧拜。

7. 奇拜

奇拜也有几种说法。一种认为是汉朝时称为雅拜的拜礼，拜时先屈一膝，然后再空首拜。一种认为奇是奇偶之奇，即只拜一拜的拜礼。还有一种认为奇是倚持之倚，郑玄注《周礼》说："倚节持戟拜，身倚之以拜。"是一种军队中的施行的特殊的跪拜礼，因为军人有盔甲在身不便于俯首。

8. 褒拜

褒拜指拜两次以上的拜礼，是一种表示恭敬的跪拜礼。古人行礼多用一拜，再拜三拜都是用来表示恭敬的意思的。"褒"即为"大"的意思。

9. 肃拜

肃拜也叫手拜，为妇人的拜礼，九拜中最轻的一种拜礼。拜时，跪而微俯其首，手垂下。头虽然俯伏，但未至于手；手虽垂下，亦未至于地。肃拜礼至唐朝武则天称帝后，改为正身直立，双手手指相扣，放于左腰侧，微俯首，微动手，微屈膝。当时称为"女人拜"。行礼时还常口称"万福"，所以也叫"万福礼"，礼此一直延续至清代。

到了汉代之后，才渐渐有高座，凳椅也先后问世，人们不再席地而坐，因而原来生活中的"跪坐"起了很大的变化。但是跪拜礼仍旧存在，却变成了等级差别的标志，主要运用于官场之中。如臣子拜皇帝，小官拜大官，奴才拜主子等。有时都在行三叩九拜之礼。在民间，如祭祀、祝寿等风俗中，仍世代相传。后来，又增加了作揖、鞠躬等礼节，直到辛亥革命胜利，随着几千年封建君主制度的覆灭，才结束了这种跪拜礼，如今在拜神、拜祖时仍然有残留。

第 184 天　古人是如何行"揖"礼的

在中国古代，揖是比拜更轻一点的敬礼。揖就是拱手，即两手抱拳置于胸前以示敬意。《礼记·曲礼上》曰："遭先生于道，趋而进，正立拱手。"《论语·微子》记载，子路遇见一位扛着农具的老人，被老人奚落一番后，"子路拱而立"。"正立拱手"和"拱而立"都是拱手恭恭敬敬地站在那里。

揖是宾主相见的礼节。例如迎接宾客，每到入门的地方，主人都要向客人作三个揖，请客人先进去。古人作揖，根据对象不同，推手时有高低平下之别。据《周礼·秋官·司仪》记载，天子召见诸侯时，向诸侯也行揖礼；对没有姻亲关系的异姓诸侯拱手微向下，称为"七揖"；对有姻亲关系的异姓诸侯拱手平放在胸前，称为"时揖"；对同姓诸侯拱手微上叫"天揖"。手越高礼越重。比揖稍重一些的是"长揖"：行礼时，站立俯身，两手抱拳，置于胸前，随着身体向前俯折，两手向下移动。

第 185 天　古人是如何请安的

"请安"原本是军礼中的一种，见于《大明会典》。在当时，全国各指挥使司、各卫所都有这个礼节，称为"屈一膝"。到了清代，在八旗和明朝遗留下来的绿营中仍沿袭此旧习。

本来，兵士见到上级军官应该下跪，但因为身上有盔甲，便只能屈一膝或者半膝。久之，不穿盔甲时也以屈一膝为礼，并和叩首、打恭一样，含有问候请安的意思。在八旗人家和部分的汉族官宦人家，晚辈见长辈，平辈幼见长，奴仆见主人至亲友相见，都行这个礼，所以屈一膝又叫请安。

男子请安的姿势是先端正姿势，如"立正"的样子。然后向前迈左腿，左手肤膝，右手下垂，右腿半跪，略微停顿；眼平视，不许低头、扬头或者歪头；双肩平衡，不许弯腰，左右腿的间距不可太大，保持左腿向前迈的自然距离，不可向后蹬腿。

女子请安姿势与男子同，只是左右腿的距离要近，动作幅度小，双手扶左膝，右手不下垂。

第 186 天　宾礼：古人接客时有哪些规矩

在古代，宾礼就是天子、诸侯接待宾客的礼仪，关于宾礼的种种细节，历来学者多有争议。它对秦汉以后各王朝的影响很大，各个王朝，群臣朝觐皇帝时的礼仪、皇帝出巡时的礼仪、王朝与周边国家使臣之间的交往礼仪等等都以此为基础。

宴会在宾礼活动中占有相当重要的位置，宴会中最重要的要数迎送和敬酒了。就迎宾之礼来说，如果主人与客人的地位尊卑相同的话，他就要到大门外面去迎接；如果主人身份要尊于客人的话，他就应该在门内迎接。

进门的时候也有礼节，宾客要从左边的门进，主人则从右边的门进，要让主人先进门。如果是大臣见了帝王，则应从右门进入，意思是臣子不能以宾客的身份自居，因为凡宾客都要受到尊敬的，而帝王的情况是最特殊的。

送客的时候似乎没有那么繁琐，主人送于门外，要拜两次，客人不需要答拜。

吃饭喝酒时，主人要向宾客敬酒，这叫作"献"；客人还敬主人之酒，这叫作"酢"；主人此时要先自饮，然后劝客人饮，这叫作"酬"。

此外宾礼还包括饮食礼、洗手礼、脱履礼等等。

第 187 天　"叩指礼"的历史渊源是什么

饮酒的乐趣除了和酒质的好坏有关系，还和饮酒时的气氛和场面有一定的关系，因此，文明饮酒的重要性就凸显出来了。当主人向自己斟酒表达一种祝福和祝愿的时候，客人可行"叩指礼"，以表对主人斟酒的谢意。

"叩指礼"就是指客人把食指、中指并在一起，用指头在桌上轻轻叩几下。这个礼仪还是从古时中国的叩头礼演变过来的，其实，叩指就代表叩头。据说乾隆帝有一次微服南巡时，来到一家茶楼喝茶，这件事情传到了当地知府的耳朵里，这个知府无论如何也得去护驾，生怕皇上遇到什么不测，于是这个知府也穿着便衣来到这家茶楼，保护皇上的安危。

到了茶楼，这位知府就坐在了皇上对面末座的位置上。皇帝知道了知府的身份，但是并没有当面揭穿，于是就装作不知情。当皇上给这位知府倒茶的时候，这位知府迫于形势也不好当时就跪在地上给皇上行礼，这时，这位知府想到了一个主意，他就弯起自己的食指、中指在桌面上轻叩了三下，就当作向皇上行了三跪九叩的大礼。

这位知府知道敬茶是一般人都会做的事情，并且可以假装自己没有认出皇上，皇上给自己敬茶，那样在桌上叩几下，也不费功夫，以防后患。后来，这个叩指礼就成为了饮酒时的一种礼节。

第188天　你了解古人的"封禅"之礼吗

封禅是封建统治者举行的一种祭祀天地的典礼。"封"指筑土为坛祭天，古人认为群山中的泰山最高，因此帝王应该到最高的泰山上去祭天，表示受命于"天"；"禅"指祭地，一般在泰山边的一些小山上举行。

封禅之仪在三皇五帝时便已经有了，沿袭到秦汉之时，封禅已经成为帝王们的一种极其隆重的旷世大典。凡是易姓而起和功高德显的帝王，天神必赐予其吉祥的符瑞，他便有资格到泰山答谢，这便是历代封建帝王为之狂热追求的封禅大典。

秦皇汉武都曾"登封报天，降禅除地"，以彰其功，仅汉武帝一人就曾8次前往泰山。唐宋之时，封禅礼仪就更加完备。从明朝开始，朱元璋就取消了泰山的封号。直到公元1420年，明成祖朱棣建成了北京天地坛，从此之后，天地坛就取代了泰山，成为明清帝王祭礼天地的地方。

第 189 天 皇帝祭天是怎样的一种礼仪

中国古代帝王的祭天之礼始于周代，也叫郊祭。一般来说，祭天大典定于每年冬至的这一天在国都南郊的圜丘举行。圜丘是一座圆形的祭坛，古人认为天圆地方，圆形正是天的形象。

祭天之礼主要分为准备和典礼两个阶段。

准备阶段是指，在祭天活动开始前，皇帝要在"斋宫"斋戒三天。"斋宫"位于西门南侧，坐西朝东，是皇帝来天坛祈谷祈天前，斋戒沐浴的地方，所以也可以说是一座小皇宫。在祭典开始的前一天，皇帝启驾出宫，来到天坛。皇帝在祭天台的昭亨门外下辇，进行一系列的视察活动。然后返回斋宫。至此，祭天大典的准备工作全部就绪。

典礼阶段是指，在冬至当日凌晨四时一刻，隆重的祭天大典开始。皇帝便会在十位大臣的引导下，登上祭天台。皇帝手持镇圭，面向西方立于圜丘东南侧。

这时，鼓乐齐鸣，报知天帝降临享祭。接着天子牵着献给天帝的活的祭品，将它们宰杀。这些祭品随同玉璧、玉圭、缯帛等祭品放在柴垛上，由天子点燃积柴，让烟火高高地升腾于天，使天帝嗅到气味，这就是燔燎。

随后，在声乐中迎接"尸"登上圜丘。尸由活人扮饰，作为天帝化身，代表天帝接受祭享。尸就座，面前陈放着玉璧、鼎等各种盛放祭品的礼器。这个时候，皇帝先向尸献祭品的鲜血，再依次进献五种不同质量的酒，称作五齐。前两次献酒后要进献全牲、大羹（肉汁）等。第四次献酒后，进献黍稷饮食。荐献后，尸用三种酒答谢祭献者，称为酢。饮毕，天子与舞队同舞《云门》之舞，相传那是皇帝时期的舞蹈。

最后，祭祀者还要分享祭祀所用的酒醴，由尸赐福于天子等，后世称为"饮福"。皇帝还会把祭祀用的牲肉赐给宗室臣下，称为"赐胙"。后代的祭天礼多依周礼而定，但以神主或神位牌代替了尸。

这就是古时的祭天之礼。

第 190 天　祭地是怎样的一种礼仪

在远古时期，已经有对大地的崇拜，大地生长五谷，养育着万物，犹如慈爱的母亲，因此，古代有"父天而母地"的说法。古代有文献记载，土地神是"社"，祭地之礼叫"宜"。

在殷商甲骨文里已经有对大地的祭祀，还有大量的祭祀山岳河流的记录，主要目的地是祈求农作物的丰收。地神，称为"地坧"，又作"地祇"，但古籍中常常讹作"祇"字。"社"，通常是主某一片土地之神，所以，《礼记·王制》有"天子祭天地，诸侯祭社稷"的说法。

周代祭地的正祭是每年夏至之日在国都北郊水泽之中的方丘上举行的祭典。水泽，即以水环绕；方丘，指方形的祭坛，古人认为地属阴而静，本为方形。水泽、方丘，象征四海环绕大地。祭地礼仪与祭天大致相近，但不用燔燎而用瘗埋，即祭后挖坎穴将牺牲（指祭祀用的纯色全体牲畜或供盟誓、宴享用的牲畜）等祭品埋入土中。

祭地礼仪还有祭山川、祭土神、谷神、社稷等。

第 191 天　古代的百姓家有"宗庙之祭"的礼制吗

古人有宗庙之祭，宗庙是指人们在阳间为亡灵建立的寄居之地。帝王的宗庙制是天子七庙，诸侯五庙，大夫三庙，士一庙。庶人不得设庙，所以，古代的老百姓家是没有"宗庙之祭"的。

宗庙的位置因去世之人的地位、等级不同而各异，天子、诸侯设于门中左侧，大夫则庙左而右寝，庶民则是寝室中灶堂旁设祖宗神位。

宗庙的祭祀一般要卜筮选尸。尸一般由孙辈小儿充当。庙中的神主是木制的长方体，祭祀时才摆放，祭品不能直呼其名。祭祀时行九拜之礼："稽首"、"顿首"、"空首"、"振动"、"吉拜"、"凶拜"、"奇拜"、"褒拜"、"肃拜"。宗庙祭祀还有对先代帝王的祭祀，据《礼记·曲礼》记述，凡于民有功的先帝如尧、禹、黄帝、文王、武王等都要祭祀。嘉靖时在北京阜成门内建立历代帝王庙，祭祀先王三十六帝。

第 192 天 古人的"初生礼"是怎样的

在中国古代，婴儿出生的第一项礼仪活动就是报喜，即向亲戚朋友邻居以及宗祠报喜。由于古代人有严重的重男轻女思想，所以，生男孩称为"弄璋之喜"，璋是古代贵族所用的玉器，预示所生的男孩长大后能执玉器为王侯；生女孩称为"弄瓦之喜"，瓦是古代女子纺织用的纺砖。

报喜的同时，门口还要张挂婴儿诞生的标志，这既在一定范围内起到了报喜的作用，同时还能防止不知情者贸然闯入，提醒一些特殊人物如孕妇、服孝等能自行回避。这个标志通常只是一种能说明性别的象征物。《礼记·内侧》说："子生，男子设弧于门左，女子设帨于门右。"弧是弓，弓是武士的象征，代表男性；帨是佩巾，代表女性。

第 193 天 古代的婚礼主要有哪些程序

古人结婚讲究三书六礼，极为周全。

所谓三书，就是奉行六礼应备有的文书，即聘书、礼书和迎书。聘书是男家交予女家的用作确定婚约的书柬。礼书是女家详细列明过大礼时的礼品和数量的书信。迎书则是迎亲当日，男方送给女方的书柬。

六礼则是指纳采、问名、纳吉、纳征、请期、亲迎六种礼节。纳采即提亲，问名则是问女方的名字和出生年月，这两项主要由男方请的媒人负责。纳吉又称过文定，男家会请算命先生根据男女双方的年庚八字推算双方是否相配，以决定这婚事是否吉利。八字相合，这门亲事也就定下来了。纳征亦称纳币，即男方家以聘礼送给女方家，又称过大礼，是三书六礼中保留下来比较完整的，沿袭至今仍是婚嫁礼仪中最为重要的环节。女家接受男方的聘礼，谓之许缨。请期又称择日，即男家择定婚期，备礼告知女方家，求其同意。最后就是亲迎了，即新郎亲至女家迎娶。亲迎是夫妻关系是否完全确立的基本依据。凡未亲迎而夫死，女则可以改嫁；一旦举行了亲迎之礼后夫死，按礼俗规定，新妇就只能认命"从一而终"了。

六礼已毕，就意味着完成了成妻之礼，还需要在次日完成"谒舅姑"，即拜见公婆。若公婆已故，则于三月后至家庙参拜公婆神位，称为"庙见"。

今人的婚俗其实是在三书六礼的基础上进行了精简，更适合今天快节奏的生活。

第194天　古时男女婚配为什么要讲究"合八字"

古代男女婚配都非常相信"合八字"的说法，这是为什么呢？

现代人追求自由恋爱，认为只要双方两情相悦便可步入婚姻殿堂。在古代，男女婚姻受到封建礼教的束缚，父母之命、媒妁之言是必须的，两个人的八字合不合也是衡量男女是否能够结合的重要标准。

八字，即生辰八字，指的是把一个人出生的年月日时与天干地支两两相配，恰好组成八个字。一般情况下，男女双方会把自己的生辰八字写在庚帖上，媒人为他们互换庚帖后，两人可以根据对方的八字是否与自己相合来决定答应或拒绝这门亲事。

合八字是建立在五行学说的基础上的。正所谓：木生火，火生土，土生金，金生水，水生木；水克火，火克金，金克木，木克土，土克水。倘若男女二人八字是相生的关系，那么他们的结合便属天赐良缘，婚姻定会幸福长久；如果两个人的八字相克却结为夫妻，他们的结合便属孽缘，是不被上天祝福的，轻者婚姻不美满，重者妻离子散家破人亡。

古人认为姻缘乃天定，对于命理中的忌讳宁可信其有不可信其无，在婚姻大事上，依据八字择亲，是避免婚后不幸和各种灾祸的一种手段。如今，有的地方还是相信合八字的说法，不过，合八字的方式变得更为丰富多样，随着人们思想的转变，男女婚配八字是否相合已经变得不那么重要了。

第 195 天 新娘为什么要"回门"

回门就是指女儿带着女婿回女家认门拜亲。回门的时间各地都有不同，古时有的是满月回门，有的是结婚第三日、第六日或第七、八、九日。春秋时期，回门之俗就已经出现了，后来沿袭至今。又因为"回门"是新婚夫妇一起回门，故称"双回门"，有成双成对的吉祥含意。

回门时，旧俗有一些规定，即新娘走在前面；返回男家时，新郎走在前面。又因为回门是女儿新嫁后第一次回娘家，又称"走头趟"。在"双回门"后，一般是不允许在娘家过夜的，必须在当天就返回男家，因为在古代有新婚开头的第一个月内不能空房的风俗。

回门具有一定的风俗意义。迎娶那天，男女双方都要装饰一下门户，比如在院门和房门贴上喜联，在窗户上贴上大红双喜字和一些名为"喜鹊登枝"、"鸳鸯戏水"的吉祥剪纸，还可以在大门口悬挂红布彩绸，张贴大红双喜。新郎和新娘以及主持婚礼的人身上要披着红绸，胸佩红花。新娘不但要穿红衣红裤，还要蒙上红盖头。

参加婚礼的男女老幼三天内没有长幼之分，"戏公公、婆婆"、"戏大伯子"、"闹洞房"把气氛渲染得喜庆热闹，精彩纷呈。拜堂之后，新郎、新娘挽着"同心结"的彩带就进入了洞房，象征一对新人结为一体，相亲相爱，白头到老。忻州等地还有一种吃"合欢饭"的习俗，就是指新娘在婆家吃的第一口饭要经新郎口含过，表示两人生活有一个美好的开端。因此，回门具有祈求吉祥如意的含义。

第 196 天 古代新娘出嫁时为什么要在头上盖一块红布

通过一些艺术作品，我们可以了解到，古代新娘在出嫁的时候要在头上盖一块红布，这是为什么呢？这是一种什么仪式呢？

其实"新娘出嫁盖红盖头"这个习俗在我国已经有了很长的历史，并曾在我国多个地区广泛流传。据《梦粱录·嫁娶》记载："并立堂前，遂请男家双全女亲，以秤杆或用机杼挑盖头，方露花容。"由此可见，新娘出嫁的时候有盖红盖头的习惯。这个习俗的做法是，新娘在出嫁上轿前，将一块红布盖在头上，等到夫家拜堂时或入洞房之后，由新郎用秤杆或机杼等物将红布挑去。

"红盖头"的做法最初始于东汉，那时候因为社会动荡不安，新婚的人们来不及履行繁琐的婚姻仪式，遇到良辰吉日就匆忙完婚。可太过匆忙的"拜时婚"却又不符合当时"礼"的程序，于是就用红布蒙住新娘头脸以遮羞。这原本只是一个动荡时期的权宜之计，可却不想被后人沿袭，成为了世代传承的婚姻习俗。南北朝时期，妇女普遍用头巾来避风御寒，后来到了唐朝初期，盖头便演变成一种用以遮羞的从头披到肩的帷帽。开元天宝年间，唐明皇李隆基标新立异，命令宫女用"透额罗"罩头，就是让妇女在唐初的帷帽上再盖一块薄纱遮住面额作装饰。

关于"盖头"的来历，还有这样一个传说，记录在唐朝李冗的《独异志》中。相传，在天地初开的时候，天下间只有伏羲和女娲兄妹二人，为了繁衍后来，伏羲和女娲两人商议配为夫妻。可两人对此又担心天会反对，于是就向天祷告说道："如果天能同意我们兄妹二人结为夫妻，那就让空中的几个云团聚合起来，以示赞成；如若不许，那就让云团散开。"话音刚落，之间空中的几朵云团就聚合为一，就这样，伏羲和女娲两兄妹成亲了。因为女娲害羞，所以就用草结成扇子把脸挡住。后来，人们以轻柔、美观的丝织品代替草编的扇，并逐渐形成了"盖盖头"的婚俗。盖头的颜色之所以为红色，是因为红色在古人心中是吉祥喜庆的象征。

第 197 天　在古代，丈夫什么情况下可以休妻子

在研究古代历史的时候我们会发现这样一个问题，古时候往往是丈夫休妻子，难道古时候没有"离婚"么？妻子不可以休丈夫么？关于古时的一些典籍记载，丈夫休妻子的理由有很多，如《仪礼·士昏礼》中说：妇人年五十不能生育，必被休掉，而且不能再嫁。不能生育还只是妇女被休的理由之一；《大戴礼》："妇有七去：不顺父母去，无子去，淫去，妒去，

有恶疾去，多言去，窃盗去。”汉代时，还有以“七出”为理由休妻的，如东汉姜诗的妻子因为没有给姜母打水而被休；西汉王吉的妻子因为偷窃邻人树上的枣子而被休，东汉明帝的老师桓荣的妻子因无子而被休等，由此可见，古时妇女在婚姻中的地位是十分被动的。

唐代的时候，人们对“离婚”的态度比较开明，在“七出”之上将“三不去”写进了法条，即“持舅姑（公婆）之丧；娶时贫贱，尔后富贵；有所受无所归（娘家没人了）”。这样的规定。除此之外，唐朝法律还明文规定：夫妻“义绝则离”，意思就是说，如果夫妻两个人的感情破裂了，就允许离异，男方、女方都可以提出离异要求。

宋代的时候，妇女离异或寡居改嫁受法律保护，且有法律规定，如果夫妻关系不好，双方都愿意离婚的情况下，法律就予以认可。之后还进一步规定，如果家庭中丈夫去世，家贫无法生活，妻子居丧百日后可以改嫁。

虽然宋朝关于“离异”的法律比较有人情味，但到了元代以后，特别是明清时期，妇女在离婚中的权益日益被剥夺，所以关于这段历史的离婚事例中，很少是有妇女主动提出离异的，取而代之的是“嫁鸡随鸡，嫁狗随狗”，妇女们开始逐渐安于现状。

古时候，关于“离异”还存在着一些特殊情况，如“夫妻义绝”，在这种情况下，夫妻是一定要解除婚姻关系的，如果不自动解除国家也会强迫解除，并给予处罚，那么，什么叫“夫妻义绝”呢？

所谓的“义绝”就是指夫妻因为某种事情的发生已经情义断绝。据《唐律疏议》中记载包括以下情况：

1. 丈夫殴打妻子的祖父母、父母，杀害妻子的外祖父母、伯叔父母、兄弟、姑、姊妹。

2. 夫妻的祖父母、外祖父母、伯叔父母、兄弟、姑、姊妹自相杀戮。

3. 妻子殴打、辱骂丈夫的祖父母、父母，杀伤丈夫外祖父母、伯叔父母、兄弟、姑、姊妹。

4. 妻子与丈夫亲戚有奸情，或者丈夫与岳母有奸情。

5. 妻子想杀害夫。

6. 丈夫将妻自嫁出，也就是卖妻。

由此可见，古时候并不是只有丈夫才可以休妻子，某种程度上来说，夫妻之间的关系还是比较平等的，妻子也有权利向丈夫提出"离异"。

第 198 天　人们为什么要给过世的亲人烧纸钱

我国自古就有烧纸钱的习俗，每逢祖先或亲人的忌日，烧纸钱就成为了一种不约而同的文化现象和文化活动。那么，烧纸钱这个习俗是怎么来的呢？

相传东汉时期，蔡伦因改良造纸术而声名鹊起，从此过上了富裕的生活。为了让哥嫂也能发财致富，蔡伦把造纸术无偿地传授给了他们。可是，哥哥蔡莫心浮气躁，学了点东西就浅尝辄止，还没掌握造纸技术的精髓，便急不可待地创业开店。当时纸张还没有成为一种寻常商品，人们并不重视它，再加上蔡莫造出的纸张制作粗劣，所以销路不好，生意一直很差。

生产的纸张卖不出去，只能积压下来。蔡莫夫妻愁得寝食难安。一天深夜，蔡莫家突然传来一阵哭声，把睡梦中的邻居都吵醒了。邻居们不知发生了什么事，纷纷赶来探个究竟。刚走进蔡莫家，就被眼前的景象惊呆了。只见大堂之上摆着一口棺材，蔡莫跪在旁边号啕大哭，边哭边把纸放到火盆里烧掉。邻居们一问才知，蔡莫的妻子身染恶疾，已经撒手人寰。

邻人听后颇感世事无常，纷纷劝慰蔡莫不要过度悲伤。此时，棺材里忽然发出咚咚的响声，睡眼惺忪的邻人顿时吓得清醒了。接着棺内传出人声："相公，快给我开门啊！"蔡莫吓得魂不附体，待在原地不敢近前。棺材里又传出请求开门的声音。蔡莫和邻人只好打开了棺木，孰料蔡莫的妻子居然活着走了出来。

蔡莫的妻子向众人讲述了这趟鬼门关的经历："我到地府后本来是要受苦赎罪的，因为相公送了很多金银财宝给阎王，我才被放回了人间。"蔡莫不曾记得自己给阎王送过钱财，蔡莫的妻子说："方才烧的纸就是阴间的钱财。"

众人听后争相购买蔡莫家的纸张，以备在鬼节烧给过世的亲人，好让他们不至在阴间受苦，从此，烧纸钱就成为了一种风俗。

第199天 古人是如何举行"丧礼"的

"丧礼"是安葬并悼念死者的礼仪，在古代诸多的礼仪中，丧礼产生得最早。

周朝时期，丧礼已经形成了一系列繁复而严格的规定，孔子将丧礼说是"孝"的一部分，主张对父母"生，事以礼；死，葬之以礼"。因此古人十分重视丧礼，由专门以此为职业的人主持。其具体的过程可分为报丧、入殓、出殡、守丧几个步骤。死者去世后，亲属先要将死者去世的消息告诉亲戚、朋友、同僚等，叫报丧。这些被报丧的人会陆续过来吊唁。

然后是对死者的举行"殓"的仪式。其中，给死者穿上专门的衣裳称作"小殓"；尸体入棺，称为"大殓"。"殓"之后，棺材放在家中等待下葬，叫作"殡"。"殡"者，意为将暂时未曾离家的死者当作宾客。殡的日期不固定，几天到几十天不等，待选定吉日和墓地便可下葬。下葬事宜称作出殡送葬，亲人、朋友、故旧等往往要一路随棺木到墓地，为死者送行。送葬时，根据与死者关系的亲疏，送葬者的孝服也可以分为5种，称为"五服"。安葬后，亲属根据孝服的不同有不同的孝期。最短的3个月，最长的3年，乃是死者儿子的守孝期限。期间，守孝者在饮食、衣着、起居等方面受到一系列的约束。其实，这只是丧礼的大致程序，具体过程还有很多琐碎的规定，比如对哭丧就有诸多的规定。

如果死者是寿终正寝，而非夭亡，在古人看来就是件高兴的事情。因此，相对于婚姻庆典的"红喜事"，丧事又叫"白喜事"。现代，中国在大部分古代礼仪已经丧失的情况下，丧礼应该是保存最完备的一种礼仪了。

第200天 古代人的贞操观是什么样子的

古代对女人坚守贞操的自觉要求始于西周初年。《周易》说道："恒其德，贞，妇人吉，夫子凶。"就是说，男女相处，女人做到恒久就会福佑荫德,而男人对女人恒久,就会招致灾祸。这在本意上就是要求女人要自觉坚守贞操。东周早期的《易传》更是对此做了明确的表述:"女人贞,吉,从一而终也。"对女人守贞的基本要求就是永远要追随丈夫,一直到丈夫寿终。

贞操观包括婚前贞操、婚后贞操、寡妇节操和妻妾殉葬制度等。其中婚前贞操,指女子在出嫁前必须是处女,否则就要受严酷的惩罚。婚后贞操,指妻子不能和其他男子发生私通行为。寡妇节操是指丈夫死后,寡妇要"守节"。在古代,寡妇守节,不但本身可以记其事迹,赐于祠祀、树坊表,表彰节妇烈妇,而且可以免除本家的差役。

妻妾殉葬制度是指丈夫去世后,强迫妻妾殉葬,这种制度萌芽于氏族社会末期。进入奴隶社会后,女奴隶和男奴隶一样被大量杀殉或生殉。殷墟卜辞中有杀殉女奴的记载。妇女殉葬者中也有墓主的妻妾,《西京杂记》卷六记载:"幽王(周幽王)冢甚高壮,羡门既开,皆是石垩,拔除丈余深,乃得云母深尺余。见百余尸纵横相藉,皆不朽。唯一男子,余皆女子,或坐或卧,亦犹有立者,衣服形色不异生人。"

古人的贞操观是封建夫权社会的产物,这种封建的伦理道德禁锢了妇女的心灵限制妇女的权利,是一种摧残人心的道德教条。历史上,无数女子的青春、灵魂被这种观念所吞噬,上演了一幕幕真实的人间悲剧。作为一种"一偏的贞操论"、"忍心害理、男子专制的贞操论",单面要求妇女守节是极不公平、极不道德的。

第201天 古时在什么情况下会大赦天下

"大赦天下"是古代帝王缓解社会矛盾的一种形式,是对那些已发现或未发现的犯罪行为予以赦免,称之为"大赦"。因为这种赦免形式涉及的范围很广,表现出了皇帝的恩德,所以又称为"德音"。

历史上有关赦令的最早记载是在《春秋》,庄公二十二年"春王正月,肆大眚"。"大赦"的这个名称起源于秦庄襄王元年"大赦罪人"。秦朝的时候,秦始皇从来不赦免罪人,社会矛盾得不到缓解。后来到了汉朝,吸取了秦朝的教训，将大赦作为缓和社会矛盾的手段。凡是皇帝践祚、改元、立皇后及太子，甚至上帝冠、郊祀、封禅、巡狩、祥瑞、灾异都要颁布大赦。对此《汉书·宣帝纪》上曾有这样一段记载："凤凰集鲁郡，群鸟从之，大赦天下。"

两汉期间，共发布大赦令 186 次。其中最为频繁的阶段是三国两晋南北朝时期，大赦多达 428 次，"大赦"的理由也是各种各样，改朝换代而"与民更始"，要大赦天下；新帝登基要"荡涤积弊"，要大赦天下；皇帝结婚生子需"普天同庆"，要大赦天下；打了胜仗要显示"皇朝武功"，要大赦天下；发生灾荒要"罪己宽民"，还是要大赦天下；有了祥瑞吉兆要"奉天承运"，更是要大赦天下。虽然"大赦"有效地缓解了社会矛盾，但其中也存在着一些问题，因为大赦的次数过于频繁，甚至可以说是"滥赦"。这样一来，大大降低了法律的权威，对社会的安定构成了威胁，所以，每当王朝统治力量比较强大时，大赦就开始变得有节制。再后来，大赦不再作为缓和统治危机的手段时，大赦频率才逐渐降低。

第 202 天　为何皇袍上绣有九条龙

古人称帝位为"九五之尊"。前文《易经》已有解释。又孔颖达《正义》记载："言九五，阳气盛至于天，故云飞龙在天。此自然之象，犹若圣人有龙德，飞腾而居天位。"后来就以"九五"比喻君位。龙袍上的九条龙有四条正龙绣在前胸、后背及两肩，前后衣襟则各绣有两条行龙，就这样，如果从前后看去都有五条龙，隐含有九五之尊之意。不过算算，这样前后才只有八条龙，另一条龙呢？原来这一条龙是绣在衣襟里面，除非掀开外面的衣襟才能看得到，所以龙袍上共有九条龙，正好符合九五之数。

龙袍上除绣有九条主龙外，在云领、腰部、袖口上也绣有体态较小的龙纹。龙袍下摆斜排着弯曲的许多线条，则称为"水脚"，在水脚上还绣有许多翻滚的波浪及挺立的山石宝物，称之为"海水江涯"，不仅蕴含着"福山寿海、绵延不绝"的吉祥象征，同时也隐喻"江山一统"、"万世升平"之意。

第 203 天　古人为何要选择在"午时三刻"行刑

中国古代处决犯人，一定要等时辰，时辰到了才能"开刀问斩"。这个时辰就是"午时三刻"。为何古人要选择在这一时刻行刑呢？

古人把一天分为十二个时辰。"午时三刻"，严格地来说是指午初三刻，也就是中午 11 时 45 分。午时三刻，太阳高挂在天空中央，是地面上阴影最短的时候。这在当时的人看来是一天当中"阳气"最盛的时候。中国古代人们迷信的看法，认为杀人是"阴事"，无论被杀的人是否罪有应得，他的鬼魂总会来纠缠判决的法官、监斩的官员、行刑的刽子手以及和他被处死有关联的人员，所以在阳气最盛的时候行刑，可以抑制鬼魂不敢出现。这应该是古人习惯在"午时三刻"行刑的主要原因。

另外，"午时三刻"问斩犯人还有另一层意思。在午时三刻，人的精力最为低迷，加上太阳暴晒，往往呈现昏昏欲睡的状态。所以，此刻处决犯人，犯人在被砍头的瞬间，也许痛苦会减轻很多。如此看来，选择这样的时刻处决犯人，也是一种人道主义情怀。

第 204 天　古人起名的禁忌有哪些

古代礼法制度众多，古人在起名时并不像现代人一样自由，各种忌讳更是让老百姓不敢逾越半步，稍微一个不留神，脑袋就可能会搬家。

远古的氏族社会思想认为，姓名也是一个人身份的象征，是具有神秘力量的符号。他们认为，自己的名字被其他人知道后，对方就会得到他的一部分力量，这就是姓名避讳产生的根源。由此可见，原始社会发展落后，人们对本身和自然没有完全的了解，姓名的避讳就在这种情况下产生了。姓名的避讳主要有以下几种：

家讳，针对家族内而言的忌讳，规定要避父祖名，也称私讳，家族里的人说话办事，文章写作时都要避开和祖名相关的事物。家讳其实是"国讳"的一种延伸，都不同程度地体现了当时的伦理观念和封建等级。《礼记·曲记》上说"入门而问讳"，就是说到别人家做客之前一定要知道主人有什么避讳的，如果不小心犯了主人的忌讳，好心也可能会招来恶果的。

东汉有个叫毛贤的人，他的父亲名叫溪，某日他去拜访好友李名甫，刚好碰见他的儿子李栾在庭院练武，就近前问道："你的武艺和甫公比起来谁更技高一筹啊？"李栾因他触犯了家讳，冷言回敬道："我与家父相比，犹如以溪论海。"毛贤听罢灰脸而退。

圣人讳，指对贤者圣人名字的避讳，与家讳、国讳不用。圣人讳没有那么严格和广泛，封建社会时除了朝廷有相关规定的圣人讳外，百姓也会自发地为圣贤避讳。史料记载，宋朝因避孔子讳就曾经把瑕丘县为瑕县，龚丘县为龚县。

个人讳，即指对自己名字的避讳，分为两种情况：一是一些封建官僚仗恃自身位高权重，令其手下避其名讳，这叫自讳其名。人们常常说的"只许州官放火，不许百姓点灯"，说的便是宋朝有位名叫田登的州官，自讳其名，下令州境之内把灯叫作火，正月十五元宵节放灯，令手下人公告与市曰："本州岛依例，放火三日。"而不说"放灯三日"，当时人们便讥讽说："只许州官放火，不许百姓点灯。"

第 205 天　皇帝真的有七十二妃吗

所谓的七十二妃，不过是泛指皇帝后宫人数的众多，实际上皇帝后宫侍妾的数目远远多于七十二。

《管子·小匡》即言："九妃六嫔，陈妾数千。"《礼·昏仪》则言周代后妃制曰："古者天子后立六宫，三夫人，九嫔，二十七世妇，八十一御妻。"可见，早在诸侯时期，国君的妻妾已甚众了。秦汉之时秉承周制，建立了中国封建社会的后妃制，以皇帝为中心，皇帝之母称皇太后，祖母称太皇太后，嫡妻称皇后。由于秦的时代较为短暂，所以完备的后妃体制及其等级划分实际执行于汉代。

汉代的后妃爵列八品：即皇后、夫人、美人、良人、八子、七子、长使、少使。自汉武帝、汉元帝始，后宫三千嫔妃又扩至十四个等级，即昭仪、婕妤、娥、容华、美人、八子、充依、七子、良人、长使、少使、五官、顺常、无涓。东汉时又化繁为简，六宫仅有皇后、贵人之称，其下只设美人、宫人、采女三等。

第 206 天　古代的姬妾制度是怎样的

中国古代的妻妾制度从母系氏族消失的那天起便开始萌芽了，这是一种缺乏人性、残忍无情的制度，因为它将"阶级"带进了家庭，把血脉相连的一家人分成了压迫和被压迫的两类。其实中国古人很早就对姬妾制度提出了异议，《易经》言："二女同居，其志不相得，曰革。"

有许多人都以为中国古代实行的是"一夫多妻制"，其实，古代实行的是"一夫一妻"制。因为夫与姬妾不是合法配偶，古代的婚姻制度确切地说应该是"一夫一妻"多姬妾制。

氏族社会时期，国中有"媵制"，这是一种氏族首领才有资格实行的婚姻制度，即女儿出嫁时，岳家必须以同姓侄女辈陪嫁。陪嫁过去的姊妹或女奴，就属于"媵妾"，而"姊妹"媵妾的身份要比女奴要高。

后来，正式出现了"妾"，妾一般都来自卑贱低下的家庭，甚至是战败方奉献的礼品。因此，妻为"娶"，而妾为"纳"；娶妻时送到岳家的财物被称为"聘礼"，而纳妾时给予的财物，被称为"买妾之资"。

《谷梁传》载："毋以妾为妻"，就是说，妾没有资格扶正为妻，嫡妻死了，丈夫哪怕姬妾满室，也是无妻的鳏夫，要另寻良家聘娶嫡妻。

《唐律疏仪》明确规定："妾乃贱流"、"妾通买卖"、"以妾之客女为妻，徒一年半"。意思是说，假如将妾升为妻，就是触犯了刑律，一旦事发，是要两口子一齐服刑一年半的，而且刑服完了照样得离异。

除此之外，中国古代还是一个绝对的阶级社会、家长制社会，女儿婚姻都要由父母决定。也许是为了从根本上杜绝青年男女，尤其是不同阶层间青年男女的自由恋爱，法律条文就更要严格规定妻妾之分。《礼记》曰：

"奔者为妾，父母国从皆贱之"、"良贱不婚"，也就是说，男女如果相约私奔的话，则女方没有资格为妻，双方家族都只认为她不过是一个妾而已。

第 207 天 中国古代"七出"的含义

"七出"是古代社会的礼制和习俗规定夫妻离婚时所具备的七种条件，当妻子符合其中一条件时，丈夫及其家族便可以要求休妻（即离婚）。从其内容上来看，主要是站在丈夫及其家族的角度并考量其利益，因此可以说是对于妻子的一种压迫。

七出一词到唐代以后才正式出现，其内容则完全源自于汉代记载于《大戴礼记》的"七法"，又称作"七弃"。其内容主要如下：

1. 不孝顺父母

即妻子不孝顺丈夫的父母。在古代，女性出嫁之后，丈夫的父母的重要性更胜于自身的父母，因此违背孝道便被认为是很严重的事。

2. 无子

即妻子生不出儿子来。在传统社会，家族的延续被称为是婚姻中最头等的大事情，因此妻子无法生出儿子来便使得这段婚姻失去意义。以《唐律》为例：妻年五十以上无子，听立庶以长。疏议据此认为四十九以下无子，未合出之。随传统中国"一夫一妻多妾制"的逐渐成熟，使得真正是以无子的原因而休妻的情形大为减少。

3. 淫

即妻子与丈夫以外的男性私通。

4. 妒

即认为妻子的凶悍嫉妒会造成家庭不和，以及"夫为妻纲"这样的理想夫妻关系的混乱。

5. 有恶疾

指妻子患了十分严重的疾病。

6. 口多言

指妻子太多话或者爱说别人的闲话。在传统的中国家庭中，女性尤其是辈分低的女性，被认为不应该过多地表示自己的意见，妻子作为一个从原本家族外进来的成员，话多就会被认为有离间家族和睦的可能。

7. 窃盗

即指偷东西。

第 208 天　古人是如何起名的

古人起名的文化真是昔非今比，不像我们当今社会起名这么简单的一姓一名，古人除了姓和名以外，还要有字（表字）、号等，且并不是像现在我们取名那么直截了当，古人出生后先起名，长大以后要取字，两者相连，通称名字。其"名字"一词包含了"姓"、"名"、"字"3 个部分，和现在我们说的名字不是一码事，三者各司其职。清代著名学者王应奎在阐述名字的作用时说道："古者名以正体，字以表德。"由此说明，一个人的称号基本上是由名与字组成的，虽然各有各的用途，但二者间还是有关联的。

古人大多因名取字，而且名与字之间必然存在着相关的联系，如三国时蜀汉名将赵云，字子龙，在这一名字中，"云是名"，"子龙"则是对云的解释，"云"就是"子之龙"（天子即为真龙）。古人的名有诸多种类，字也有相应用途，最初人们取名往往只取一字，而且与"仲"、"甫"、"子"、"伯"这些能够表现年龄范围的字组合使用，例如孔子的弟子冉雍字仲弓、仲由字子路、冉耕字伯牛，"弓"就是冉雍的字，"牛"就是冉耕的字，"路"就是仲由的字。西汉早期，人们取字开始有所讲究，除了注重效法古人以外，字的寓意方面也被人所重视，例如取字"士忠"、"豫德"、"贤明"，等等。

在古代属于一种特定的别名，也叫"别号"。早在商朝末期，取号就已经为大众所认知。《周礼》对此解释道，号乃"尊其名更为美称焉"，可见在当时人除了有名、字之外，号不失为另一种美称。我们最熟知的《水浒传》中梁山一百零八个大将个个都是响当当的名号，以至于大多时候人们都习惯直呼其号，不叫其名，如"豹子头"、"黑旋风"，等等。

第 209 天　古人有了"名"，为何还要有"字"呢

在古代，一个人有了"名"后，后面还要有"字"，比如刘备，字玄德。既然有了名，后面为什么还要加"字"呢？

原来，在上古时期，婴儿在出生三个月的时候由父亲给命名，这就是古人的"名"的由来。男孩子长到 20 岁的时候要举行"结发加冠"之礼，以示成人，这时就要取字；女孩子在 15 岁时要举行"结发加笄"之礼，这时也要取字，未许嫁的叫"末字"，也叫"待字"。这就是古人"字"的由来。

古人的名和字之间有意义上的联系。一种情况是名和字意义相近或者相同。所以"字以表德"，就是说"字"是名的阐义，例如屈原，名平，字原，又如岳飞，字鹏举，"鹏举"即是大鹏展翅高飞的意思。另一种情况是名和字的意思正好相反，例如曾点，字皙，《说文》曰："点，小黑也。"而"皙，人色白也"。

从周朝开始，历代统治阶级为君君、臣臣、父父、子子的宗法等级制度，规定对于统治阶级，平民百姓不得直呼其姓名；在统治阶级内部，地位低下的人也不得直呼地位高的人姓名，于是，字便成了文武官宦的一切士大夫阶级广泛使用的称呼。

名和字的运用也有一定的讲究，一般是谦称、卑称，或上对下、长对幼，使用名；在尊称、下对上或平辈相称时也用字。如《论语》中的孔子自称"丘"，而他的学生却不能称他丘；《三国演义》中的诸葛亮也自称亮而不称孔明。

第 210 天　"男左女右"的说法是怎么来的

日常生活中，"男左女右"这一概念已经无形地深入到每个人的思维里，很多场合，人们都要遵循这一说法，否则很有可能成为笑柄。事实上这并非是一种规定，也不是个人的习惯，而是源于古人文化思想的融合。

盘古开天化日月之传说：伏羲和女娲都是传说中的上古之神，更被华夏民族尊称为日神和月神。传说始祖盘古氏在开天辟地之后，全身器官都化为天地间的各种物质，江河湖泊、日月星辰以及万物生灵，其中他的左眼和右眼就分别化作太阳和月亮，古人认为日为阳，代表男性；月为阴，指女性，"男左女右"之说就开始在民间流传开来。

封建社会尊卑高低的影响：古人对东西南北、前后左右都有不同的尊崇和规定，例如把南视为至尊，失败则用北来象征（"败北"一词因此而来）。再如古人以东为首，以西为次，皇后和妃子们的住处分为东宫、西宫，而以东宫为主为首，西宫为辅为从。除了东南西北之外，表示方向的前后左右也有如此之分。古代皇帝是至尊，他面南背北而坐，其左侧是东方，因此就在崇尚东方的同时，"左"也随着高贵起来。三国东吴霸主孙权占据的江东也称江左。文左武右的礼制、男左女右的观念等，都是尊左的体现。

古代阴阳哲学的延伸：古人认为阴和阳贯通了宇宙中人和事的两个对立面，所有事物按其上下左右、长短大小都可区分为左、上、大、长为阳，右、下、小、短为阴，阳为刚，阴为柔。自古男子性格刚强坚毅，女子文静柔美，"男左女右"之说因此更加深入人心。

第十章
科技：上下五千年
的智慧之光

第 211 天　中国著名的"算圣"是谁

中国数学在发展过程中，曾涌现出无数的数学家，其中刘洪就是其中一位，他被称为中国的"算圣"。

刘洪，字元卓，东汉泰山郡蒙阴（今山东蒙阴县）人，是中国古代杰出的天文学家和数学家。珠算的发明是他的成就之一。

珠算，是用算盘进行运算的工具，珠算的发明，使人们的计算能力产生了一次大的飞跃。"珠算"这个词最早出现于东汉魏人徐岳所著的《数术记遗》一书。其在书中说："刘会稽，博学多闻，偏于数学……隶首注术，仍有多种，其一珠算。"在这里，徐岳所说的刘会稽就是指刘洪。

有人说，蒙阴是珠算的故乡，刘洪是珠算之父，后被人尊为"算圣"，珠算是中国五大发明之一。

第 212 天　中国的火药是如何发明的

火药是我国四大发明之一，它是古代中国人在长期炼制丹药的过程中产生的副产品，由硝酸钾、硫磺和木炭三种粉末按一定的比例混合而成。

汉代的《神农本草经》已经十分明确地记载了石硫磺"能化金银铜

"铁"，被称为"奇物"。唐代时，火药已经发现并利用。唐初孙思邈在其《孙真人丹经》中记载有混合硫磺、硝石各二两，再加上炭化了的皂角三个的"伏硫磺法"。这是中国古代关于火药配方的最早的记录。到了两宋时期，火药武器发展极快。

据《宋史·兵记》记载，公元 970 年兵部命令当时的小官冯继升改进火箭的使用方法，这种方法是在箭杆前端缚火药筒，点燃后利用火药燃烧向后喷出的气体的反作用力把箭簇射出，这是世界上最早的喷射火器。

第 213 天　你知道"纸张"的由来吗

在"纸张"没有发明之前，古代的人先后用的是甲骨、竹木以及绢帛作为书写材料，但是，竹简、木简极为沉重，绢帛又太过昂贵，那不是最理想的书写材料，直到蔡伦发明了"纸"。蔡伦是东汉宫廷掌管御用手工作坊的官员，有一次，他和手下一个叫张纸的宦官到白水槐沟河为张父祝寿，到了那里之后，蔡伦就发现小孩子们用水杆挑着水面上的沤变物嬉闹，他发现那沤变物一离开水面，迅即变干，用手摩擦，质地柔韧轻薄，可用来书写文字。

于是，蔡伦第二天回到宫中，就用黑色的颜料在每块沤变物上写了一个字，让皇帝看。皇帝看后甚为高兴，就派蔡伦重返槐沟河继续钻研。于是，蔡伦就借居到张纸家里。他总结了西汉以来用麻、丝、棉等纤维造纸的经验，然后开始到处拣麻、布、棉絮、树皮等一类沤物，挖池沤制，经过打挫、捣、抄、烘等一系列的工艺程序制成优质的纤维纸。因为这个创造是在张纸的家乡发现的，蔡伦就把这种书写物起名叫"纸"，俗称"纸张"。

第 214 天　你知道指南针是如何发明的吗

指南针是我国的四大发明之一，它是我国劳动人民在长期的实践活动中对物体磁性认识的结果。

指南针具有磁性，而自然界具有磁性的物质就是天然的磁石。《管子·地数》认为，地上有磁石的地方，地下就有铜金矿藏，这是世界上关于天然磁石的最早记录之一。

早在我国战国时期，人们就已经发明了最初的指南针——司南，它是用天然的磁石制成的指向工具。司南的外形像现在用的汤匙。使用的时候，把司南放在光滑的水平底盘中间，用手拨动柄部使它转动。等到司南停下来，它的长柄就指向南方，勺子的口则指向北方。

《韩非子·有度》中记有"先王立司南以端朝夕"的话，"端朝夕"就是正四方、正方位的意思。《鬼谷子》中记载了司南的应用，郑国人采玉时就带了司南以确保不迷失方向。航海事业的兴起，直接刺激和推动了磁体指向仪器的发展。宋代时期，人们已经发现并能制造出人造磁化物，并用来制作指南针。人工磁化方法的发明导致了指南针的产生和广泛的应用。

第 215 天　中国最早的造纸术是如何产生的

1957 年 5 月，人们在陕西灞桥发现了一个古代的墓葬。该墓葬中保存着大量的文物，发现了一些古代的纸张，经过考古学家认真研究后，判断这些纸张距现在有 2100 多年了，纸张被称为灞桥纸，是由它的发现地点而得名的。

在 1965 年，我国有些单位对灞桥的纸张进行了检测，确定纸张材料主要是大麻，还有一些苎麻。灞桥纸的发现，告诉人们西汉时期人们已经开始使用纸。灞桥纸成为我国乃至世界现存的最早的植物纤维纸。

虽然植物纤维纸早在西汉时代就已经出现，但当时麻缕也用于造纸，只是大部分麻缕还是用于制作衣服，因为麻缕材质做出来的纸质不好，纸张表面较粗糙，而且厚度比较大，不适宜在上面书写文字。另外竹简和木简比较重，不方便；丝帛纸贵，人们不能大量使用。蔡伦就改进了造纸术，他用破布、树皮等为原料进行造纸。这不但降低了成本，还节约了资源，所以可以大量生产纸张。蔡伦的造纸术发明为大量书籍的印刷提供了条件。

第 216 天　中国的印刷术是怎样发明的

雕版印刷术的发明是我们的祖先受到了印章和拓牌这两种方法的启发，然后根据自己已有的经验发明出来的一种印刷术。雕版印刷书籍之前，印刷和拓牌这种方法在社会上已经被人广泛应用。

雕版印刷术的方法是将要印的字先写在纸上，然后再把这些纸反贴在一块块的木板上面，然后根据每一个字的笔画顺序用刀逐一雕刻在木板上，达到每个字都能够在木板上比较突出，而且要刻成阳文。这种先刻在木板上面，然后再进行印刷的，人们根据制作方法将其命名为"雕版印刷术"。

我国现在保存下来的最早的雕版印刷书籍是《金刚经》，是在公元 868年刻印的，也是世界上最早的雕版印刷书籍。后来，我国毕昇发明的活字印刷术和现代的印刷术方法大致相同，德国人发明的活字印刷术晚于我国400 年。遗憾的是，毕昇的活字印刷术并没有得到广泛应用。

第 217 天　中国的哪项发明被称为人类的"文明之母"

古代中国共有四大发明：印刷术、指南针、造纸术和火药。其中，很多学者都把印刷术称作是人类的"文明之母"，这是为什么呢？

在印刷术发明之前，一切文化的传播和保存都是靠会写字的人用手去抄，这不但浪费了时间，而且还很容易出现错误，这其实在很大程度上阻碍了社会的进步。

印刷术发明后，给各种书籍的流传和保存都带来了很大的便捷。不但是书籍的数量大增，而且质量也大优于以前的手抄本。从五代开始，中国就已经形成了官府刻书、坊间刻书和私人刻书三大刻书系统，出现了许多著名的刻书中心、刻书机构和刻书家，他们对中国文化的保存、积累、传播、交流都起了巨大的作用。同时，印刷术也为世界文化的发展起到了不可小视的推动作用。

到 15 世纪时，活字印刷术传到欧洲，改变了欧洲只有僧侣才能读书和受高等教育的状况，对于欧洲的文艺复兴、西方近现代印刷术的产生和发展，以至整个世界文化的发展和传播都产生了极为深远的影响。因此，印刷术被称为人类的"文明之母"是一点也不为过的。

第 218 天　你了解养蚕种桑技术在中国的发展历程吗

养蚕种桑技术在中国的发展历史极为悠久。相传养蚕缫丝是黄帝的妻子嫘祖发明的。

传说黄帝战胜了凶恶的蚩尤，蚕神亲自手捧着两束洁白的丝前来敬献给黄帝，向他表示祝贺，黄帝看到这样漂亮洁白的东西非常惊喜，赶忙吩咐皇后嫘祖用这丝来织绢。没过多久，嫘祖就织了一幅又轻又软的绢。随后，她又用绢给黄帝做了一套礼服和一顶礼帽。

后来，嫘祖亲自养起蚕来，黄帝还下令臣民种植桑树，就这样，蚕种不断地滋生繁衍，桑树也越来越多，遍及我们祖先居住的大地。

传说的真实性我们无从考证，但是有文献史实可以证明早在商周以前人工养蚕已经出现。河南安阳的山东黄都等地的殷墓中，都发现有形态极为逼真的玉蚕。反映夏末商初的《夏小正》中也有记载："三月……摄桑……始蚕。"而在商代的甲骨文中，也有关于蚕神和祭祀神的记载。到了周代，栽桑养蚕在中国南北广大地区都有所发展。据《诗经》、《左传》、《礼仪》等古书记载，当时已经有专门的蚕室和养蚕器具，如蚕架、蚕箔等。

第 219 天　脚踏纺车是如何发明的

关于纺织业的起源，古人最早是使用纺锤纺织麻、葛的。这种纺织技术的效率极为低下，而且纺出的线的捻度也不均匀，但这种纺织技术一直持续到西汉。

后来，人们在长期的劳动实践中发明了手摇单锭纺车，这种纺车是从纺丝车演变而来的。单锭纺车效率不高，一昼夜能纺 3 两到 5 两纱。单绽纺车的发明时间有待查考，现在能见到的是公元 4 到 5 世纪我国东晋著名画家顾恺之一幅画上的脚踏三锭纺车。现在所知的最早一例脚踏纺车见于南宋蔡骥编订的《新编古列女传·鲁寡陶婴》插图中，这是一架 3 个锭子的麻纺车。

元代出现了脚踏五锭麻纺车，每昼夜能纺 2 斤纱。此外，这时还有人力、畜力或水力引动的大纺车，有 32 枚纱锭，一昼夜能纺 100 斤纱，这是当时世界上最先进的纺纱机械。

第 220 天　有"木工祖师"之称的人是谁

木工在中国的发展历史也是极为久远的，有木工祖师之称的是鲁班。

鲁班，约生于鲁定公三年（前 507 年），原名公输般或公输班，春秋鲁国人，因而后人称其为鲁班。鲁班出生于世代工匠家庭，从小就跟随家里人参加过许多土木建筑工程劳动，逐渐掌握了生产劳动的技能，积累了极为丰富的实践经验，成为一名杰出的能工巧匠。

鲁班很注意对客观事物的观察、研究，并致力于创造发明。一次攀山时，他的手指被一棵小草划破，他摘下小草仔细地察看，发现草叶两边全部都是排列均匀的小齿，于是就模仿草叶制成伐木的锯。他看到各种小鸟在天空自由地飞翔，就用竹木削成飞鹊，借助风力在空中试飞，三天不落地。传说他制成机动的木马，能够自动行走。他最重要的发明，还数攻城器械云梯，它的发明大大地推进了中国古代的战争技术。

后来，他还发明了曲尺、墨斗、刨子、凿子等各种木作工具和磨、碾、锁等。因为其对木工的发展做出了杰出的贡献，成就突出，所以，后来的工匠就一直将他尊为"祖师"。

第 221 天 古代的"浑仪"是用来干什么的

浑仪是古代一种天体测量仪器，我国古代天文学家主要用它来测量天体坐标和两天体间的角距。

浑仪中的窥管特别重要，这个管子是中空的，和现在的望远镜比较相似，但是没有镜头。如果人眼透过这根空的管子望去，就能看到天上的一小部分，如果将这个窥管不停地变换位置，就可以从不同的角度望见天空的不同区域。

四游仪是支撑窥管的物体。在四游仪的作用下，窥管才能来回地活动，并可以指向天上的任何一个位置。四游仪是一个双重的圆环，窥管就被固定在了中间。窥管虽然被固定在双重圆环的中间，但是可以自由地滑动，可以观看到双环平面内的任何一个方向。另外，双环所固定的两个支点可以任意地转动，所以双环所在平面可以扫过整个天球。这样一来，在双环和窥管的共同旋转之下，就可以实现使窥管能够指向天球上任何一个方向的目的。

历史上曾经制造过不同种类的浑仪，可每一种浑仪都少不了四游仪这个得力的帮手。除了四游仪和窥管外，浑仪组成部分还有代表地面的地平圈、南北方向的子午环、东西方向的卯酉环等。

第 222 天 古人是如何"制盐"的

在我国古代，自然盐称为"卤"，把经过人力加工的盐称之为"盐"。古代最早发现和利用自然盐，是在洪荒时代，与动物对岩盐、盐水的舐饮一样，是出自生理本能。

在 20 世纪 50 年代，在福建出土的文物中有煎盐器具，证明了最晚在仰韶时期（前 5000～前 3000 年）古人已经学会煎煮海盐。

据古籍记载，炎帝（传说中的神农氏）时的诸侯沙氏首创用海水煮制海盐，即所谓的"宿沙作煮盐"。实际上，用海水煮盐，也不可能是宿沙氏一人之所为，而是生活在海边的古代先民经过长期摸索和实践创造了海盐制作工艺。在当前尚无更新的考古发现和典籍可资证明的情况下，"宿沙作煮盐"可视为中国海盐业的开端，宿沙氏是我国海盐的创始人。

第 223 天　古人是如何"制糖"的

中国是世界上最早制糖的国家之一。早期制得的糖有饴糖、蔗糖，而又以饴糖为主。

饴糖是一种以米（淀粉）和以麦芽经过糖化熬煮而成的糖，俗称"麦芽糖"。自西周创制以来，民间流传普遍，广泛被人们所食用。西周至汉代的史书中都有饴糖食用和制作的记载。其中，北魏贾思勰所著的《齐民要术》中记述最为详尽，书中对饴糖的制作方法、步骤和要点等都进行了叙述。

我国用甘蔗制糖的历史也是极为久远的。在汉代之前，蔗糖还不是作为糖的主要品种独立存在，而是被看作饴的一类。南北朝时期，蔗糖的制造技术已经比较成熟了，已能制出结晶蔗糖了。

自战国时代开始能从甘蔗中取得蔗浆之后，种植甘蔗已经日益兴盛，甘蔗制糖技术逐步提高，经近千年的发展，至唐宋年间，已经形成了颇具规模的作坊式制糖业。

唐宋以来，制糖技术逐步得到发展，一些新的技术、新的工艺相继出现，土法制取的白糖、冰糖等新品也相继出现，同时也产生了一些制糖的理论著作。

第 224 天　你了解古代的"灌钢"技术吗

我国古代最早的灌钢技术始见于东汉晚期，那时候人们已经开始用灌钢的方法用于制作刀剑。灌钢的工艺过程大致可以分为：将熔化的生铁与熟铁进行合炼，生铁中的碳会向熟铁中扩散，并趋于均匀的分步，且可以去除部分杂质而成优质的钢材。

南北朝时期，灌钢在我国南北各地推广而来，且用于农具的制作中。《重修政和经史证类备用本草》卷四"玉石部"引梁陶弘景云："钢铁是杂炼生（生铁）鍒（熟铁）作刀镰者。"宋代以后，灌钢技术不断地改进，减少了灌钢的次数，以致一次炼成。沈括在《梦溪笔谈》卷三中说："世间锻铁所谓钢铁者，用柔铁屈盘之，乃以生铁陷其间，泥封炼之，锻令相入，谓之'团钢'，亦谓之'灌钢'……"并说："二三炼则生铁自熟，仍是柔铁"，反映了灌炼次数的减少。其中，把柔铁屈盘起来，是为了增加生熟铁的接触面，提高灌炼的效率，并促使碳分布更均匀；封泥则可以促进造渣，去除杂质，并起到保护作用。

明代的灌钢技术又进一步发展。据《天工开物》卷十四记载，已把柔铁屈盘改为薄熟铁片，进一步增加了生熟铁的接触面，加迅"生熟相和，炼成则钢"的进程。泥封亦改为草泥混封。灌钢又称"抹钢"、"苏钢"，其工艺自清至近代仍很盛行。

灌钢是我国古代钢的主要品种之一。因其含碳量极高，通常主要用来制作刀、剑、镰等兵器以及生产工具的锋刃部，对我国古代社会生产的发展起到了极为重要的作用。

第 225 天　水车是怎么发明的

我国在先秦时期，人们每逢干旱都要拿着瓦罐到附近的河中或者是井中获得水源，才能给自己的农田进行灌溉，特别麻烦。后来人们采用了一种新的取水方法，即一头有水桶，一头坠有石头，采用杠杆的原理，取水节省了力气。

那么，水车的出现是在什么时候呢？中国正式记载水车的时间大概在东汉时期。东汉末年灵帝时有毕岚制造的"翻车"，基本已经装有轮轴槽板。也有人说三国时魏人马均也制造过翻车。我们虽然无法证实究竟是谁制造了翻车，但是我们可以肯定的是东汉到三国时期翻车正式产生，我们把这个阶段定为中国水车出现的最早阶段。

第 226 天　中国第一次火箭载人飞行尝试在什么时候

在很多人的观念中，火箭这种先进的武器是近代才有的。其实不然，我国在明代就发明了"火箭"。明代人发明的火箭大都是"多发火箭"，如同时发射 10 支箭的"火弩流星箭"；同时发射 32 支箭的"一窝蜂"；最多可发射 100 支箭的"百虎齐奔箭"等。火箭的发明使人产生了利用火箭的推力飞上天空的伟大愿望。

据史书记载，在 14 世纪末期，明朝的一位叫万户的勇敢者进行了一次火箭载人飞行实验。他把自己捆在椅子面前，在座椅后装了 40 多个当时最大的火箭，两手又分别持一个风筝，希望能加强上升的力量。但万户这次试验以失败告终，他也不幸牺牲。为了纪念万户献身于宇航事业的伟大创举，世界科学界将月球背面的一个火山口命名为"万户火山口"。

第十一章
考古探秘：古老国度
的特色文化

第 227 天 "华夏第一都"指的是哪里

考古学家于 1959 年发现的二里头遗址，位于河南洛阳偃师二里头村，距今约 3800～3500 年，相当于中国历史上的夏、商时期，是探索华夏文明的重要遗址。1960 年，考古学家在二里头遗址的上层发现了一处具有宏大规模的宫殿基址，是中国迄今发现的最早宫殿建筑基址。

二里头遗址按先后顺序共分四期，一二期为石器、陶作坊、村落文化；三四期属青铜和宫殿文化。其中的古遗迹包括：宫殿建筑基址、平民居住址、手工业作坊遗址、墓葬和窖穴等；出土的器物有铜器、陶器、玉器、象牙器、骨器、漆器、石器、蚌器等。不仅发现了大量原始的青铜器，而且还发现了当时的铸铜遗址，可见我国在夏朝已经掌握相当成熟的青铜冶炼、铸造的技术，同时也反映出洛阳是我国最早进入青铜时代的地区。

2011 年，考古工作者在二里头又发现了新的 5 号基址与之前发掘的 3 号基址东西并列，基址中包括距今约 3600 年，保存最好的商代国家级祭祀场的源头区，该区为夯土建筑，总面积超过 2100 平方米，是迄今（2011 年）为止保存最好的二里头文化早期大型宫殿建筑。

这个看似不起眼的村庄，曾是中国第一个王朝都城的所在地，与后来的商周文明一道构成华夏民族文化发展的主流，确立了以礼乐文化为根本的华夏文明的基本特质。

第 228 天　被称为"世界农业文明曙光"的遗址是哪个

上山遗址位于浙江省金华市北的浦江县，是中国迄今发现年代最早的新石器时代遗址之一。

上山遗址距今约 9000～11000 年。河姆渡遗址出土的 7000 多年前人工栽培的水稻，曾作为世界水稻业起源的研究热点，而上山遗址又将这一纪录提前了3000 多年。上山遗址的发掘是对我国古代新石器时期考古的重大突破。

上山遗址出土的夹炭陶片的表面上发现大量的稻壳印痕，胎土中夹杂大量的稻壳。对陶片取样进行植物硅酸体分析显示，这是经过人类选择的早期栽培稻。这一结论表明，上山遗址是迄今发现的、保存丰富栽培稻遗存的、年代最早的新石器时代遗址，这证明了上山遗址所在的长江下游地区是世界水稻农业的最早起源地之一。

在我国迄今发现的万年以上的早期新石器时代遗址中，大多以山地、洞穴类型为主，而上山遗址位于浙中盆地，周围开阔平坦，是早期人类居住生活的另一种模式。遗址中发现了结构完整的木构建筑群落，说明了长江下游地区在新石器时代早期的生活发展中具有优势地位。

第 229 天　"海南一号"是哪个时期的船只

"南海一号"是一艘南宋时期的木质古沉船，沉没于广东阳江市平港以南约 20 公里处，直到 1987 年在广东阳江海域发现。

据初步推算，"南海一号"古船是尖头船，整艘商船长 30.4 米、宽9.8 米，船身（不算桅杆）高约 8 米，排水量最大估计可以达到 600 吨，载重可能近 800 吨，是目前发现的最大的宋代的船只。

专家从船头位置推测，这艘古船是从中国驶出，赴新加坡、印度等东南亚区或中东地区进行海外贸易。令人惊奇的是，这艘沉船没海底近千年的古船船体竟然保存完好，船体的木质仍旧坚硬如新，敲起来当当地作响。这艘沉船的出现对我国古代造船工艺、航海技术研究以及木质文物长久保存的科学规律研究提供了最为典型的标本。

"南海一号"现已经被整体平移到海岸边那座正在兴建的博物馆中，然后放入一个巨型的玻璃缸当中，一边发掘一边展览。后来，考古队对商船进行了小规模的试掘，并打捞出金、银、铜、铁、瓷等类文物4000余件，多数都是十分罕见的甚至绝无仅有的文物珍品。

"南海一号"的发现和打捞，其意义不仅在于找到了一船数以万计的稀世珍宝，而且它还蕴藏着超乎想象的信息和非同寻常的学术价值。因为"南海一号"不仅正处于海上丝绸之路的航道上，而且它的"藏品"数量和种类都异常丰富和可贵，给此段历史的研究提供了极为可信的模本。对这些水下文物资源进行勘探和发掘，可以复原和填补与古代中国"海上丝绸之路"密切相关的一段历史空白，也很可能带来"海上丝绸之路学"的兴起。

第230天　尼雅遗址是关于哪个古国的记载

尼雅遗址是汉晋时期古精绝国遗址，位于新疆的民丰县。古遗址以佛塔为中心，该遗址面积达175公里。遗址内发现有房屋、佛教塔寺、果园田地、冶炼陶窑等，出土了大量陶器、铁器、铜器、纺织品、木简等文物。除此之外还发掘出了炼铁遗留下来的炭渣和烧结物。这些宝贵的发现为探索古代时期中原王朝与西域古国的关系、研究丝绸之路和东西文明交流提供了珍贵的资料。

《汉书》和《后汉书》中都提到塔里木盆地南端曾有一个叫作"精绝"的国家，斯坦因和王国维都将精绝国的位置定在尼雅河流域的尼雅遗址，在当地发现的一枚汉文木简上也写有"汉精绝王"的字样。可见，古精绝国就存在于雅遗址一带。经专家证实，尼雅遗址正是《汉书西域传》中记载的有"户480、口3360、胜兵500人"的"精绝国"故地。精绝国人在历史上被熟知时，已经改名为鄯善的楼兰国的子民，作为一个袖珍国家，仅有500名士兵的精绝国在那个战火纷飞的年代，独立生存的概率是很渺茫的。楼兰国在改名鄯善之后，因为是西出阳关第一站，又得到了中原王朝的扶植，曾经盛极一时。大约在东汉王朝的末年，强大起来的鄯善兼并了包括精绝在内的邻近的几个绿洲城邦。从那时起，尼雅河流域被纳入鄯善王国的版图，变成了它的一个行政区，精绝国改名为精绝州。

第 231 天　世界年代最为久远的佛塔地宫指什么

西安的法门寺地宫打开了佛教和盛唐王朝的宝藏，是世界上迄今为止发现的年代最为久远、规模最为宏大、等级最高的佛塔地宫。

地宫出土的佛指舍利，是世界上目前发展的有文献记载和碑文证实的释迦牟尼佛真身舍利，是佛教世界的最高圣物。地宫中有 27000 多枚钱币、13 枚玳瑁开元通宝是世界上目前发现最早的、绝无仅有的玳瑁币。

另外，地宫中出土的一整套宫廷茶具是目前世界上发现的年代最早、等级最高、配套设施最完整的宫廷茶具，打破了日本茶文化起源说。地宫中出土的双轮十二环太锡杖长 1.96 米，是目前世界上发现的年代最早、体形最大、等级最高、制作最精美的佛教法器。

地宫中发现的 13 件宫廷秘色瓷是世界上目前发现年代最早，并有碑文证实的秘色瓷器。700 多件丝织品几乎囊括了有唐一代所有的丝绸品类和丝织工艺，堪称唐代丝绸的宝库，是唐代丝绸考古的空前大发现。

地宫中盛装第四枚佛舍利的八重宝函是世界上发现的制作最精美、层数最多、等级最高的舍利宝函。安奉第三枚佛祖真身舍利的鎏金银宝函上面錾刻金刚界四十五尊造像曼荼罗，是目前世界上发现的最早的密宗曼荼罗坛场。

法门寺地宫是一部追溯历史文化的佛教"史记"，也是一幅展现佛教圣地的历史画卷，被称为"世界第九大奇迹"。

第 232 天　被誉为"东方卢浮宫"的古遗迹是什么

莫高窟俗称"千佛洞"，位于甘肃省敦煌市境内，为我国的四大石窟之一。是世界上现存规模最大、保存最完好的佛教艺术宝库，有着"20 世纪最有价值的文化发现"的美誉。

莫高窟于公元366年开凿于鸣沙山东麓断崖上，南北长约1600多米，上下排列5层，错落有致，形如蜂房鸽舍。相传，有位叫乐尊的和尚路经此山时偶然看见山顶上金光万道，如同万佛现身，虔诚皈依的乐尊被这种景象震撼了，认为佛光显现即是佛门圣地，于是乐尊便决定在这里拜佛修行，在岩壁上开凿了第一个洞窟，此后，大量佛门弟子、帝王将相、黎民百姓都来此捐资开窟，一直到清朝的1500年里，共建造大小石窟480多个。后来法良禅师取其"沙漠高处"之意，将其命名为莫高窟。

莫高窟现存北魏至元的洞窟735个，共分南北两区。南区是莫高窟的主体，有487个洞窟，均有壁画或塑像。北区有248个洞窟，只有5个存在壁画或塑像。石窟内布满了彩塑佛像和与佛教典故相关的壁画。壁画内容和数量的丰富是其他宗教所不能媲美的。

第233天　哪个古迹被誉为世界最大的地下军事博物馆

秦始皇陵位于西安市临潼区东部，距西安市区37公里，北临渭水，南倚骊山。1974年，皇陵东部的西杨村村民在打井时，无意间发现了3处规模宏大的兵马俑陪葬坑，三坑呈品字形排列，总面积高达21000平方米左右，共出土陶俑8000件，兵器、战车数万件。

秦始皇兵马俑陪葬坑面积之大有着世界最大的地下军事博物馆之称。俑坑的结构较为奇特，在5米深的坑底，每隔3米架起一道东西走向的承重墙，兵马俑在墙间空当的过洞中顺序排列。三坑中以一号俑坑面积最大，东西长230米，南北宽62米，呈长方形分布，深约5米，总面积达14260平方米，坑的四周设有斜坡门道。俑坑中以武士俑居多，这类人俑平均身高在1.7米左右，最高的达1.9米。陶马身长2米左右，高约1.5米，战车与实用车大小相等。

二号俑坑位于一号坑的东北侧和三号坑的东侧，东西长96米，南北宽84米，总面积约为6000平方米。坑内建筑与一号坑相同，但兵俑较为齐全，是由骑兵、步兵、弩兵等多兵种构成的特殊布阵，是三坑中最为壮观的军阵。

三号坑位于一号坑西北侧，与二号坑东西走向相对，南距一号坑25

米，东距二号坑 120 米，总面积约为 520 平方米，呈"凹"字形分布，三号坑共出土兵马俑 68 个。从布局来看，三号坑应为一二号坑的指挥部。三号坑是三个坑中唯一一个没有被大火焚烧过的，所以出土的陶俑身上留有残存的彩绘，颜色比较鲜艳。

第 234 天　秦始皇陵墓总共修了多少年

秦始皇自 13 岁即位起就开始在骊山修建自己的陵墓，统一六国之后，又从各地征发了十万多人继续修建，直到他 50 岁死去，共修了 37 年。秦始皇名政，儿子即位后叫秦二世。

据史书记载，秦始皇陵挖至泉水之下，然后用铜汁浇铸加固。墓宫中修建了宫殿楼阁和百官相见的位次，放满了各种各样的奇珍异宝。为了防范盗窃，墓室内设一触即发的暗箭。墓室弯顶上饰有宝石明珠，象征着天体星辰；下面是百川、五岳和九州的地理形势，用机械灌满了水银，象征江河大海川流不息，上面浮着金制的野鸡；墓室内点燃着用鲸油制成的"长明灯"。陵墓周围布置了巨型兵马俑。陵墓的设计，处处体现了这位始皇帝至高无上的权力和威严。

公元前 210 年，秦始皇暴死于沙丘平台（今河北平乡）。死后两个月，尸体运回咸阳，举行大规模的丧葬仪式。入葬时，秦二世胡亥下令，将秦始皇的宫女一律殉葬，修造陵墓的工匠也一律殉葬于墓中。

第 235 天　仰韶文化有什么代表性

仰韶文化是黄河中游地区重要的新石器时代文化，因为它于 1921 年在河南省三门峡市仰韶村被发现，所以被称为仰韶文化，其存在时间大约在公元前 5000 年至 3000 年间。

仰韶文化主要分布于黄河中下游一带，以河南西部、陕西渭河流域和山西西南地区为中心，西及甘肃洮河流域，南达汉水中上游，东至河北中部，北抵内蒙古河套地区。已发掘出近百处文化遗址，出土文物均反映出比较同一的文化特征。

仰韶文化是一个以农业为主的文化，生产工具以较发达的磨制石器为主，常见的有刀、斧、锛、凿、箭头、纺织用的石纺轮等。骨器也相当精致。有较发达的农业，作物为粟和黍。其村落或大或小，比较大的村落的房屋有一定的布局，周围有一条围沟，村落外有墓地和窑场。村落内的房屋主要有圆形或方形两种，早期的房屋以圆形单间为多，后期以方形多间为多。仰韶文化的农耕石器包括石斧、石铲、磨盘等，除此之外还有骨器。除农耕外，仰韶文化的人显然还进行渔猎。在出土的文物中有骨制的鱼钩、鱼叉、箭头等。

仰韶文化前期的陶器多是手制的，中期开始出现轮制的。一些陶器上留有布和编织物印下来的纹路，仰韶文化在历经2000年的发展蜕变后，逐渐形成为中华民族原始文化的核心部分。1961年，国务院将仰韶文化遗址定为国家重点文物保护单位。

第 236 天　故宫为何有 9999 间半房呢

故宫作为世界文化遗产，流传着其有房屋9999间半间房的说法，很多人都会感到好奇，这故宫房间为何是9999间半呢，这究竟有什么讲究？

关于此，主要有以下几种说法：

1. 天帝说

相传，当初修建故宫的时候，明朝的朱棣，也就是世人皆知的永乐皇帝打算把宫殿的总间数定为一万间，可是就在他下圣旨的第五天晚上，他突然做了一个梦。他梦见自己被玉皇大帝召到了天宫的凌霄宝殿，只见那玉皇大帝满脸的怒气，永乐皇帝不知道是怎么回事。后来一问才知道自己要建的宫殿数一万间压过了天宫一万间的数。于是他说道："请玉帝息怒，小臣多有冒犯，我这凡间的宫殿数哪能超过您这天宫呢！"

玉皇大帝听他这么一说，脸上顿时有了笑意。所以，故宫就只建了9999间半房。

2. 易经说

《易经》里讲究九九之数，除"九五至尊"的概念外，还讲究一个

"不满"的概念，因为"满"和顶峰都意味着接下去是衰落，所以，故宫的建造不满一万间。

3. 奇偶说

故宫有9999间半房，那半间指文渊阁楼下西头的那一小间。文渊阁西头这间，面积颇小。文渊阁是保存我国第一部《四库全书》的处所，为了取"天一生水，地六成之"，以水克火之意，文渊阁一反紫禁城房屋多以奇数为间的惯例，采用了不讲对称的偶数——6间，但又为了布局上的美观，西头一间建造得格外小，似乎是半间房。

第 237 天　有"绿洲古国"之称的遗址是哪个

楼兰是汉朝时期西域的一个古国，他们居住于塔克拉玛干沙漠东部、罗布泊西北部。根据《史记·大宛列传》和《汉书·西域传》记载，楼兰在公元2世纪以前是西域一个著名的"城廓之国"，有14000余人口，士兵近3000人，在远古时期算得上是一个泱泱大国。古楼兰又是古代丝绸之路上西出阳关的第一站，可谓是"使者相望于道"，市井一片繁荣之象。

根据郦道元的《水经注》记载，东汉以后，由于当时塔里木河中游的注滨河改道，导致楼兰严重缺水，敦煌的索勒率兵1000人来到楼兰，又召集鄯善、焉耆、龟兹三国兵士3000人，不分昼夜横断注滨河，引水进入楼兰，缓解了楼兰缺水困境，但楼兰城最终还是因断水而废弃。

经新疆考古工作者在1979年至1980年的研究发现，楼兰古城的确切位置是在东经89度55分22秒，北纬40度29分55秒。全城占地面积108000多平方米。城墙高约4米，宽约8米，为黄土夯筑。居民房屋全部为木质结构，院墙是芦苇或柳条编扎而成，上面抹上黏土。城中的唯一一件土建筑为古楼兰统治者的住所，房屋坐北朝南，墙高2米，墙厚1.1米。

1995年12月，在新疆库尔勒专门召开了关于楼兰研究的国际会议，"楼兰学"已成为涉及考古、环境、地质、地理、水文、气象、经济、文化等多方面研究的学科。

第 238 天 "金缕玉衣"是如何制作的

金缕玉衣始于西汉时期（前 206～220 年），是当时规格最高的丧葬殓服，多为皇帝和朝廷重臣死后入殓所穿。玉衣是一种封建等级的象征，据史料记载，汉代皇帝死后身穿金缕玉衣，其他皇室贵族依地位高低分别身穿银缕玉衣或铜缕玉衣。

《西京杂记》记载，当时帝王下葬都用"珠襦玉匣"，此匣的外观有如铠甲，用金丝相连。这里说的玉匣就是人们常说的金缕玉衣，古代人们十分迷信玉能够保持尸骨不腐，更把玉作为一种贵重的礼器和身份的象征。

时至今日，我国考古工作者共发现 9 件金缕玉衣，其中以河北满城一号墓出土的中山靖王刘胜的金缕玉衣最具代表性。全衣由 1000 多克金丝连缀 2498 片大小不等的玉片构成，上百个工匠耗时两年多才完成，精巧的设计、精细的做工，使其成为了难得的旷世之宝。

金缕玉衣的工艺要求十分严格，汉朝的帝王们还为此专门设立了玉衣制作的"东园"。工匠先将大量的玉片进行筛选、钻孔、打磨等十几道工序的准备工作后，才能把玉片按照人体不同的部分设计成相应形状和大小，再将其用金线相连制成成衣。后来，由于金缕玉衣的制作成本巨大，而且众多帝王陵墓遭到了盗墓毁尸的厄运，三国时期的魏文帝命令禁止使用玉衣，玉衣从此在王室中消失，淡出历史舞台。

第 239 天 迄今发现的最古老的岩画在哪里

将军崖岩画位于江苏连云港市，是中国新石器时代中晚期的刻画在崖壁上的图画，著名考古学家苏秉琦先生称之为我国最早的一部天书。

将军崖岩画位于连云港市海州区锦屏镇桃花村将军崖下一个隆起的山包上。山包上有一块巨大的原生石以及在原生石下排放着 3 块不规则的自然石，3 组岩画就围绕着这 4 块大石，排列在长 22 米、宽 15 米的北、南、东 3 面。在岩画北侧的山岩上原有一个石棚，石棚里的崖壁上有一组"将军牵马"的岩刻，这就是"将军崖"得名的由来。第一组岩画位于山坡的西侧，南北长 4 米、东西宽 2．8 米，以人物和农作物图案为主。在农作物与人物之间还有鸟面、鸟头、圆点等刻画符号。第二组岩画位于山坡的南侧，南北长 8 米，东西宽 6 米，岩画内容以星云鸟兽图案为主。第三组岩画在山坡的东部，由人面像和各种古代字符组成，绘画手法以短线和圆点间杂其中为主。

第 240 天　有"天下第一陵"之称的地方指哪里

位于陕西乾县的乾陵是中国乃至世界上独一无二的一座两朝帝王、一对夫妻皇帝的合葬陵，里面埋葬着唐朝的第三位皇帝唐高宗李治和历史上唯一一位女皇帝武则天。

乾陵修建于 684 年，正值盛唐时期，国力充盈，历时 23 年完工，其建筑富丽雄伟、规模宏大，堪称"历代诸皇陵之首"。据史料记载，乾陵内外共有两层城墙、四个城门，内有献殿阙楼等诸多宏伟的建筑。经考古学家实际勘探，乾陵内城总面积达 240 万平方米，分别在城墙的南面设有朱雀门、北面玄武门、西面保护门、东面青龙门。进入乾陵头道以后要经过537 阶台阶才能到达"司马道"（通往唐高宗陵墓碑），道路两旁现存华表一对、石马五对，鸵鸟、翼马各一对，翁仲十对，石碑两道。东为武则天无字碑，西为述圣纪碑。唐高宗的墓碑高 2 米，为陕西巡抚毕源所立，碑的右前侧另有郭沫若题写的"唐高宗李治与则天皇帝之墓"的小墓碑。

乾陵内除了高宗和武则天的主要墓室外，还有 17 座陪葬墓，分别为：太子墓两座（章怀太子李贤、懿德太子李重润）、公主墓四座（义阳公主、永泰公主、安兴公主、新都公主）、王爵墓三座（许王李素节、彬王李守礼、泽王李上金）、大臣墓八座（高侃、李谨行、刘仁轨、卢钦望、杨再思、刘审礼、薛元超、王及善）。考古学家已于 1960～1971 年先后发掘了章怀太子墓、永泰公主墓、懿德太子墓、大臣薛元超和李谨行墓 5 座陪葬墓，共出土了 4300 多件珍贵文物，对唐代社会、经济、文化和宫廷生活的研究具有重要价值。

第十二章
茶酒文化：中华文明发展
历程中绚烂的一笔

第 241 天　何时开始有了茶

历史上，关于茶的起源时间一直是众说纷纭，其中有几个比较典型的说法：

1. 起源于上古神农氏：据陆羽的《茶经》中记载："茶之为饮，发乎神农氏。"而有这种说话并不奇怪，在我国的文化发展史上，一切与农业、植物等相关的事物，追溯其源头，都喜欢同神农氏相连。有人认为，茶的来历是一次神农在野外用釜锅煮水的时候，几片叶子刚好飘进锅中，煮的那锅水也因为这几片叶子的飘入颜色变得微黄，饮入口中生津止渴、提神醒脑。尝遍百草的神农判断这是一种很好的药物，从此有了茶，还有人认为，茶的由来是语言上的加以附会形成的。相传，神农有一个水晶肚子，从外观上就可以看到肚子内的食物在肠胃中的蠕动情形。一次，神农尝到茶，发现饮下后，茶在肚子中四处流动，清洗了肠胃，于是神农称呼这种药物为"查"，后来又转成了"茶"。

2. 起源于西周时期：据常璩的《华阳国志·巴志》中记载："周武王伐纣，实得巴蜀之师，……茶蜜……皆纳贡之。"表明，在周朝武王伐纣的时候，周武王就收到了巴国（今川北及汉中一带）进贡的茶及其他一些珍贵产品。同时，在我国首部以文字记载茶的典籍《华阳国志》中还记载，西周时期就已经开始有人栽培茶树了。因为《华阳国志》的关系，这种说法可信度还是比较高的。

3. 起源于唐代：这种说法是因为在唐代之前，"茶"字的写法为"荼"，后来唐代《茶经》作者陆羽在《茶经》中，将"荼"字改成了"茶"。所以有人认为茶起源于唐朝，但实际上，"荼"变成"茶"只是一个文字的简化过程，并不能有力地证明茶起源于唐朝，这种说法的可信度并不是很高。

除了以上三种说法，关于茶的起源还有秦汉、三国时期之说。至于茶的起源时间究竟在什么时候，今已经无所考证了，虽然众说纷纭，但每种说法都没能拿出"铁证"，所以不能证明茶的起源时间究竟在何时。

第 242 天　三道茶分为哪三道

"三道茶"源自白族。在白族，适逢过年、生辰寿诞、男婚女嫁、拜师学艺等喜庆日子，"三道茶"是不可缺少的一项款待宾客的习俗。那么，这"三道茶"究竟是怎么一回事？分为哪三道？下面让我们来了解一下。

"三道茶"，即"一苦、二甜、三回味"三道茶。这三道茶在制作过程中，每道茶的制作方法及所用原料都是不一样的。

第一道，苦茶：首先由司茶者将一只小砂罐置于文火上烘烤，等砂罐烤热之后，取适量茶叶放入其中。为使茶叶受热均匀，"烤茶"的时候要不停地转动砂罐。等看到罐内茶叶颜色转黄，并发出"啪啪"响声时，注入事先准备好的沸水。片刻过后，主人将沸腾的茶水倾入茶盅，双手举盅献给客人。因为这道茶只是单纯的由烘烤、煮沸而制成，所以颜色看起来如琥珀，焦香扑鼻，滋味苦涩，所以称之为清苦之茶。苦茶通常只有半杯，客人要一饮而尽。

第二道，甜茶：第一道茶饮完后，主人重新用小砂罐置茶、烤茶、煮茶，但与第一道茶制作过程不同的是，茶盅中放入了少量的红糖。第二道茶味道甜中带香，甚是好喝。

第三道，回味茶：煮茶方式与前两道相同，但茶盅中所放的原料已有改变，换成了适量蜂蜜、少许炒米花、若干粒花椒、一撮核桃仁，茶汤容量通常为六、七分满。在饮用第三道茶之前，要晃动茶盅，使里面的茶汤和佐料均匀混合，然后趁热饮下。第三道茶甜、酸、苦、辣，各味俱全，回味无穷。

这三道茶不仅味道各有特色，同时还蕴含了三条人生哲理。第一道，人生首先要学会吃苦；第二道，苦尽甘来；第三道，勿忘曾经，多多回味，记得，人生乃先苦后甜。

第 243 天　我国的十大名茶都有什么

我国的茶文化源远流长，其中，由全国"十大名茶"评比会在 1959 年评选出的"十大名茶"，可以说是我国比较具有代表性的名茶，它们分别为：

1. 西湖龙井，产于杭州西湖周围的群山之中。以"色、香、味、形"而闻名，是中国最著名的绿茶之一，流传着"不是画而胜于赏画，不是诗而胜于吟诗"的美誉。

2. 洞庭碧螺春，产于吴县太湖洞庭山。属绿茶。

3. 黄山毛峰，产于安徽省黄山。属绿茶，色、香、味、形俱佳，品质风味独特。

4. 庐山云雾，产于江西省九江市庐山。古称"闻林茶"，距今已有 300 多年历史，在宋朝时被奉为"贡茶"。

5. 六安瓜片，主产地是安徽省六安金寨县。此茶外形似瓜子，色泽翠绿，香气清高，味鲜甘美，耐冲泡。该茶历史久远，明代许次纾在《茶疏》中记载："天下名山，必产灵草。江南地暖，故独有茶。大江以北，则称六安。"

6. 君山银针，产于湖南省洞庭湖的君山。这是一种黄茶。因为产地范围很小，细芽分量很轻，所以产量很少，非常名贵。

7. 信阳毛尖，主产地是河南省信阳市各区镇。以"细、圆、光、直、多白毫、香高、味浓、色绿"的风格著称。因条索细秀、圆直有峰尖、白毛满披而得"毛尖"之名，长于信阳，故为"信阳毛尖"。

8. 武夷岩茶，产于福建"奇秀甲东南"的武夷山。乌龙茶中的极品。

9. 铁观音，产于福建省安溪县。乌龙茶的一种，介于绿茶和红茶之间的半发酵茶。其名字由来共有两种说法，一种是这种茶是以铁观音品种茶树制成的乌龙茶，所以叫作铁观音，另一种说法是"铁观音"名称乃乾隆皇帝所赐。

10. 祁门红茶，又称祁门工夫红茶，产于安徽省黄山祁门县一带。中国十大名茶中唯一的红茶。有水果的香味，有松木的味道（像正山小种）和花香。与印度的大吉岭红茶、斯里兰卡的乌伐红茶一同被誉为世界三大高香名茶。

第 244 天　被称为茶之母的是什么

"茶之母"，一壶好茶的灵魂与关键，而在一壶茶中扮演"茶之母"这个角色的，是水。为什么这么说呢？这还要从很久之前我国古人对水的高度评价开始说起。我国古人就认为水乃生命之源，道家创始人老子和儒家创始人孔子分别对水作出过细致的评价。老子认为，"上善若水"，孔子则认为水具有"德、义、道、勇、法、正、察、善、志"九种品德。

"茶之母"这个称呼在很久之前的古代就有，历代的茶人对于一壶好茶的取水都是有着不同的"特殊"讲究。比如，"初雪之水"、"朝露之水"、"清风细雨之中的无垠之水"。甚至还有人特意前往梅林之中，取花瓣上的积雪，等其融化后储存起来，深埋地下一年再取出，用来煮茶。这种取水方式在历代都被传为佳话。同时，古代的文人在一些诗词当中也对"茶之母"有所描写，如白居易的"融雪煎香茗"，辛弃疾的"红写茶经煮香雪"等。在煮茶用水上，乾隆皇帝也有着自己的要求，"遇佳雪每收取，以松实、佛手烹茶，谓之'三清'"。

关于煮茶用水，古人甚至将其当作一门专门的学问去研究。所以关于煮茶之水的名著历代也是数不胜数，如明人许次纾的《茶疏》，明代著名戏曲作家、声律家张大复的《梅花草堂笔谈·试茶》，张源的《茶录》等。

由此可见，好水对于一壶好茶的影响颇深，直接影响到茶水色、香、味的优劣，因此，水被称为"茶之母"。

第 245 天　"茶疗"具体指什么

在我国，茶并不能只是单纯的算作一种饮品，还可以说是一种独特的民俗文化形态。旧时的"三茶六礼"（即指旧时娶妻多用茶为聘礼）更是能体现出茶在我国所占据的地位。茶的作用也并不是单纯的用来饮用，还可作为单方或配伍其他中药组成复方，用来内服或者外用，以养生保健、防病疗疾，这也就是我们所说的茶疗。茶疗对于人体的保健有着很好的功效，一直是我国历代医学的重要组成部分。同时，相比于其他保健产品，茶的色香味俱佳，在保健的同时更是一种味觉与心灵上的享受，更容易使人坚持。关于茶疗的优势，共有以下几点：

1. 高品质、实效性：按照茶的功效细化分，每种茶都有着自己独一无二的疗效，对人的身体健康有着针对性的健康功效。饮用一段时间之后。就能感觉到明显的效果。

2. 原生态、安全性：一般的保健产品当中多多少少会含有一些药物的成分，而是药三分毒，在调养身体的同时对身体也是有着同样的伤害，而茶疗则不是，安全无副作用，质量可靠。

3. 形色香道、享受性：因为茶的口感和味道，所以使人在饮用的时候，不仅是对身体的一种调养，同时还是视觉、嗅觉、味觉的三重享受。

4. 居家旅行、便捷性：因为茶的携带便捷，所以可以做到随时随地即享即饮。

5. 走亲访友、礼品性：同时，茶还可以作为一种礼品送给亲朋好友，既代表一份心意，又代表一份健康，雅俗共赏。

第 246 天　我国饮茶技艺中的奇葩是什么

在我国多种多样的饮茶技艺中，有一种堪称是我国饮茶技艺中的一朵奇葩，那么，这朵中国饮茶技艺中的奇葩八宝油茶汤究竟是怎样一种茶艺呢？首先，让我们从它的制作方法开始了解。

八宝油茶汤的制作过程比较复杂，首先将煮后晾干的玉米、黄豆、花生米、团散（一种米面薄饼）、豆腐干丁、粉条等分别用茶油炸好，然后分别装入碗中。接着将茶叶和花椒放入有适量茶油的锅中翻炒。在进行这一步骤的时候要特别注意，要等到锅中茶油冒出青烟后才可以将茶叶和花椒放入锅中。翻炒一段时间之后，见叶色转黄并发出焦糖香时，向锅中倒入清水，并放姜丝。煮沸后再放入少许冷水，等到再次煮沸往里加入少量食盐和少许大蒜、胡椒之类，并用勺稍加拌动。

最后，将锅中的茶汤连同佐料全部倒入事先就炸好的黄豆、花生米等油炸食品中，这样，八宝油茶汤就全部制作完成了。

八宝油茶汤用料讲究，制作精细。喝在口中更是味道难忘，解渴又饱腹，其特异的风味是我国饮茶技艺中的一朵奇葩。

第247天　九道茶里的"九道"具体指什么

九道茶是一种主要流行于我国中国西南地区的饮茶方式，其中以云南昆明一代最为常见，多以冲泡普洱茶为主。那么，这种饮茶方式为什么被称为"九道茶"呢？这同它的饮茶步骤是有着直接关系的。

九道茶，又称为迎客茶，多用于家庭接待宾客。因为其饮茶共分为九道程序，所以名为"九道茶"。

1. 赏茶：珍品普洱置于盘中，用于宾客观形、察色、闻香，此期间，主人简述普洱茶文化，从而提高宾客饮茶的情趣。

2. 洁具：九道茶的茶具以紫砂茶具为上，冲洗的时候一般用开水，这样不仅可以提高茶具的温度，以利茶汁浸出，同时还可以很好的清洁茶具。

3. 置茶：将普洱茶放入壶中，至于放多少茶叶，要看茶壶的大小。标准按照1克茶泡50～60毫升开水的比例。

4. 泡茶：刚沸的开水迅速冲入壶中，至3～4分满。

5. 浸茶：冲泡过后，盖上盖子，稍加摇动之后静置5分钟左右，这样可以使茶完全溶解于水中。

6. 匀茶：打开壶盖，再向其中冲入开水，使茶汤浓淡相宜。

7. 斟茶：这一步同一些北方的饮茶习惯有着很大的不同。其斟茶的步骤并不是一杯一杯斟满，而是将半圆形排列的茶杯从左到右来回斟茶，至八分满为止。这样可以保证每杯茶汤都是浓淡一致。

8. 敬茶：主人手捧茶盘，按照长幼辈分，依次敬茶示礼。

9. 品茶：闻其香，品其味，享受饮茶之乐。

第 248 天　饮盖碗茶共分为几道程序

盖碗茶是我国传统的一种重要饮茶习惯，盛于清代，如今在西南地区的大、中城市流行。这种饮茶方式比较传统，被用于一般家庭待客。那么，盖碗茶在饮用的时候共分为哪几道程序呢？

1. 净具：即，将茶碗、碗盖、碗托清洗干净，值得注意的是，清洗时所用的水一定是温水。

2. 置茶：饮用盖碗茶在选茶的时候所选取的都是珍品茶，常见的有花茶、沱茶，以及上等红绿茶等。用量大约为3～5克。

3. 沏茶：沏茶所用的水是初沸开水，冲至茶碗口沿，然后将碗盖盖好，等待品尝。

4. 闻香：茶叶冲泡5分钟左右后，那时已经是茶汁浸润茶汤。这时则用右手提起茶托，左手掀盖，闻其香味。

5. 品饮：左手握住碗托，右手提碗抵盖，慢慢品尝，可以提神醒脑。

第 249 天　酒起源于哪里

众所周知，我国是酒文化的发源地，在酒的酿造上有着悠久的历史，据《神农本草经》中记载，酒起源于远古与神农时代。可以说，在我国数千年的文明发展史中，酒的发展与文化的发展基本是同步进行的。

最初的酒分为果酒和米酒。这两种酒的制作方法是将果实榨汁粮食蒸煮后，加曲发酵、压榨而成。这种制造方法一直从夏朝延续到唐宋。后来随着生产力的不断进步，酿酒的工艺也逐渐有了改进，由原来的蒸煮、曲酵、压榨，改为蒸煮、曲酵、馏。其中最大的突破就是对酒精的提纯。

我国是有着数千年历史的文明古国，地大物博，对酒文化不同地域也是有着不同的酒礼和酒俗。正是这些有着不同地域特点的酒礼酒俗，使我国成为了一个博大、渊深的名酒古国。在我国的诸多典籍中，对酒的记载也是数不胜数，如《礼记》："酒者可以养老也"《左转》："酒以成礼"等。这说明，酒在我国古时就有着多种多样的用途，是生活中不可缺少的。

第 250 天　酒是谁发明的

民间传说酒是杜康发明的，曹操在《短歌行》里也说"何以解忧，唯有杜康"，看来酒的发明和杜康有着密切的关系。那么，这个造酒者杜康又是何许人呢？

据《史记·夏本纪》和其他历史文献记载，杜康原名叫少康。夏朝的第四位君主帝相在位时，东夷首领寒浞发动政变，杀死了帝相，当时王后已经身怀六甲，逃亡到了一个叫"虞"的地方，顺利地诞下了一名男婴，王后希望孩子长大以后能像祖父仲康那样有一番作为，所以，就给他取名叫少康。

少年时的少康以放牧为生，长大后当上了牧正，职务就相当于现在的畜牧业部长。后来仇人寒浞听到了少康的消息，遂起了杀心，便派人对他行刺，以斩草除根。少康为了逃避追杀，流亡到了一个叫"杜"的地方，杜是夏朝的一个附属国，位置就在今天的山西省境内。少康在杜生活了很多年，所以人们就管他叫杜康。

年轻有为的杜康在杜谋到了一个不错的差事，当上了庖正，就是主管膳食的官员。当时杜的粮食多得吃不完，剩余的粮食发酵后，发出一股诱人的香味，产生的汁水异常甘美，这个奇特的现象引起了杜康的兴趣，他经过反复琢磨，终于掌握了自然发酵的原理，创造出了一套完整的酿酒工艺，成为中国酿酒业的开山鼻祖，此后他酿造的酒就被称之为杜康。所以曹操才在诗里用杜康来指代美酒。

杜康发明了美酒以后，并没有终日饮酒作乐，而是把更多的精力放在了兴复大业上，他在姺部落有鬲氏的帮助下，打败了寒浞，并将其杀死，光复了夏朝的统治，成为了夏朝的第六代国君。

第 251 天　酒都有什么样的别称

在我国酒文化历史悠久，甚至比茶文化还要久远。无论是古人还是今人，都喜欢将饮酒当作一项娱乐的方式。一些诗词、小说中，酒常常有一些代名词，而这些代名词往往是因为一些典故演绎而来，或者是根据酒的味道、颜色、功能、作用及酿造方法等等而定，这些别称同时也是酒文化的一个特色，那么，酒的别称都有什么呢？下面让我们来了解几个比较常见的酒别称。

杜康：杜康是古代高粱酒的创始人，所以后世将杜康作为酒的代称。在曹操的《短歌行》中还有这样一句话："何以解忧，唯有杜康。"

欢伯：因为酒能给人们带来欢乐，能为人消忧解愁。所以人们还将酒称之为欢伯。这个别号最早出字汉代焦延寿的《易林·坎之兑》："酒为欢伯，除忧来乐"。

杯中物：这是根据饮酒的器具而得名，因为在饮酒的时候酒大都用杯盛，所以又称酒为杯中物品。这个别称始于孔融名言："座上客常满，樽（杯）中酒不空。"陶潜在《责子》中也有写道："天运苟如此，且进杯中物。"

金波：这是根据酒的颜色而来，因酒色如金，在杯中浮动如波，故得名"金波"。张养浩在《普天乐·大明湖泛舟》中写道："杯斟的金浓滟滟。"

白堕：这是一个善酿者的名字。苏辙在《次韵子瞻病中大雪》中写道："殷勤赋黄竹，自劝饮白堕。"

冻醪：这个指的是春酒，因为是冬天酿造，以备春天饮用，故名"冻醪"。《诗·豳风·七月》中有这样一句记载："十月获稻，为此春酒，以介眉寿。"

壶觞：壶觞原本是一种盛酒的器皿，后来被当作酒的代称。陶潜在《归去来辞》中写道："引壶觞以自酌，眄庭柯以怡颜。"

壶中物：因为酒大多盛于壶中，故名"壶中物"。张祜在《题上饶亭》诗中写道："唯是壶中物，忧来且自斟。"

醇酎：这是专指上等酒的代称。

第 252 天　中国人传统的敬酒都有哪几种方式

在酒席上，为了拉近人与人之间的感情，人们互相敬酒，互相劝饮。那么，中国人比较传统的敬酒方式都有什么呢？

文敬：指的是主人有礼节的劝说客人喝酒，是一种传统酒德的体现。这种敬酒的方式主要指在酒席开始的时候，主人上前讲话，话毕，便开始了第一次敬酒，在主人敬酒的时候，宾主都要起立，表示平等、尊重。主人首先将自己杯中的酒一饮而尽，并将空酒杯口朝下，表明自己已经喝完，尊重客人的意思，随后，客人将自己杯中酒饮尽。之后，主人往往还分别到各桌去敬酒。

回敬：是客人向主人敬酒。在主人敬酒结束之后，客人往往也会进行回敬，这表示了客人对主人的尊重。

互敬：是客人与客人之间的相互"敬酒"，主要是为了使对方多饮酒。在此期间，敬酒者们会纷纷找出各种各样的敬酒理由，如果对方找不出反驳的理由，就要喝酒。这种在双方寻找论据的同时，人与人之间的感情也在交流中得到了升华。

代饮：这是一种既不失风度，又不使宾主扫兴的躲避敬酒的方式。如果本人不擅长饮酒，但主人又非得敬上以表达敬意，这时就可以请人代饮。而且，找代饮的人一般都与本人有着特殊关系，比如说，婚礼上男方和女方的伴郎、伴娘往往是代饮的首选对象。所以在挑选伴郎和伴娘的时候，一般首选酒量大的人。

罚酒：这是中国人"敬酒"的一种独特方式，而关于"罚酒"的理由也是五花八门。最为常见的一种就是对酒席迟到的人要"罚酒三杯"，"罚酒"中带着开玩笑的性质，所以不仅不会伤害到人与人之间的感情，还会使人与人之间的感情迅速升温。

第 253 天　婚礼上都有着怎样的饮酒习俗

从古至今，一场热闹的婚礼中最不能缺少的就是酒。下面让我们来了解几个比较典型的婚礼饮酒习俗。

"交杯酒"："交杯酒"适用于婚礼。洞房花烛夜时，新郎揭下新娘头盖，坐在新娘左边，这时娶亲太太捧着酒杯请新郎抿一口，同时送亲太太捧着酒杯请新娘抿一口，然后两位太太将酒杯交换，再请新郎新娘各抿一口。这就是所谓的"交杯酒"。

"谢亲席"："谢亲席"指的是将烹制好的一桌酒席置于特制的礼盒中，再由两人抬着送到女家，这样做是为了感谢亲家的养育女儿之情。同时还要做一桌"谢媒席"，这桌酒席用圆笼装上，由一人挑上送到媒人家中，"谢媒席"是为了感谢媒人的成全好事。

"接风酒"和"出门酒"："接风酒"又叫"进门盅"，是指送亲的人一到男家，新郎父母就要为其斟满两盅酒，以表示敬意。来宾面对"接风酒"也要全部饮尽，表示两家已为一家。"出门酒"指的是，在婚礼过后，女方家远者多在新郎家住一夜，次日离开的时候，男方家在送亲人返程时，新郎父母要恭候门旁内侧，敬贵宾的酒为出门酒。

会亲酒："会亲酒"指的是在订婚仪式上喝的酒。喝了"会亲酒"，就表示两家的婚事已定，婚姻契约已经生效，此后男女双方不得随意退婚、赖婚。

回门酒："回门酒"摆在结婚的第二天，新婚夫妇要回到娘家探望长辈。同时，娘家一方要置宴款待。这个流程被称为"回门酒"，回门酒只设午餐一顿，酒后夫妻双双回家。

交臂酒：婚礼上夫妻各执一杯酒，手臂相交各饮一口，主要是为表示夫妻相爱。

第 254 天　一些重大节日都有什么饮酒习惯

在我国的一些重大节日中，饮酒是必不可少的一项活动，那么，这些节日中饮酒都有着怎样的习惯呢？

1. 春节：即过年。春秋期间要饮酒，且要饮用屠苏酒、椒花酒（椒柏酒）。寓意吉祥、康宁、长寿。

2. 灯节：又称元宵节、上元节。一家人团聚畅饮一番，以祝贺新春佳节结束。

3. 中和节：又称春社日。这个节日有着饮中和酒、宜春酒的习俗，相传是可以医治耳疾，因而人们又称之为"治聋酒"。

4. 清明节：人们一般将寒食节与清明节合为一个节日，因为寒食节期间，不能生火吃热食，只能吃凉食，而饮酒可以增加热量，故在这个节日需要饮酒。还有一种说法是人们借酒来平缓或暂时缓解哀悼亲人的心情。

5. 端午节：又称端阳节、重午节、端五节、重五节、女儿节、天中节、地腊节。有饮菖蒲酒、雄黄酒的习俗，为辟邪、除恶、解毒。同时，饮蟾蜍酒和夜合欢花酒，为壮阳增寿、镇静安眠。

6. 中秋节：又称仲秋节、团圆节。饮"桂花东酒"。

7. 重阳节：又称重九节、茱萸节。有登高饮酒的习俗。

第十三章
天文历法：探寻宇宙和时光的奥秘

第 255 天 中国为何把一周叫作"一星期"呢

在中国，一周七天我们叫作"一星期"，这种叫法的来源是什么呢？

在光绪三十一年，即 1905 年，清廷宣布停止乡试、会试，废除延续了一千多年的科举制度，设立"学部"，袁嘉谷即奉命调入学部筹建编译图书局，后任该局首任局长。编译图书局下设编书课、译书课，任务是研究编写"统一国之用"的官定的各种教材。各种教科书的编写中自然会遇到一些"新名词"该如何处理的问题。

1909 年，编译图书局设立了一个新机构统一规范教科书中的名词术语。袁嘉谷亲自参加了这个馆的工作，主持制定了很多统一的名称。把七日一周制定为中国自己的"星期"，就是在袁嘉谷的主持下制定的。

我国古代历法把二十八宿按日、月、火、水、木、金、土的次序排列，七日一周，周而复始，称为"七曜"；西洋历法中的"七日为一周"，跟中国的"七曜"刚好相合。但袁嘉谷感到不顺口，使用起来不是很方便，便将一周称为一星期，以"星期日、星期一、星期二、星期三、星期四、星期五、星期六"依次指称周内各日。

第 256 天　中国远古时代的第一位天文学家是谁

中国远古时代的第一位天文学家叫羲和，是传说中的太阳女神。据传，她是东夷人祖先帝俊的妻子，共生了十个太阳。

羲和掌握着时间的节奏，每天由东向西，驱使着太阳不停地前进。因为有着不同寻常的本领，所以在上古时期，羲和又成了制定时历的人。

《尚书·尧典》中说："乃命羲和，钦若昊天，历象日月星辰，敬授人时。"大意为：指示羲和，密切关注着时日的循环，测定日月星辰的运行规律，给大家制定出计算时间的办法。

同时，又传羲和是黄帝时代的一个官，主要掌管天文历法。《史记·历书》记载："黄帝考定星历。"同书《索隐》引《系本》及《律历志》："黄帝使羲和占日，常仪占月……容成综此六术而著《调历》。"所谓"占日"是指观测太阳，计算日子等活动。

又因为羲和在传说中与观测太阳有关系，所以在古代神话故事中有的把羲和塑造为太阳的母亲。

第 257 天　我国最早的一部天文学著作是什么

产生于我国战国时期的《甘石星经》是现存于世最早的天文学著作。为了适应当时生产力的快速发展，出现了大批天文学家和有关于星象的观测记录，以备皇帝星占之用。齐国的甘德和魏国的石申夫就是当时比较有名的天文学家，甘德所著的《天文星占》和石申夫所著的《天文》在当时较为系统地记录了行星的运行规律，后人们就把这两部著作合称为《甘石星经》。

《甘石星经》是我国也是世界上最早的一部天文学著作，在宋朝后，此著作失传了，如今只能从唐代的天文学著作《开元占经》里了解到相关的一些信息。不过这些信息都明确地表明，甘德和石申夫曾系统地观察了金、木、水、火、土五大行星的轨迹，并提出了五大行星的运行规律和出没的时间，他们还记录了800颗恒星的名字，测定了121颗恒星的方位。后人将甘德和石申夫测定的恒星记录称为《甘石星表》，这是我国乃至世界上最早的恒星表，比希腊天文学家伊巴谷测编的欧洲第一个恒星表大约早200年，后世许多天文学家在测量日、月、行星的位置和运行时都要用到《甘石星经》中的数据，因此，《甘石星经》在我国和世界天文学史上都占有重要地位。

第258天 何为"天干地支"

"天干地支"的说法最早产生于炎黄时期，在我国古代的历法中，甲、乙、丙、丁、戊、己、庚、辛、壬、癸被称为"十天干"，子、丑、寅、卯、辰、巳、午、未、申、酉、戌、亥叫作"十二地支"。古人们在记录重大节日，纪年、纪月、纪日等命名时，主要采取按规定的顺序干支组合的方法。

上古时期，华夏民族的始祖黄帝建国时，命大挠氏探究天地五行之气机。五行之说源于五方，五行中的"五"指金、木、水、火、土5种物质，"行"指5种物质的运动变化。二十八宿即由绕日周期最久的土星的28年一周天所定义的，始作甲、乙、丙、丁、戊、己、庚、辛、壬、癸十天干，以及子、丑、寅、卯、辰、巳、午、未、申、酉、戌、亥十二地支，相互配合成六十甲子用为纪历之符号。根据《五行大义》中记载，干支为大挠所创。夏历中，常用干支来编排年号、日期。具体是以一天干配以一地支，天干从甲开始，在前，地支从子开始，在后，60年为一周期，叫作"六十甲子"或"花甲子"。天干表示时、日、月、年的次序，地支用来纪月、纪时。其中纪时就是把一天分为12个时段，分别用十二地支表示，称为十二时辰。

第259天 农历十二月为什么又叫"腊月"

腊月又称"蜡月"，早在秦朝的时候，人们习惯在岁末的一个月举行祭神仪式，并把这个月称为"腊"，十二月正值蜡梅盛开之时，所以也被称为"蜡月"。

俗话说"寒冬腊月",腊月正值一年中最寒冷的时候,民谚云:"腊七、腊八,冻掉下巴。"说的就是其冷的程度超乎想象。这时冬季田事告竣,故有"冬闲"之说。农事上是"闲"了,但人们生活的节奏并未因此而放慢,人们怀着愉悦而急切的心情加快了向春节迈进的步伐。春节,是中国人传统中最为隆重的一节。腊月,正是迎接春节的前奏曲,在这个前奏曲里有着丰富的内容。首先从喝腊八粥开始,然后人们要扫房、请香、祭灶、封印、写春联、办年货,直到除夕夜。广义地说,过年应该从腊月二十三"过小年",甚至可以说从喝腊八粥就开始了,一直要过到正月十五元宵节才算结束,过去一些官宦人家甚至还有拖至二月二"龙抬头"那天过年才算结束。

第 260 天 "黄历"和"皇历"有什么不同

"黄历"和"皇历"都是我国古代使用的历书,但它们并不是一回事。

"黄历",指黄帝历。根据史料记载,我国早在 4000 多年前就开始有了历法,3000 多年前就已经有了用甲骨文记载的历书。我国古代使用的历法有颛顼历、皇帝历、殷历、夏历、周历和鲁历 6 种,其中以相传是由轩辕黄帝创建的"黄历"最为古老。唐朝诗人卢照邻对此曾在《中和乐·歌登封章》中说道:"炎图丧宝,黄历开睿。"由于古时我国使用"黄历"的区域广阔,影响很深,所以人们习惯把历书称之为"黄历"。不过,民间在使用"黄历"的过程中,在其中添加了许多宣扬吉凶忌讳的内容,所以"黄历"具有一定的迷信色彩。

与其不同的是"皇历"属于"官方"历书。历书在社会生活中的重要性不言而喻,历代皇帝都很重视历法的编制。从唐朝起,各代王朝开始对历法实行严格的管理。唐文宗大和九年(公元 835 年),唐王下令编制了我国第一本雕版印刷的历书《宣明历》。《宣明历》对日月、时辰和节令有着详细的记载。当时,为了防止民间滥印历书,唐文宗下令今后历书必须由皇帝亲自审定,官方印刷,从此,历书就被称作"皇历"了。

　　"皇历"所记的历法，一般是以一年为限，第二年变更，如果拿去年的"皇历"来查看今年的历法，就一定是错误的，因此人们常用"老皇历"一词来形容那些因循守旧、不合时宜的思想意识。

第 261 天　"黄道吉日"中的"黄道"是怎么来的

　　自古以来，中国人在家中举办婚丧嫁娶等重要事情的时候，都会事先在黄历上选定"黄道吉日"。在地理学中也有"黄道"，即为地球绕太阳公转的轨道平面与天球相交的大圆的说法。那么，他们之间有什么联系吗？前者的"黄道"是怎么来的呢？

　　其实，"黄道吉日"中的黄道就是我们今天地理学上所说的"黄道"。早在中国古代就有"二十八宿为日月舍"的认识。也就是说，"黄道"的概念要比"二十八宿"体系形成得早。西汉的《甘石星经》中早已经明确地提到"黄道规"。但"黄道"最初只是古人观察到的太阳在天球上的周年运行的轨道，用以说明日、月、五星的运行和节气的变化，为此，古人把"黄道"附近一周天按照由西向东的方向，分为星纪等十二等分，即为"十二次"。每次都以二十八宿中某些宿作为标志。

第 262 天　"黄道吉日"是如何推算的

　　"黄道吉日"是中国特有一种历法，主要是用天干、地支记年、月、日的。这种历法，即是现在仍在用的农历，多记在《历书》即过去的《黄历》上。在老《黄历》上，除了干支记日外，同时把日期上又加上了另外12个字并成口诀。即：建满年好黑（黑道），除危定执黄（黄道），成开皆可用（黄道），闭破不能行（黑道）。就这样，人为地把每天划分成"黄道吉日"和"黑道凶日"。

　　首先，我们先人是根据日、月、地的运行规律来总结的，农历便是据此推列，直到现在还在指导着农耕。古人把人也当作自然界的一分子，根据星球运行的位置产生的影响归结出来，指导人们的生产实践活动。

第 263 天　"阳历"和"阴历"分别是因何而定的

阳历就是公历，是一种国际通用的历法。阳历把地球绕太阳转一圈的时间定作一年，一年共 365 天 5 小时 48 分 46 秒。平年只计整数 365 天，省略尾数；一年分为 12 个月，大月 31 天，小月 30 天，二月只有 28 天。4 年的尾数积累起来为 1 天，加在第四年的二月里，这一年叫作闰年。所以闰年的二月有 29 天。阴历是把月亮圆缺一次的时间算作一个月，一个月共 29 天半。为了方便计算，大月定为 30 天，小月 29 天，一年 12 个月中，大小月交替排列。阴历一年只有 354 天上下，也不分平年闰年之说。

阴历不依据地球绕太阳的运行轨迹，因此就没有四季变化的固定时间，进而不能反映季节，人们为了克服这一缺点，制定出了一个折中的历法，就是所谓阴阳合历。如今我国仍在使用的夏历（就是日常的阴历或农历），就是这种阴阳合历。它和阴历一样，以月球绕行地球一周为一月，同样也是大月 30 天，小月 29 天，但是它又采用加闰月的办法，使平均每年的天数和阳历全年的天数十分接近，并以此来调整四季。再配合地球绕日一周之时数为一年，夏历大约每过两三年多一个闰月。我国在民国元年前一直使用这种历法，为了区别于现行历法，把它称作"旧历"。阴历方便农民耕作生产，所以被惯称为"农历"。

第 264 天　二十四节气是怎么来的

二十四节气是中国特有的节气，起源于黄河流域。早在春秋战国时期，人们就已经定出仲春、仲夏、仲秋和仲冬等 4 个节气。并依此在后来的社会发展中不断地完善和推进，在《淮南子》一书里，就有了和现代完全一样的二十四节气的名称。公元前 104 年，由邓平等人制定的《太初历》正式把二十四节气订于历法，明确了二十四节气的天文位置。

太阳从黄经零度起，沿黄经每运行 15 度所经历的时日称为"一个节气"。每年运行 360 度，共经历 24 个节气，每月 2 个。其中，每月第一个节气为"节气"，即立春、惊蛰、清明、立夏、芒种、小暑、立秋、白露、寒露、立冬、大雪和小寒 12 个节气；每月的第二个节气为"中气"，即雨水、春分、谷雨、小满、夏至、大暑、处暑、秋分、霜降、小雪、冬至和大寒 12 个节气。"节气"和"中气"交替出现，各历时 15 天，现在人们已经把"节气"和"中气"统称为"节气"。

二十四节气的出现是古代先人智慧的体现，为中国古代的农耕提供了科学的指导，人们为了便于记忆，把二十四节气编成了一首歌诀：春雨惊春清谷天，夏满芒夏暑相连，秋处露秋寒霜降，冬雪雪冬小大寒。直至今日，二十四节气仍与人们的衣食住行紧密相连。

第 265 天　古人测观天象的仪器有哪些

俗话说"工欲善其事，必先利其器"，意思就是如果要把工作做得完美、出色，就必须做足充分的准备，让自己有一件得心应手的工具。想要发展天文学，掌握天象运行规律，就必须有相当水平的天文仪器，我国古代的天文学家在这一方面可以说是下足了功夫。发明出来的仪器因其种类繁多、构思巧妙，而且具有美观性和实用性得到了世人的认可，在世界天文仪器发展史上具有举足轻重的地位。

圭表是一种既简单又重要的测天仪器，它由垂直的表（一般高八尺）和水平的圭组成。圭表的主要功能是测定冬至日所在，并进而确定回归年长度，此外，通过观测表影的变化可确定方向和节气。

浑仪是我国古代的一种天文观测仪器。早期由三个圆环和一根金属轴构成。最外面的圆环叫"子午环"固定在正南北方向上；中间叫"赤道环"，固定在圆环平行于地球赤道面处；最后一个可以绕金属轴旋转的圆环，叫作"赤经环"；赤经环与金属轴相交于两点，一点指向北天极，另一点指向南天极。在赤经环面上装着一根望筒，可以绕赤经环中心转动，用望筒对准某颗星星，然后，根据赤道环和赤经环上的刻度来确定该星在天空中的位置。

水运仪象台把观测天象的浑仪、演示天象的浑象和报时装置巧妙地结合在一起，是我国古代一项卓越的创造。

天体仪，古称"浑象"，是我国古代一种用于演示天象的仪器，可以直观、形象地了解日、月、星辰的位置和相互运动规律。

第 266 天　水运仪象台的发明者是谁

北宋天文学家苏颂发明了水运仪象台。他运用自己丰富的学识，组织了一批科学家，开始复制张衡制造的浑天仪和唐代僧一行的作品，经过努力终于复制成功。水运仪象台有三种功能，分别是观察天象、演示和报时。

苏颂的这项发明称为世界上最早的天文钟和近代表重要部件的开拓者，他的发明比欧洲早了 6 个世纪。苏颂写的《新仪象法要》中对仪象台的使用方法进行了详细的介绍，里面绘制了我国最早也最完整的机械设计图。

《新仪象法要》已经被一位英国的科学家李约瑟博士翻译出来，在英国的市场上进行了发行。他还对苏颂进行了称赞，说他是中国古代最伟大的科学家之一。

第 267 天　古人是如何解释地震的

中国古人把地震的发生和帝王联系在了一起，还认为是"阴阳失衡"导致的。他们认为发生地震是上天对人类的一种惩罚或者告诫。汉成帝时南阳人议郎杜钦对此有过解释，在《汉书·杜钦传》中这样记载："臣闻日蚀、地震，阳微阴盛也。臣者，君之阴也；子者，父之阴也；妻者，夫之阴也。"

古人还常常将地震与许多奇怪的现象联系在一起。在《晋书·刘聪传》中，记载了十六国时期平阳发生的一次大地震，地震发生时出现了狂风、暴雨、雷电的现象，甚至大树都被连根拔起。当时村内有一个妇女产下了一个双头小孩，孩子的大伯父觉得生下的孩子是一个妖怪，然后就将孩子在锅内煮熟，吃了。令人费解的是，没几天，这个吃掉小孩的大伯父就死了。现在我们知道孩子是由于在怀孕期间产生畸形的原因。当时人们把这件奇怪的事情和地震的发生联系了起来，是没有任何科学依据的，十分荒唐。

古人还将地震后出现的自然现象作为一种信号，认为是上天有灵，用来进行占卜算卦。在《晋书·冯跋传》中有这样的记载："传跋境地震山崩，洪光门鹳雀折。又地震，右寝坏。跋问闵尚曰：'比年屡有地动之变，卿可明言其故。'尚曰'地，阴也，主百姓。震有左右，此震皆向右，臣惧百姓将西移'。"

总之，古人对地震的解释带有主观主义色彩，没有科学的理论作为指导，缺乏可信性。

第 268 天　"四象"具体指什么？

四象指的是中国传统文化的四种动物形象，指的是青龙、白虎、朱雀、玄武。这四种动物形象分别代表了东、西、南、北四个方向。古人之所以把这四种动物形象称为四象，是从古人的星宿信仰得来的。

二十八星宿中，四象也可以叫作四神或者四灵，可以用来把天上的星星进行分类。在《春秋易传》的天文阴阳学说中，四象指的是春、夏、秋、冬四个季节的自然气象，分别称为少阳、太阳、少阴、太阴。中国传统方位中，南方为上方，与现代有所不同，所以还可以用前朱雀（南）、后玄武（北）、左青龙（东）、右白虎（西）来描述四象的方位，这和五行学在方位上的说法是相一致的。古代的日本人和朝鲜人对四象的概念非常看重，这些国家常把四象称为四圣或者是四圣兽。虽然我国也有四圣这样的说法，但我国所说的四圣指的是伏羲、文王、周公和孔子四人。

第 269 天　农历是什么样的历法

现在，我们中国人实际上同时使用着两种历法，也就是国际通用的公历历法和我国传统的农历历法。为什么农历这种历法至今仍然能够和公历并驾齐驱呢？这可以用一句很有名的话来说明原因——"实践是检验真理的唯一标准"，因为农历也是一种很实用、很科学的历法，和公历相比，可谓平分秋色，各有特色。

农历的这种称谓在我国很普遍，因为这套历法本身包含了"二十四节气"，对我国的农业生产有着重要的实际指导意义。加之我国是传统的农业国家，历来重视农业生产，所以广大的人民群众就把这种历法贴切地叫作农历。农历也有好几个其他的叫法，比如阴历、汉历、夏历、老历、旧历。

农历之所以历史悠久，至今仍然被使用，事实上也说明了它的科学性和实用性。农历也被叫作阴历，但是，它不是纯粹的阴历，农历中的二十四节气本质上应该属于阳历，它是根据地球围绕太阳运转的一个周期的不同位置决定的，所以，准确地说，阴历应该是阴阳历。农历这种历法，兼顾公历和阴历两种历法，不但含有阴历月相变化的特点，同时也体现了公历年的时间要求，也正因如此，农历才经久不衰。

虽然公历在时间上，也就是说在天文学上的回归年（365～2422）上更加接近、准确，但是，不能仅凭此一点就说公历是最科学的历法。为什么这么说呢？因为公历完全按太阳黄道运行规律，没有照顾到月相的变化，也就是说在月这个点上，公历是不准确的。

当然，农历也不能说就是完美无瑕的历法，但是不容置疑的是，农历把太阳和月亮的运行统一于一体，比单纯的阳历和阴历都实用方便。

第十四章
民俗：华夏大地上
的儿女风情

第 270 天　古代是如何惩罚不婚大龄男女的

近些年，大龄不婚男女越来越受到社会的关注。其实，对于如何解决适龄男女的婚姻问题，古人也是十分重视的。如果适龄男女不结婚生育，整个社会就会人丁匮乏，生产和戍边就难以有保障。而且，古人也认为，只有"男有室女有家"之后，整个社会才能安定和谐。为此，为了防止适龄男女不婚，有的朝代规定了女性的婚配年龄，强制出嫁；有的设立了"官媒"拉女配，强制结婚；有的甚至颁布了"处罚条例"，对适龄不婚男女进行惩罚等等。

在中国古代，女子的婚龄标准，各朝都不同。其中，上古周代规定了成年男女必须结婚的年龄上限。《周礼·地官·媒氏》篇中有语："男三十而娶，女二十而嫁"，就是说，男人最晚三十要娶妻，而女人最晚二十要嫁人。

中国古代一致提倡"早婚"，尤其是女性的结婚年龄普遍都很低，早期的 11 岁就结婚了。据《梁书·张缅传》和《周书·城冀传》记载，梁高祖第 4 个女儿富阳公主和北周高祖女儿平原公主都是 11 岁出嫁的。更早的还有在 6 岁就结婚的，汉昭帝 8 岁继承皇位，娶"年甫六岁"的上官安女为皇后。

其实，依《礼记》所规定的男妇成婚年龄标准，古代嫁娶年龄一般都是在男 20 岁，女 15 岁。但各个朝代都各有异，比如唐代，"男十五、女十三以上，得嫁娶"；明代，"凡男年十六、女年十四以上，并听嫁娶。"

为了促进人口增长，有很多朝代采取强制女性出嫁的手段。比如在晋代，女子到了 17 岁必须要嫁人，否则官府就会强行给她找对象，逼其强行嫁人。

到了南北朝时，还出现了适龄女子如果不出嫁，家里人都要跟着坐牢的规定。这就是《宋书·周朗传》中说的，"女子十五不嫁，家人坐之。"这种强迫女子出嫁的初衷虽然都是出于对人口增长问题的考虑，但在客观上也解决了不少男人娶不起老婆的问题。

第 271 天　"义结金兰"与"兰花"有关吗

"义结金兰"主要指朋友间的情投意合，或为了共同的利益进而结为异姓兄弟或者姐妹的意思。但是，"义结金兰"和"兰花"有关系吗？

其实，"义结金兰"这个词最早源于《易·系辞上》："二人同心，其利断金；同心之言，其臭如兰。"这里用斩断金属的锐利和宛如兰花的香味来形容朋友之间的深厚友情。可见，"义结金兰"的确和兰花是有关系的。

后来，在《世说新语·贤媛》里说："山公与嵇、阮一面，契若金兰。"这里是说山涛、嵇康、阮籍三人友情极为契合，是很要好的朋友。有了这个典故后，后世就将"义结金兰"这个词用来形容朋友间的情投意合，进而结为异姓兄弟或者姐妹的行为。

依照规矩，人们在"义结金兰"时，还需要交换谱帖，叫金兰谱或者兰谱，因此结金兰、拜把子还有一个说法叫"换帖"。结拜的时候，每人用一张红纸写出自己的姓名、生辰八字、籍贯及父母、祖和曾祖三代的姓名（这就是金兰谱），相互交换。然后摆上天地牌位，根据年龄的大小，依次焚香叩拜，一起读誓词。关于誓词，其花样有许多，比如小说中常见的"黄天在上，厚土在下，今日某某和某某结为异姓兄弟，不求同年同月同日生，但求同年同月同日死……"就是一种。

第 272 天　古人说"六亲不认"中的"六亲"指什么

自古以来，我们常常说一些不讲道理、没有感情的人是"六亲不认"，那么，这里所说的"六亲"指的是什么呢？

关于"六亲"的说法历代不一，总体来说大概分为以下几种：

说法一，据汉贾谊的《新书·六术》记载："戚属以六为法，人有六亲，六亲始曰父，父有二子，二子为昆弟；昆弟又有子，子从父而为昆弟，故为从父昆弟；从父昆弟又有子，子从祖而昆弟，故为从祖昆弟；从祖昆弟又有子，子以曾祖而昆弟故为曾祖昆弟；曾祖昆弟又有子，子为族兄弟。务于六，此之谓六亲。"也就是说，这里的"六亲"指父子、兄弟、从父兄弟、从祖兄弟、从曾祖兄弟、同族兄弟。

说法二，据《左传昭公·二十五年》记载："为父子、兄弟、姊姑、甥舅、昏媾、姻亚，以象天明。"这里的"六亲"指父子、兄弟、姑姊、甥舅、婚媾、姻亚。

说法三，据《汉书·贾谊传》记载："建久安之势，成长治之业，以承祖庙，以奉六亲，至孝也。"唐颜师古注引应劭曰："六亲，父母、兄弟、妻子也。"这里的"六亲"指父母、兄弟、妻子。

说法四，据《老子》记载："六亲不和有孝慈，国家昏乱有忠臣。"王弼注："六亲、父子、兄弟、夫妇也。"这里的"六亲"指父子、兄弟、夫妇。

说法五，"六亲"指外祖父母、父母、姊、妹、妻兄弟之子、从母之子、女之子。

说法六，"六亲"指父亲、母亲、兄弟、姐妹、夫妻、子女。

时至今日，我们所说的"六亲"已经没有很明确的答案，它是血亲和姻亲的泛指，并不是指六种亲属。

第 273 天　古人所说的"三姑六婆"是指哪些人

我们常用"三姑六婆"去泛指社会上的各式市井女性，这个词源于我国的古代，具体点说，是指我国古代民间的几种女性职业，三姑是：尼姑、道姑、卦姑；六婆是：牙婆、媒婆、师婆、虔婆、药婆、稳婆。那么，这都是些怎样的职业呢？

尼姑和道姑：这两个职业应该比较好理解，因为在一些书籍或者艺术作品中我们都有所了解，她们分别是佛教和道教的出家者。

卦姑：是指专门占卦算命，并以此为营生的女子。

牙婆：是指古时候专为人买卖奴婢、妾侍的人口贩子。

媒婆：就是专门为人介绍姻亲的妇女，直至现代社会，我们也用这个词去形容为人介绍姻亲的妇女。

师婆：是一种巫婆，专门为人画符施咒、请神问命。

虔婆：指贼婆或鸨母。

药婆：所说的药婆并不是指买药的妇女。药婆的确是卖药的，但卖的都是安胎药、堕胎药之类的药品。

稳婆：专门为人接生小孩的接生婆。

在这"六婆"之中，虽然是分别指了六种妇女的职业，但还有一些妇女身兼数业，将"六婆"中的职业集于一身。

清代小说《镜花缘》中曾这样写道："吾闻贵地有三姑六婆，一经招引入门，妇女无知，往往为其所害，或哄骗银钱，或拐带衣物。"由此可见，三姑六婆们所从事的职业并不是什么正当的职业，所以往往给人留下一种走街串巷、不务正业、搬弄是非、媒介淫恶、唯利是图、推销迷信、愚昧无知等恶劣印象，直至今日，亦是这样。

第 274 天　"土葬"这一习俗从何而来

土葬，又称埋葬，是葬礼的一种，具体来讲就是处理死人遗体的一种方法，这种葬法在世界各地都比较盛行。

原始社会我国就已经有了土葬这一风俗，比如半坡文明、后来的夏朝以及殷等朝代都是采用土葬的形式。虽然在不同的历史时期，我国各民族的土葬的形式和特点有所不同，但是基本的思想观念都是一样的，即认为死去的人就应该保留有一个完整的尸体，并且他们认为人死了然后埋在地下就是人的必然归宿。在《周礼》中就有相关的记载，"众生必死，死必归土"。在《礼运》中也有关于土葬的相关记载："魂气归于天，形魄归于地。"所以可以看出，古人认为人死了，只有将形体埋入地下，才能够使脱离形体的魂魄到达天上。

另外，土葬与鬼魂观念也有着密切的关系。不管是旧石器时代，还是现在人们在埋葬死者的时候，都会在墓中放置大量的物品，其中有各种用具、衣服、装饰品等，也就是我们常说的陪葬品，人们这样做的目的就是让死的人能够在另一个世界过得好，是对他们的一种美好祝愿。这就是中国土葬的由来。

第 275 天 "烧纸钱"的习俗是怎么来的

每逢清明或者死者的一些纪念日，人们总要为死去的亲人们烧纸钱。人们相信，纸钱就是死者另一个世界里的钱，多烧一些纸钱，死者在那个世界里才会有钱用。烧纸钱的风俗是怎么来的呢？

据说，在东汉时期，蔡伦改良了造纸术之后，生意很是兴隆，赚了不少钱。他的哥哥和嫂嫂看了非常羡慕。于是，嫂嫂就想出一个主意，让丈夫去跟着蔡伦学造纸。但是蔡伦的哥哥的恒心不够，技术还没学到手，就急忙地开了一家造纸店，结果造出的纸品质极为低劣，乏人问津。

看着堆了一屋子的纸卖不出去，夫妻二人就很是着急。最后，蔡伦的嫂嫂就想出了一条妙计。

到了这天晚上，邻居们忽然听到蔡伦的哥哥家传出了嚎啕大哭的声音，大家赶来一问，才知道是蔡伦的嫂嫂"暴毙"。次日清晨，蔡伦的哥哥当着邻居的面，在妻子的棺材面前哭得死去活来。一边哭诉，一边烧纸。烧着烧着，忽然就听到妻子从棺材中叫道："快开门，我回来了。"众人鼓足勇气打开棺盖，妻子就跳了出来。她告诉邻居说，说自己死了到了阴间，阎王让她推磨受苦，因为丈夫给自己烧了很多的纸钱，所以小鬼们都争着为她推磨。她又把钱交给阎王，阎王就放她回来了。在一旁的丈夫一听，就赶紧到家里又抱一捆纸来，说是让阴间的爹娘少受点苦。邻居见状，发觉纸钱有这么大的用处，于是个个都掏钱来买蔡伦哥哥造的纸。

因为蔡伦的嫂嫂还阳的这一天是农历七月十五，因此每逢这一天，人们都会给祖先焚香烧纸，这一习俗一直沿用至今。

第 276 天　"闹洞房"这一习俗是怎么来的

古往今来，闹洞房这个习俗一直深受人们喜爱。因为闹洞房时，喜家高兴的同时，亲朋好友也可以借机闹腾一番，想出各种整人的招数，让新郎新娘"坐困愁城"哭笑不得。

闹洞房这一习俗的来历，我国民间有两种说法。

第一种说法是可以驱邪避灾。相传，很早以前紫微星下凡来到人间，在路上他发现一伙迎亲队伍的后面跟着一个披麻戴孝的女子，他看出这个女子是一个想趁机作恶的魔鬼，于是就跟踪到新郎家，发现那女人已经躲进了洞房。新郎和新娘拜完天地之后，正要进入洞房时，紫微星站在门口那儿不让他们进去，并告诉他们里面藏着魔鬼。众人问他怎么办，他建议道："魔鬼最怕人多，人一多，魔鬼就会害怕不敢做坏事了。"于是，新郎就把客人们邀请到了洞房里嬉笑打闹，打算用笑声吓走魔鬼，到了五更时分，魔鬼果然逃走了。由此可见，闹洞房从一开始就具有驱邪避灾的含义。

第二种说法是闹洞房最开始出现在北方，开始时主要是和新郎有关。北方人主要以狩猎和游牧生活为主，这样的生活习性使得男子十分剽悍和勇健，新婚时忍受棒打则可以验证这个男人是一位合格的丈夫。

第 277 天　小孩出生后为何要穿"百家衣"呢

"百家衣"就是古人从邻里乡亲那里讨取零碎布帛，缝制成适合婴儿穿的衣服，为的是图个吉利。为什么出生的儿童要穿百家衣呢？

民间有一种说法，认为婴儿穿上百家衣，可以长命百岁。每当婴儿出生时，尤其是那些历代单传的家庭非常高兴，孩子的爷爷奶奶就会高兴地告诉他们的左邻右舍，然后向他们要来一些零碎的布料，为孩子缝制衣服。特别是从那些姓氏为"刘"、"陈"的人家要来的碎布，因为谐音分别为"留"和"成"，老人们都将这看成是吉利的东西，这些对于孩子的成长有着非常重要的作用。所以，哪怕很小的一块布，老人们都很珍惜。

对于布料的颜色没有太大的讲究，但是蓝颜色的布料是最好的，因为蓝的谐音是"拦"。只要做好的百家衣上面有蓝的布料，那么人们认为孩子就不会被那些妖魔鬼怪带走。还有的地方认为，穿百家衣的孩子不会被病魔缠身。穿百家衣的这样一个习俗在河南、河北、山东、山西、陕西等地非常流行，南方的某些地区也有这样的习俗。

第 278 天　古代的婴儿为何要行"三朝礼"

在古代，婴儿在出生的第三天，就要行"三朝礼"。届时亲朋好友都会带着贺礼前来道贺，主人需要设宴款待。这一天还要对新生儿举行几种仪式：

1. 洗三

即在婴儿出生的第三天给婴儿洗澡，故此礼叫作"洗三"，也叫"洗三朝"。用槐枝和中草药煮成的汤水给婴儿沐浴，边沐浴边唱祝贺词："洗洗头，做王侯；洗洗腰，一辈倒比一辈高；洗脸蛋，做知县；洗腚沟，做知州。"洗完后用姜片、艾蒿擦脑门和身体的重要关节，以使孩子健壮；还要用新布醮清茶水擦婴儿的牙床，让他放声大哭，以此为喜兆，俗称"响盆"；最后还要用大葱打三下，据说能使他聪明伶俐。

2. 开奶

婴儿开奶，品尝的不是母亲的乳奶，而是黄连。据《中国风俗辞典》载："婴儿出生后，三日开奶，家人给其黄连品尝。"先是抹几滴黄连汤在婴儿的嘴边，边抹边说："三朝吃得黄连苦，来日天天吃蜜糖。"然后再将用肥肉、状元糕、酒、鱼、糖等食品制成的汤水，用手指蘸少许涂于婴儿嘴唇上，同时唱吉语："吃了肉，长得胖"；"吃了糕，长得高"；"吃了酒，福禄寿"；"吃了糖和鱼，日日有富余"，最后让婴儿尝一口讨来的乳汁。生男要讨生女妇女的奶，生女则要讨生男妇女的奶，还必须是别姓的妇女，表示将来容易找到配偶。

第 279 天　现代人穿的"唐装"是由唐朝的服装演变而来的吗

很多人对唐装的概念模糊不清，认为唐装就是大唐时代的服装，其实，唐装和唐朝毫无瓜葛，它是清朝时期的旗装加入现代元素改良而来的。既然是清代改良的服饰，为什么名字前面要冠以"唐"字呢？

唐装是中国特色的服饰，之所以这样命名是因为唐朝最能代表世界对中国的认知。大唐盛世的繁荣和强盛，不仅令国人变得开放和自信，声誉还远播海外。在唐朝，中国和世界的联系空前紧密，在漫长的历史时期中，世界认识的中国皆源于对唐朝的印象。在海外旅居的华人被称之为唐人，中国人聚居的社区被称为唐人街，他们所穿的中式服装被称作唐装。因此，唐装就成为了中式服装的代名词。

由于唐朝是中国历史上最为荣耀的历史时期，各行业各领域的发展都处于世界领军地位，海外华人引以为豪，所以也都乐于自称唐人，也把中国传统风格的服装称之为唐装。无论是外国人，还是华人，对唐装的概念都达成了共识，所以唐装就成了中式服装的惯称。

唐装能充分体现出中华民族的民族特色，因此广受华人欢迎。首先从面料上来看，唐装的衣料多为丝绸，作为具有五千年古老文明的东方古国，我国在黄帝时期就已经掌握了养蚕缫丝的技术，因此丝绸本身也是一个文化符号。随着丝绸之路的开通，我国的丝绸传播到了世界各地，让世界对中国文化有了更多的认识。其次，从服饰色彩来看，唐装多为正色，这是对中国古典服饰文化的传承，正色象征着高贵和吉祥，色彩浓艳，富有个性，它是古老东方文明的一个缩影。因此，以唐装来代表中国的服饰文化，并用世界所熟知的大唐取名，是再合适不过了。

第 280 天　古代的轿子是如何发明的

轿子是古代人乘坐的一种交通工具，轿子不像现代的交通工具那么先进，当时只能靠人和牲畜抬着向前走。比如古代迎亲时的"八抬大轿"，就是靠人抬着前行的。

轿子最早是从车子演变过来的，刚开始人们只是把轿子用于走山路，因为山路崎岖不平，很难前行。不过，后来人们也把轿子应用到了平地上，成为了一种交通工具，称为肩舆。起初的肩舆只有两个长竿，在中间放置一把椅子，上面就可以坐人。上面没有遮盖的东西，和现在的"滑竿"很相似。

到了唐宋以后，乘坐轿子就比以前舒服许多，主要是因为这时的轿子已经发展得比较完善，在其四周都有遮挡物，它的外形就像一个车厢，即舆。另外，轿子还有很多种类，主要有官轿、民轿、喜轿、魂轿等；轿子在使用时，前面提到了既可以走平路也可以走山路；制作轿子的材料主要有木、竹、藤；轿子的行走方式，有的是人来抬，有的是牲畜抬的，比如四人抬的花轿和骆驼驮的"驼轿"。轿子在我国古代是一种重要的交通工具。

第 281 天　为什么古人的衣袖都是又长又宽的

在漫长的历史阶段，古人的袖子都是又长又宽的，这是他们的审美趋向，还是另有原因呢？

实际上，古人的袖子之所以这样设计，多半原因是为了实用。古代的衣服没有衣袋，书信和银两都要装在袖子里，衣袖里面缝有方便放东西的布袋，所以袖子必须要加大加长。因为袖子经常用来装银两，其功能相当于钱袋，所以人们才会用"两袖清风"来形容清贫，用"捉襟见肘"来形容经济窘迫。

衣袖除了可以装东西外，还可以藏东西。据说春秋时期，有一个有名的孝子，每次赴宴都会想起家中的老母亲，舍不得吃宴席上的食物，经常偷偷地把好吃的东西藏到袖子里带回家孝敬母亲，可见袖子宽大也没有什么坏处，至少带东西是比较方便的。

在古代，并不是所有人都穿宽衣大袖，只有王公贵族和读书人才普遍穿这样的衣服，习武之人和普通劳动人民衣袖都比较窄，他们没有那么多银两可存放，也没有必要穿这种行动不便又浪费布料的衣服。所以衣袖的宽窄和长短也是划分阶层和贫富的标志，王公贵族穿宽衣长袖，里面装着信件和银两等物，即使经常作揖也不用担心财物会掉下来，读书人大袖翩翩，显得儒雅潇洒，军人穿窄衣窄袖显得雷厉风行，劳动人民的袖子又短又窄，只是为了方便劳作，看来衣袖的宽窄长短也是因人而异的。

第 282 天　你知道旗鞋有什么来历吗

关于旗鞋，民间流传着很多种说法。第一种说法是满族的妇女喜欢穿长至脚面的袍衣，为了不让衣服拖地，方便行走，就在鞋底加上了高高的鞋跟。第二种说法是穿高底旗鞋，可以起到增高的作用，使女性的身材看起来更加颀长，而且穿这种鞋，不能走快步，只能迈着莲花碎步徐徐行进，使女性走起路来有一种含蓄端庄、步步生花的美感。第三种说法是过去满族女子经常到山林里采蘑菇和野果，为了防止被蚊虫叮咬，就在鞋子的底部绑缚了木块做鞋跟，后来就演变成了高底鞋。第四种说法是保持鞋面清洁，防止雨雪污泥把漂亮的鞋面弄脏，便用木根垫高了鞋底。第五种说法和一个传说有关。相传在很久以前，满族人的城池被外敌攻占了，先民为了夺回被攻占的家园，和敌人展开了斗智斗勇的斗争。为了出其不意地偷袭敌军，他们决定穿越泥塘进城。泥塘泥泞难行，先民便仿照高腿白鹤的样子，在鞋底上绑上了高高的树杈，顺利涉过了泥塘，出其不意地出现在敌人面前，最终攻下了城池，打了一场漂亮的大胜仗。

虽然满族人夺回了自己的领地，但依旧对那场艰苦的战役念念不忘，为了纪念当年的胜利，妇女们便世代穿高底鞋，以此来表达自己的民族情感。

第 283 天　四川蜀锦是怎样得名的

四川蜀锦是四大名锦之一，因历史悠久、工艺独特而有"东方瑰宝，中华一绝"的美誉。蜀锦对历朝历代稳固政权和发展经济都有很大的促进作用，在中国丝绸发展史上占据重要的地位。

东汉末年，在魏、蜀、吴三国分立的大背景下，因蜀国的实力最弱，所以在诸葛亮辅佐刘备期间，蜀锦得到了快速发展，当时还颁布了相关法令："今民贫国虚，决敌之资唯仰锦耳。"此外，还有相关的史料记载蜀国织锦业在当时的发展盛况，如左思的《蜀都赋》中就有"技巧之家，百室离房，机杼相和，贝锦斐成，濯色江波"的诗句。据说，当时成都还有专门为工匠建立的锦官城，这样一来，作坊和工匠就可以进行集中管理。在1995 年 10 月，在新疆塔克拉玛干沙漠的一座墓葬中，考古专家发现了一件织锦，虽然已经有了千年的历史，但是看上去仍光彩夺目，足见当时的织锦技术已达到高超水平。

唐代蜀锦业尤为发达。蜀锦质纹十分细腻，层次也较为丰富，图案的种类也比较多，有团花、莲花、对禽、格子、对兽、翔凤等。锦的色泽艳丽多姿，花纹精致典雅，其中较为珍贵的要数团花纹锦、赤狮凤纹锦等。唐玄宗唐明皇就曾经穿过一件被视为"异物"的五彩丝织背心，价值百金；安乐公主出嫁时也曾经穿过一条单丝璧罗龙裙，非常精致美丽。蜀锦一度成为了皇宫贵族享用的奢侈品。丝绸之路的出现加快了中国和世界之间的沟通，大大促进了政治、经济、文化和科技的交流与发展。至今在日本还珍藏有"蜀江小幡"和"蜀江太子御织伞"等蜀锦。

第 284 天　古代妇女为何要"裹足"

裹足又称缠足，就是女孩子用布将自己的脚裹住，使自己的脚骨变成畸形。裹足是中国古代的一种陋习。

据考证，古代女子裹足是由南唐后主李煜引起的。这位皇帝不善治理国事，和妃子以及宫女待在一起玩乐，等着自己王朝的灭亡。宫中的妃子们为了争宠，使出浑身解数。其中有一位妃子想出了一个很特别的方法，就是将自己的脚用布紧紧地缠好，缠好后看起来像一个三寸金莲，走路一摇一摆的，紧皱双眉，这是因为脚被缠得很疼，当她见到皇上时，还要勉强地露出微笑。

这种场景被李煜看到，很心疼这个妃子，对她宠爱有加。这件事情传开了，宫中其他的女子也都学着她的模样裹起脚来。后来裹脚就成为了一种风尚，凡是大脚的女子就认为是难看的妇人，以至于全国的女子都开始裹脚。宋、元、明、清时期，历朝历代都推崇小脚。到了五四新文化运动时，遭到陈独秀、胡适、鲁迅等人的强烈批判，之后这个陋习才慢慢消失，乃至绝迹。

第 285 天　古代的"冠"与"帽"一样吗

现在，冠和帽意思相同，但是在中国古代帽和冠是有差别的。起初，冠只是一个罩子，是为了束起发髻。在冠的上面，有一根冠梁，这根冠梁可以将头发束住。冠圈两旁还有名字为缨的丝绳，这样的设置是为了更好地固定头顶上的冠。

到了汉代，冠的种类开始增多。我们可以通过观察一个人的冠帽来确定这个人的身份和地位。汉代的冠帽主要有：通天冠、长冠、进贤冠、冕冠、武冠和法冠等。在不同的场合，不同身份的人戴什么样的冠帽是有严格规定的。比如说帝王的冠帽的规定，在朝会和宴会上要戴通天冠；在参加祭祀大典时戴冕冠。官员在参加祭祀和朝会时分别佩戴长冠和礼冠。文官和儒士一般佩戴进贤冠。

在中国古代，冠既可以反映出一个时代的民俗习惯和人们的精神面貌，还能反映一个人的身份、地位以及社会等级等诸多方面的内容。古代人所戴的帽子有一定的文献记载，在《释名·释首饰》："帽，冒也。"意思就是说帽子圆圆地冒出于头顶。刚开始是平民为了抵御风寒所戴的，没有像冠那样有身份上的区别。到了魏晋时期，贵族也开始戴帽。所以后人就把冠和帽连用了。

第 286 天　拜年的习俗是怎么来的

新春佳节，红梅绽放，至爱亲朋、同事战友走家串户，登门拜年，互致节日祝贺，很有那么一股子"人情味"。柴萼的《梵天庐丛录》称："男女依次拜长辈，主者牵幼出谒戚友，或止遣子弟代贺，谓之拜年。"这在我国民间已成为传统的习惯。

拜年这一习俗是怎么来的呢？相传，远古时代有一种怪兽，长着血盆大口，异常凶猛，人们叫它"年"。每逢腊月三十晚上，它都会出来挨家挨户地蚕食人群，人们不得不把肉食放到门外，然后大门紧闭，躲在家里，以此躲过灾祸。直到初一早上，人们开门见了面，作揖道喜，互相祝贺未被"年"吃掉。于是，拜年之风绵绵相传。到了宋朝，上层统治阶级和士大夫感到互相登门拜年耗费时日，于是就把祝福之词写于纸上，派人专门投送，以交换名帖的方式代替登门拜访。宋人周辉的《清波杂志》说道："宋元祐年间，新年贺节，往往使用佣仆持名刺代往。"当时的贺年片是一种用梅花笺纸裁成的约 2 寸宽、3 寸长，上面写着自己的姓名和地址的卡片。朋友之间在农历正月初一这一天互相赠送，甚至不大熟悉的人也送一张，以广交游。明代，投寄贺年片之风更甚，文徵明有《拜年》诗云："不求见面惟通谒，名纸朝来满敝庐。我亦随人投数纸，世情嫌简不嫌虚。"到了清代康熙年间，贺年片开始用红色硬纸片制作。当时时兴一种"拜盒"，将贺年片放到铺盒里送给对方，以显庄重。民国初期，公历新年也有送贺年片的，同时品种花样也多起来。贺年片从设计到印刷，都越来越艺术，内容也更加有意义了，它从一种写有单纯祝福词语的卡片发展成兼有书法、图画、诗词的精致玲珑的艺术小品。现在的贺年片小巧玲珑，既有年历，又有精美的画面，送给友人更增添了节日的情趣。

第 287 天 "黎民"和"百姓"是一个意思吗

"黎民百姓"在今天是一个成语，所指的就是普通的老百姓。其实原本的"黎民"和"百姓"是两个不同意思的词，而且代表了不同的阶层。早在几千年前，在黄河流域集中着几个势力较大的部落，有黄帝族、炎帝族、夷族和九黎族等。他们之间经过多年的征战，最后形成了以黄帝、炎帝族的部落联盟，共同战胜了九黎族。其中黄、炎、夷三个部落的联盟，是由大约 100 个氏族构成的，因此统称"百姓"，而在战争中抓到的九黎族俘虏就称作"黎民"。

百姓与黎民，意味着奴隶主与奴隶的区别。"黎民"指被征服者，也就是所谓的奴隶；"百姓"指的就是有姓之人，在我国古代春秋时期，只有贵族才有姓，奴隶和普通的平民都没有姓，到了春秋末年，贵族的人数增加，地位降低，很多没有分到土地的贵族被贬到平民中，平民和贵族之间的界限就变得模糊起来，后来，汉朝开国皇帝刘邦由一个非贵族出身的草莽成了皇帝，百姓和黎民的区别便彻底打破，"黎民百姓"才成为了对人民的统称。

第 288 天 "穿小鞋"一词的由来

在现代，给人"穿小鞋"一词用来指那些在背后给人使坏点子整人，或者利用某种特权寻机置人于困境的人。那么，"穿小鞋"一词是如何来的呢？

所谓的"小鞋"并非是指给小孩穿的鞋子，而是指旧时给缠了小脚的妇女们穿的一种绣着花的"小鞋"。这种小鞋是南唐后主李煜发明的"专利"，他别出心裁地命令未成年的宫女用很长的白布缠足，把脚缠成又小又尖的弯弯"月牙儿"，站在画有荷花的金莲台上跳舞，让自己观赏享乐，所以这种脚又叫"三寸金莲"。

后来，全国就兴起了妇女缠足的风气，这种风俗并由此开始在中国封建社会延续了1000余年。缠足以后，妇女的脚小了，也只能穿小鞋了，这就是"穿小鞋"的本意。这与现代人们所说的"穿小鞋"的意思有何关联呢？据说这又与古代的男女婚姻有关系。

旧时的男女婚姻讲究"父母之命，媒妁之言"。古代的女子深居简出，不轻易露面，所以，男方根本不知道女方的模样，只能依照媒婆所拿来的鞋样的大小来衡量女方的相貌。

因此，在媒婆说媒时，必先请男方看女方的鞋样儿，以示女方脚的大小，一旦男方同意了亲事，就会留下鞋样儿，按此尺寸做一双鞋子连同订婚礼物一同送到女方家中，成亲那天，新娘必须要穿上这双鞋子，以防脚大而受骗。如果男方当初故意把这双绣花鞋尺寸做得很小，新娘穿着自然难受而不舒服，甚至穿不上，从而会导致出丑。后来，人们把这一风俗引申到现实社会生活中，用来专门指那些在背后使坏点子整人，或者利用职权故意置人于困境中的人为"给人穿小鞋"。

第289天　最初人们吃的饺子是用于治病的吗

一提到饺子，可谓是尽人皆知。那么饺子是谁发明的呢？这个问题几乎很少有人能够答得上来。饺子原名是"娇耳"，源于古代的角子。相传饺子是我国古代医圣张仲景发明的，距今已有1800多年。

张仲景自幼苦学医书，博采众长，是中医学的奠基人。他著的《伤寒杂病论》被历代医者奉为经典。张仲景不仅医术高明，而且医德高尚，无论贫富，他都认真医治，挽救了无数人的生命。相传张仲景任长沙太守时，常为百姓治愈各种疑难杂症。

有一年冬至时，张仲景见到家乡白河岸边有很多穷苦的百姓。那些百姓忍饥受寒，其中有些人耳朵都冻烂了，原来是伤寒流行，很多人都病死了，于是，张仲景就决定医治这些穷人。据说，当时张仲景熬制了一种

"祛寒娇耳汤"。具体做法是先在锅中放一些祛寒药材和羊肉熬煮一段时间，煮好捞出将这些东西切碎，然后用面皮包成像耳朵的形状，当时叫作"娇耳"。

然后，张仲景就把这些"娇耳"下锅煮熟后，分给了那些感染风寒的病人，每人两个"娇耳"和一碗汤。人们喝了之后，感到浑身暖洋洋的，血液也通畅了，耳朵也变得舒服多了。老百姓从冬至一直吃到除夕，不但抵御了风寒，还治好了冻坏的耳朵。大年初一，人们为了庆祝新年，也为了庆祝自己的耳朵康复，同时也是为了纪念张仲景开医棚救治穷苦百姓的日子，就仿照"娇耳"的样子做过年的食物，所以后来才有了大年初一吃饺子的习俗。

虽然张仲景早已离我们远去，但是关于他的"祛寒娇耳汤"的治病救人的故事一直广为流传，人们今天吃饺子就是为了纪念这位古代著名医学家。

第 290 天　人们常吃的馒头是谁发明的

早在 1700 多年前，我国就已经有了馒头，那么是谁发明了馒头呢？也许你想不到，它的发明者就是大名鼎鼎的诸葛亮。相传诸葛亮七擒七纵孟获之后，正欲班师回朝，蜀国大军到达泸水时，天气骤变，一时间乌云密布，浊浪滔天，军队无法渡河。诸葛亮虽然上知天文下知地理，但面对此情此景，他也不知如何是好，于是忙问孟获是怎么回事。

孟获回答说："这里常年征战，很多将士惨死异乡，这里冤气太重，所以凡是要渡河的，必须用 49 颗人头祭供，才能顺利过河。"诸葛亮当然不愿拿人头来作祭品，但大军也不能空耗在这里，思来想去，他终于想出了一个绝妙的方法。他让士兵烹杀牛羊，将牛羊肉做成肉馅，外面包裹上面粉，做成人头模样，然后放在笼屉里蒸熟。这种面食做成的祭品叫作"馒首"，诸葛亮把馒首放到泸水旁，拜祭了一会儿，随后把它们抛进了水里，只见霎时间云消雾散，天朗气清，泸水终于平静了，蜀国大军这才得以顺利渡河。此后，人们常用馒首作祭品，因为"首"与"头"同义，所以"馒首"后来就演变成了馒头。

关于馒头的由来还有另外一个传说，相传南蛮首领孟获多次作乱袭击蜀国，诸葛亮亲自率兵讨伐，来到了泸水。泸水一带人烟稀少，且瘴气很重，士兵们水土不服，纷纷病倒了，于是诸葛亮麾下有人献策杀掉南蛮的俘虏，用他们的头颅来祭奠河神，诸葛亮觉得不妥，于是就想了另外一个鼓舞军心的办法，他命人用牛羊肉作馅，再用面粉裹在外面，捏成人头模样当祭品。因为"蛮"和"馒"同音，蛮头就演变成了馒头，久而久之，它便成为了人们喜爱的一种面食。

第 291 天 "十二生肖"的来历是什么

在我们国家，每个人都有各自的属相，和别人聊天，只要问一下对方的属相就能推算出实际年龄，这可不是电影里演的"掐指神算"，其中的奥妙就在于我国古代的干支纪年之法。

相传，我国自舜帝时期就已经使用天干和地支相组合的"干支纪年法"。最早有相关记载的是我国古代西、北部的游牧民族采用动物来纪年的方法。《唐书》载："黠戛斯国以十二物纪年，如岁在寅，则曰虎年。"清代著名考据学家赵翼在《陔余丛考》中考证云："盖北狄俗初无所谓子、丑、寅、卯之十二辰，但以鼠、牛、虎、兔之类分纪岁时，至汉时呼韩邪（单于）款塞人居五原，与齐民相杂，浸寻流传于中国，遂相沿不废耳。"

十二生肖的产生众说纷纭，但 。于汉朝的可能性比较大，因为东汉王充《论衡·物势篇》中说道："寅，木也，其禽，虎也。戌，土也，其禽，犬也。"又云："午，马也。子，鼠也。酉，鸡也。……申，猴也。"共提出 11 种生肖名。东汉赵晔在《吴越春秋》中也有"吴在辰，其位龙。"这一说恰好把空缺的"辰龙"补齐，成全了十二生肖。由此推断东汉十二生肖已经形成。那么，人们是何时开始使用十二生肖的呢？根据史书记载，南北朝时人们就已经使用十二属相。北史《宇文护传》中有段关于宇文护的母亲写给他的一封信的记载，内容是："昔在武川镇生汝兄弟，大者属鼠，次者属兔，汝身属蛇。"由此可见当时民间已普遍使用十二生肖记录人的生年了。

第 292 天　中国古代的最高的学府是什么

中国古代的最高学府是国子监。国子监是中国古代的大学，始设于隋朝时期。上古的大学，称为成均、上庠。董仲舒："五帝名大学曰成均。"郑玄："上庠为大学。"至于夏商周，大学在夏为东序，在殷为右学，在周有东胶，而周朝又曾设五大学：东为东序，西为瞽宗，南为成均，北为上庠，中为辟雍。汉代始设太学，隋代始设国子监。

"国子监"也称"国子学"，西周时期国家的最高学府称为"太学"，汉武帝设置"太学"也是承袭了传授儒家经典最高学府的功能。西晋初立"国子学"旨在突出国家教育管理机构的功能，北齐称之为"国子寺"。隋、唐、宋、元、明、清称之为"国子监"。清末改革学制，自光绪三十二年（1906 年）起新设学部，国子监并入学部。

在之后的隋、唐、宋、辽、元的历史发展进程中，"国子监"依次沿承下来，并得到了不同程度的改善和发展。直到明清国子学为国子监。明朝国子监创于明太祖初定金陵之时，改应天府学为国子学。后太祖建都南京，重建校舍于鸡鸣山下，改学为监，故称国子监。永乐十八年（1420 年），明迁都北京，改北京国子监为京师国子监，于是明代国学有南北两监之分（亦称南北两雍）。南京国子监规模宏大，"延袤十里，灯火相辉"。校内建筑除射圃、仓库、疗养所、储藏室外，教室、藏书楼、学生宿舍、食堂，就有 2000 余间。教学和管理设有五厅（绳衍厅、博士厅、典籍厅、典簿厅和掌馔厅），六堂（率性、修道、诚心、正义、崇志、广业诸堂）。学生至洪武二十六年（1393 年）已增加到 8000 多名，永乐二十年（1422 年）达 9900 多人，盛况空前。当时邻邦高丽、日本、琉球、暹罗等国"向慕文教"，不断派留学生到国子监学习。但此种盛况为时不久，正德以后日衰。明国子监学习《四书》《五经》，兼习《性理大全》以及律令、书数等，此外，国子监对教职员的职务、待遇及对监生的管理、待遇等方面，都有十分明确的规定。

第293天 "三教九流"具体指什么

在人们的日常言谈中，"三教九流"是一个使用频率较高的词汇，主要用来泛指社会上各种各样的人，也泛指江湖上各种职业的总称。那么，在中国古代，"三教九流"具体指什么呢？

据现存的历史文献资料来看，关于"三教"最早的记录，是三国吴侯孙权和上书令阙泽的一次谈话其中提及了儒、佛、道三教；"九流"的说法最早见于《汉书·艺文志》，这是我国现存最早的目录学文献。其中收录诸子189家，但最重要的是九家，即儒、道、墨、法、名、阴阳家、纵横家、九家与农家。这"九家"也叫"九流"，实际上是汉代之后对中国主要宗教和各种学术流派的泛指。

后来，"三教九流"慢慢地演变成了不同等级社会角色的代名词。中国历史上对人群的划分，最早是从商周时期开始的，当时主要将人群划分为"士、农、工、商"四业，这一划分延续了几千年。后来随着社会的不断进步和发展，人群的划分也越来越细，便也有了"三教九流"的分类。"三教"仍指儒、佛、道。而人们对于"九流"的说法则莫衷一是，到了后来，九流不够划分，一直演化到27种职业，依照上中下三类区分，即为上九流、中九流和下九流。具体为：

上九流主指古代的领导阶段："一流佛祖二流天，三流皇帝四流官，五流阁老六宰相，七进八举九解元。"一流是佛教的佛祖，是至高无上的；二流天指玉皇大帝，比人间的皇帝位置高一等，但虚无缥缈；三流指人间的皇帝，皇上下来是阁老，即老资格的重臣，如位列三公的太师、太傅、太保等；接下来的宰相是帮助皇帝处理日常政务的内阁官员首领；接下来的三位都是科举中榜士子，是封建科举取士制度中的成功者。

中九流主指古代的文艺术与科技工作者："一流秀才二流医，三流丹青四流皮（皮影），五流弹唱六流卜（占卜），七僧八道九琴棋。"这一类主指古代的文学艺术工作者和科学工程技术人员。

下九流主指社会下层工作者，即为："一高台（唱戏）二吹（吹鼓

227

手），三马戏四剃（剃头），五池子（开澡堂）六搓背，七修（修脚）八配（给家畜配种的）九娼妓。"基本上指服务行业，除了排名第九的"娼妓"外，其余都是自食其力的下层劳动者，而且都具有一定的劳动技能。

第 294 天　"十恶不赦"中的"十恶"具体指什么

生活中，我们常用"十恶不赦"来形容恶贯满盈、罪不可恕之人。那其中的"十恶"具体指的是什么呢？有不少人认为是"吃喝嫖赌抽，坑蒙拐骗偷"，那就大错特错了。

在现代汉语中，成语"十恶不赦"中的"十恶"并非实指，而是泛指大的罪行。但是，在中国古代的刑罚律令中，"十恶不赦"中的"十恶"却是实有所指的。

"十恶"最初是佛教中的用语，指十种应该招致地狱、饿鬼和蓄生这"三恶道"苦报的报恶业，故又称"十恶业道"。"十恶"作为中国古代刑法中的罪名，最早出现在《齐律》中，当时称为"重罪十条"。其原文为："列重罪十条：一曰反逆，二曰大逆，三曰叛，四曰降，五曰恶逆，六曰不道，七曰不敬，八曰不孝，九曰不义，十曰内敌。其犯此十者，不在八议论赎之限。"其中的"八议"指八议制度，也是《齐律》的律令之一，是专门为封建特权人物犯罪赦免处罚的法律规定。《齐律》明文规定，犯重罪十条者，不在八议论赎之限。

"重罪十条"反映以上十条罚行称为"十恶"，并且规定无论如何都不能赦免。到了隋唐时代，经过隋代《开皇律》与诏代《唐律疏议》对其进一步的修订，就正式形成了"十恶不赦"的罪名说法，它的主要内容有：1. 谋反。指企图推翻朝政。这在历来的封建社会都被视为十恶之首。2. 谋大逆。主指毁坏皇室的宗庙、陵墓和宫殿。3. 谋叛。指背叛朝廷。4. 恶逆。主指殴打或谋杀祖父母、父母、伯叔等尊长。5. 不道。指杀一家人或肢解人。6. 大不敬。指冒犯帝室尊严。通常为偷盗皇帝祭祀的器具和皇帝的日常用品，伪造御用药品以及误犯食禁。7. 不孝。指不孝祖父母、父母，或在守孝期间结婚、作乐等。8. 不睦。即谋杀某些亲属，或女子殴打、控告丈夫等。9. 不义。官吏间互相杀害，士卒杀长官，学生杀老师，女子闻丈夫死而不举哀或立即改嫁等。10. 内乱。亲属之间通奸或强奸等。因为"十恶"之罪直接危害了封建专制制度的核心——君权、父权、神权和夫权，所以自隋唐确立"十恶"之罪以后，历代封建法典皆将之作为不赦之重罪。

"十恶不赦"这个词第一次出现是在元曲大家关汉卿《窦娥冤》第四折里："这药死公公的罪名，犯在十恶不赦。"

第 295 天　古人为何要给犯人剃光头

在中国古代，剃光头是一种刑罚之一，叫髡刑。这一刑罚最早见于《周礼·秋官·掌戮》："髡者使守积。"髡刑与墨、劓、宫等肉刑同属于损害人体完整的刑罚，因为古人将毛发是作为"体"的一部分。三国曹魏时有完刑，实际上也是髡刑，就是完全将受刑者的头发剃去，使其头成丸状。

中国古代男子都有蓄发的习惯，并以之为美，长发更美，剃发无异于去首。髡首有标记的作用，常人不去头发，罪犯去头发，让人一看就知道是罪犯。髡刑主要是为附加刑使用的，秦时对刑徒加施髡刑，汉代在此基础上再加施髡钳，魏晋以前一般都是与徒刑并用，因而髡首也成为徒刑的别称。不过，北齐时髡刑变成了流刑的附加刑。与髡首相近的一种刑罚是耐刑，耐只是剃去犯人的鬓、须，是秦时最轻的亏伤人体的刑罚，因而成为对少数民族首领、郎中以上身份的人施加的特殊刑罚。

第 296 天　古代用什么方法计时

在不同历史发展时期，我们的祖先为了适应当时社会经济的发展以及满足人们生活的需求，发明了多种多样的计时仪器。比如圭表、日晷、漏刻等。

圭表是历史最悠久的一种计时器，古代典籍《周礼》中记载了圭表计时器的使用方法。圭表主要是通过观察太阳摄影影子的长度确定时间。圭表是由表和圭两个部分构成。表是一种杠杆或者石柱，把它竖立在平地上面可以测量太阳。圭是一种带有刻度的木板，可以平放在正南正北方向，测量表的影子的长度。这就是圭表计算时间的方法。

日晷计算时间的方法也和日影有关系，它是根据日影的方位来确定具体的时间。从出土文物来看，日晷的使用可以追溯到汉代之前。日晷是由一根晷针和刻有刻线的晷面构成的，随着太阳在天空运转，晷针的投影就会在晷面上运动，这样就能够表示时间了。

漏刻计时器以其自身的优点应运而生。我们知道圭表和日晷计算时间都必须要依赖太阳的影子，如果碰到了阴天没有太阳，或者是晚上要看时间，那该怎么办呢？漏刻计时器便解决了这个难题。漏刻计时的原理是用壶盛水，水从漏壶孔流出，漏壶中的浮箭随水面下降。通过观察壶中刻箭上显示的数字来确定时辰。漏刻计时器没有那么大的局限性，是一种使用非常普遍的计时器。

古代关于计时的仪器还有很多，如沙钟、香篆、油灯钟、蜡烛钟等。这都反映了我国古代计时器的发展水平。

第 297 天　古代的"堂"和"室"是什么样的

堂的具体位置是在主要建筑物的前面，正好位于中央，方向是坐北朝南。堂是官室的主要部分之一。

在堂的前面是没有门的，只有两根楹柱；在堂的东西两壁有墙，名字叫作序，堂内和序比较近的地方分别称为东序和西序；堂的东侧是东堂（东厢）和东阶，堂的西侧为西堂（西厢）和西阶；堂后面的墙将其和室、房分开了，室、房有门，和堂是相通的。在堂前有两个台阶，东西两面分别是东阶和西阶。在古代，堂不用来睡觉，而是用来招待宾客、举行典礼以及日常生活的。堂上的座位也是有一定讲究的，朝南为尊，所以有"南面"的说法。

室则是古代官室中专门供人寝卧的地方，它在堂的后面，室和堂中间有门相通。并且，室与堂之间还有窗。在室内有四个角落，我们称角落为隅。室和堂一样也是有讲究的，以坐西向东为尊。古代这样设计，只有先进入了堂才能达到室的，这就是古代的堂和室，后来还引申出了"登堂入室"这个成语。

第 298 天　"男不拜月，女不祭灶"的习俗因何而来

"男不拜月，女不祭灶"，这一说法源自旧时中国汉族地区的禁忌风俗，并在全国各地流行，主要就是怕由于性别的差异，不合理的祭祀会亵渎了神灵。

中秋节是个团圆的节日，又称"仲秋节"、"八月节"、"八月半"，汉族有拜祭月神的习俗；农历十二月二十三日夜，有拜祭灶神的习俗。民间传说月神为女性，《嫦娥奔月》中的嫦娥即是天上的月神。相传她本是后羿的妻子，因为偷吃了王母娘娘赐予的长生不老仙药，飞到月宫上成为了月灵。因此，人们在祭月时禁止男子祭拜，以免有亵渎神灵之嫌。

"祭灶日"在古代属于女人过年的禁忌日，祭灶习俗在中国各地都有不同形式的存在，战国晚期更是属于国家律法规定的"五祀"之一。

民间相传灶神为男神，被称作"灶王爷"，古语云"上天言好事，下界保平安"。据说每年腊月二十三日，"灶王爷"要回天宫向玉皇大帝禀明人间的生活状况。据说，灶王爷长相英俊，又是玉皇大帝面前的"红人"，怕女的祭灶会有"男女之嫌"。相传古时候最早曾是由老妇来祭祀灶神的，后来发展为由男人祭灶，妇女最多只可跟在男人后边祭拜一下，如果家中无男子，就请邻里的男性代替，若实在无人替代而又需要祭拜的话，河南地区还有一种通融的方法，即男子拜月和女子祭灶时，头戴一斗笠，这样神祇就辨认不出是男是女，也就不会怪罪了。

第 299 天　本命年为什么有扎红腰带之说

中国古代，红色被广泛用于宫廷的建筑中，庙宇和墙壁都要用红色装饰，当朝为官者大都着红袍，"朱门"、"朱衣"说的就是朝廷官员的宅邸和官服大都用红色作为装饰，以此来显示身份尊贵。道家文化所指的五行中火的颜色也是红色，八卦里的离卦也象征红色，可见中国人尊红的传统由来已久。

关于"本命"年的禁忌，在民间有着广泛的流传和影响，各族各地的民俗中都有在本命年穿红戴红驱邪避凶的习俗。人们每逢本命年就要用红色来装饰自己。本命年的红色讲究应该是源于中国汉民族传统文化对于红色的崇拜。红色辟邪，红色吉祥，这种观念早在原始社会就已经存在，红色是太阳的颜色，是血的颜色，是火的颜色。随着时代的变迁，这种尚红思想却没有变，新年贴红对联，汉族的旧式婚礼中新婚的红嫁衣、红盖头、红蜡烛、新科的红榜等，不论何时何地，人们都要用红色来增添喜庆。汉民族把红色视为喜庆、成功、忠勇和正义的象征，尤其认为红色有驱邪护身的作用。因此在大年三十，人们便早早地穿上红色内衣，或系上红色腰带，有的随身佩戴的饰物也用红丝绳系挂，来迎接自己的本命年，认为这样才能趋吉避凶、消灾免祸。这些为本命年辟邪的红色什物就是人们常说的"本命红。"

现代人对本命年"戴红穿红"的说法并不是特别重视，"本命年"也逐渐失去它原始的意义，在传统习俗中正逐渐被人们所淡忘，成了商家宣传的一种噱头。

第 300 天　元宵节为什么有"赏灯"的习俗

元宵节又称"上元节"，是紧挨着春节除夕夜之后又一个喜庆热闹的节日，吃元宵、赏花灯是过元宵节必不可少的环节，"千串万盏耀市井，欢歌笑语闹元宵。"通常在过完元宵节之后，整个春节才算是接近尾声，年味才会渐渐淡去。

早在西汉时期就有了关于过元宵节的传说，相传汉文帝刘恒在登基继帝位之后，为了庆祝平息"诸吕之乱"，就把平乱当日的正月十五定为元宵节，京城百姓户户张灯结彩，以示庆祝。此后，每年的正月十五便成了普天同乐的"喜乐会"。到了汉武帝即位时规定把"太一神"（太一：宇宙的主宰之神）的祭祀活动定在正月十五。等到后来司马迁创建"太初历"时，就已将元宵节确定为重大节日。

元宵节当晚，大江南北的家家户户都要点彩灯、放焰火，大街小巷花灯锦簇，热闹非凡，有些地方还会举办大规模的灯会和焰火晚会以示庆祝。相传元宵赏灯最早始于东汉明帝时期。明帝提倡佛教，听说佛教有正月十五日僧人观佛舍利、点灯敬佛的做法，就命令这一天夜晚在皇宫和寺庙里点灯敬佛，令士族庶民都挂灯。以后这种佛教礼仪节日逐渐成为民间盛大的节日。该节日经历了由宫廷到民间，由中原到全国的发展过程。

除了赏灯之外，猜灯谜也是元宵节另一项娱乐活动，每逢农历正月十五，各家各户都要挂起彩灯、燃放焰火，后来有好事者把谜语写在纸条上，贴在五光十色的彩灯上供人猜。因为谜语能启迪智慧又迎合节日气氛，所以响应的人众多，尔后猜谜逐渐成为元宵节不可缺少的节目。

第 301 天　为什么人们打招呼时常问"吃了吗"

中国人见面打招呼常问"吃了吗"，这倒不是说我们中国人嘴馋，这里面有更深层次的原因。可以说这是我们中华民族的一种习俗、一种文化心理，也是一个历史沧桑的标记。中国是一个传统的、历史悠久的农业国家，在漫长的封建时代，创造了灿烂的农业文明，历代绝大多数的人都是从事农耕，种植五谷、栽培果蔬、喂养牛羊，生生不息。

但是，在统治阶级的荒淫无度、横征暴敛，变化无常的水旱灾害面前，再加之生产能力低下，人类生产生活对环境资源的过度破坏等这些因素作用下，会产生一个连锁反应，第一个最明显的结果就是粮食不够吃，人们很饥饿，食不果腹。饥荒是个很严重的问题，它直接关系到社会的稳定、国家的安危存亡。安居乐业、衣食无忧，国家才能长治久安，饥荒将直接引发慌乱，进而形成暴动，危及政权。统治阶级在开国之初相对的比较清明，注重恢复生产，休养生息，但慢慢地就会重蹈覆辙，周而复始。

吃饱穿暖是多少人心中向往的美好生活，这样的生活记忆深深地印在了人们的心中。吃饱饭是人生命延续的第一需要，只有吃饱饭了才有可能做其他的事情，这也就是我们现在常说的经济基础决定上层建筑。所以，人们见面就相互问"吃了吗"，无形地表达了对吃饱饭的重视和关心，慢慢地就形成了一种习俗。

第十五章
文化艺术：丰富多彩
的魅力古国

第 302 天　原始人是如何识文断字的

我们现代人识字必须经过后天学习，现代文字不同于古老的象形字，整体感觉比较抽象，所以没有经过专门学习的人，就会目不识丁。原始人发明了象形文字，其文字形状有如图画，有的一目了然，辨认起来也要容易得多，那么，他们又是如何识文断字的呢？

首先就要先了解原始社会时期文字的构成，并掌握最基本的规律。总体来说，当时文字的构成主要体现在四个方面：

一是指事法。这种文字只要看一眼就能大致了解它的意思，观察一番就能知道其所指，比如上、下、左、右等。

二是象形法。指的是用画图的方式来描述信息，比如把"日"画成太阳的样子，"月"画成圆缺的样子，水画成河水流淌的样子。

三是会意法。那些不能抽象表达的事物多采用会意法，即用不同的符号或者两个象形文字叠加起来表述一种事物或一个抽象的概念，例如"日"、"月"合在一起就是"明"，在原始人眼里，太阳和月亮都是会发光的事物，它们都能给世界带来光明，如果两个发光的事物在一起，那么世界就更明亮了，明字取自日月同辉的意思。

四是形声法。原始人通过形声合一的方法造出了很多新字，依据事物的特性配上相近的声音，便能组合成形声字。比如河字，便是河流的象形字配上"可"的发音，"可"的发音与"河"的发音有些相似，所以流水的象形字加上"河"的发音，组合起来就是河的意思。

第 303 天　史书为何又被称为"汗青"

南宋著名民族英雄文天祥《过零丁洋》诗中有："人生自古谁无死，留取丹心照汗青。"这里的"汗青"指的是史书。那么，在古代，人们为何称史书为汗青呢？

"汗"即为出汗的意思，"青"则多数表示蓝或绿等颜色，比如蓝天也被称为青天，绿山也被称为青山。可是"汗青"又如何与其联系在一起了呢？

我们都知道，纸张不是一开始就有的，先人们在纸张发明之前，一直使用的是竹简，写好之后再用绳子穿起来就成了书册，但是竹简看着简单，制作起来就有一定的难度。要想制作出竹简，首先要选择上等的青竹，即为绿色的竹子，这就是"青"；然后，将其削成长方形的竹片，再用火一片一片地烘烤。烘烤的目的一是为了书写方便，二是为了干燥防虫。烘烤的时候，新鲜湿润的青竹片，就会冒出水珠，就像人出汗一样。这道烘烤冒青竹的工序就被称为"汗青"，后来就逐渐变成了竹简的代名词。古代的长竹简大部分都是用来书写儒家经典；短的大都用来记载诸子事迹及史传等。所以，"汗青"也就成了"史书"的代名词了。

第 304 天　为什么绘画又被称为"丹青"

在中国古代的史书上，我们经常可以看到古人用"丹青"代指绘画，其实，"丹"和"青"是古代绘画所使用的两种矿石颜料。

后来，"丹青"被特指为红色和青色，也泛指绚烂的色彩。汉陆贾《新语·道基》："民弃本趋末，伎巧横出丹青玄黄琦玮之色，以穷耳目之好，极工匠之巧。"这里的"丹青"就指颜色和绚烂。

后来，随着词义的引申，"丹青"就变成了绘画作品的代名词，而且是指精美绝伦的艺术作品。杰出的画家也因此被称为"丹青妙手或丹青手"。苏轼《王晋叔所藏画跋尾五首·徐熙杏花》诗云："江左风流王谢家，尽携书画到天涯。却因梅雨丹青暗，洗出徐熙落墨花。"此处的"丹青"二字就泛指书画。

第305天 什么是经、史、子、集

"经史子集"是中国古代读书人对经典的分类方法。

"经"主指儒家经典。汉代开始称《诗》、《书》、《易》、《礼》、《春秋》为"五经"。唐代就把《周礼》、《礼记》、《仪记》、《公羊传》、《谷梁传》、《左传》和《诗》、《书》、《易》称为"九经"，后来又把《孝经》、《论语》、《尔雅》列入了经部。至宋代又将《孟子》列入，称"十三经"。

"史"指的是记载历史兴衰治乱的各种人物以及沿革等的历史书，如《史记》、《汉书》等。

"子"是诸子百家及释道宗教著作，分为儒家、兵家、法家、农家、医家、天文算法、术数、艺术、诸录、杂家、类书、小说家、释家、道家十四类，比如《庄子》、《韩非子》等。

"集"是收历代作家一人或多人的散文、骈文、诗、词、散曲等的集子和文学评论、戏曲等著作，分为楚辞、别集、总集、诗文评、诗词五类。

第306天 二十四史分别是指哪些史书

二十四史是中国古代二十四部正史的统称，是中国各朝各代撰写的二十四部史书，向来被朝廷认为是正统的史书，所以也被称为"正史"。

二十四史分别为：西汉司马迁的《史记》、东汉班固的《汉书》、南朝宋国范晔的《后汉书》、晋朝陈寿的《三国志》、唐朝房玄龄等人的《晋书》、南朝梁国沈约的《宋书》、南朝梁国萧子显的《南齐书》、唐朝姚思廉的《陈书》、北齐魏收的《魏书》、唐朝李百药的《北齐书》、唐朝令狐德棻等人的《周书》、唐朝魏徵等人的《隋书》、唐朝李延寿的《南史》、唐朝李延寿的《北史》、后晋刘昫等人的《旧唐书》、北宋欧阳修和宋祁的《新唐书》、北宋欧阳修的《新五代史》、元朝脱脱等人的《宋史》、元朝脱脱等人的《辽史》、元朝脱脱等人的《金史》、明朝宋濂等人的《元史》、清朝张廷玉等人的《明史》。

二十四史共计3200卷，约有4000万字。它记叙的时间从第一部《史记》记叙传说中的黄帝起，到最后一部《明史》记叙到明崇祯十七年（1644年）止，前后历时4000多年，用统一的本纪、列传的纪传体编写。二十四史的内容极为丰富，记载了历代经济、政治、文化艺术和科学技术等各方面的事迹。

第 307 天　中国最古老的地理书是哪一部

中国最古老的一部地理书就是《山海经》了。《山海经》这部著作可谓包罗万象，记录了古代地理、物产、神话、巫术、宗教等，还有一些古史、医药、民俗、民族等方面的内容。可以说，这是一部富有神话传说的最古老的地理书。这本书是一本奇书，当时社会还不够发达，这本书就能按照地区记录，由南开始，然后向西，再向北，最后到达大陆。

古代人都把这本书当作地理书来查看，《山海经》记录了一些神话传说，如"女娲补天"、"精卫填海"等内容。如此丰富的一本书，其作者是谁呢？

关于作者，古往今来众说纷纭，有人说是大禹和伯益，还有人说是夷坚、邹衍，由于时代久远，现在也无法考证究竟是谁所作的了。《山海经》中不仅保存了远古时期的大量史料，还有配图，如《山海经图》上在君子国的北方画有一个彩虹的"虹"字，表示该地经常能见到彩虹。

第 308 天　中国古代四大书法家都是谁

在古代，并称"四大书法家"的是唐代的欧阳询、颜真卿、柳公权、元代的书法家赵孟頫，人们通常所说的欧体、颜体、柳体、赵体分别是用他们的姓来命名的，也可以说他们是"楷书四大家"。

颜真卿是唐代的书法家，他出身于书香门第，他的书法反映出一种盛世风貌，气宇轩昂的风貌，是书坛的巨灵。柳公权开始学的是王羲之的笔法，后来一直研究欧阳询、颜真卿的笔法，然后自成一家，他的书法与颜体相比较稍显清瘦，所以有"颜筋柳骨"之称。

赵孟頫是宋太祖的十世孙，虽然是皇室的后代，但却做着异族朝廷的官，所以心中十分苦闷，经常吟诗作画，他的书法写得也很好，温和、典雅是他书法的主要特色。

欧阳询，除了诗词写得好，书法也毫不逊色，还总结了有关楷书字体的结构方法共三十六条，名为"欧阳询三十六法"。

第 309 天　中国汉字的造字原理是什么

每一个汉字的诞生都不是凭空想象，都有它自己独特的含义，如果想要将中国汉字学习得透彻，首先就要了解的，就是汉字的造字原理。

整体来说，汉字的造字原理共分为六点：象形、指事、会意、形声、转注、假借。

象形：这种造字方法的依据就是物体的外貌特征，即"画成其物，随体诘诎。"

指事：这主要是一种表现抽象事物的造字方法，即"各指其事以为之"，举个例子来说，卜在其上写作"上"，而人在其下写作"下"。

形声：这种造字方法是以文字内部特定形状（字根）表达特有读音。举个例子来说，"胡"这个字可以当作一个字根，结合不同的偏旁部首后，依旧读相同的读音，"蝴、湖、葫、瑚、醐"等，但这些汉字表达的都是不同的事物。

会意：这种造字方法是将两个字根组合起来，从而衍生出新的含义。如"日"、"月"成"明"。意思是日光和月光加一起就变成"明"。再有，"人"、"言"为"信"，其含义是一个人过去所言的事，也就是说人要遵守自己所说过的话。

转注：用于两个字互为注释，两字虽同义却不同形。比如说，在古时候，"考"有"长寿"之意，所以与"老"想通。

假借：简单来说，这种造字原理的含义就是借用一个字去表达别的事物。借用一个发音接近或是属性近似的字根去表达一个新事物。如"又"字原本是指"右手"，但后来被假借当作"也是"的意思，发展到如今。

再笼统些说，"象形、指事"为造字法；"会意、形声"为组字法；"转注、假借"为用字法。

第310天　古代文人应该掌握哪四大才艺

中国古代的科举考试着重考察士子对古代典籍的理解和运用，但在当时的社会文化氛围下，优秀的文人骚客必须要拥有一定的文化素养，即要对琴棋书画四样才艺精通才行。

琴，是中国最古老的乐器之一，距今已经有3000多年的历史，古人发明和使用琴的目的是顺畅阴阳之气和纯洁人的心灵。儒家提倡君子要修身齐家治国平天下，而修身要先从正心开始，东汉蔡邕说："琴所以御邪僻，防心淫，修身理性，返其天真。"所以古琴一直为文人雅士所青睐。

棋，这里主要指围棋，据说是尧为了教育自己顽劣的儿子丹朱而发明的，目的是为了陶冶他的情操。围棋起源于道，取法于地，黑白二子即象征阴阳，在纵横变化中体现着中华文化的精髓。因它载道，因此顺理成章地成为文人士子修身养性的工具。

书，即指中华民族特有的传统艺术——书法。汉字由象形字演变而来，而人们在书写中随着审美意识的觉醒，逐渐形成了关于汉字书写的方法与规律，这就是狭义的书法。文人士子如果拿不出一手好字，不但受人耻笑，科举都会流入末等。

画，就是中国的国粹艺术国画，在笔韵流转中同样也体现着中国古代文化的精粹。中国文人在对画的实践中表现着自己的格调和素养，寄托着自己的性情和抱负，因此也开创了国画艺术中独有的一派——文人画。

琴棋书画不仅是古代文人雅士借以陶冶情操的高雅艺术，更是文人士子们用来修身养性、感悟道法的途径，因此一直备受文人们的推崇。

第 311 天　中国画的发展历程是怎样的

众所周知，中国画起源于古代，有着悠久的历史。最初，"画"和"文"原本是一个意思，也就是我们经常说的"书画同源"，人们认为，书画的先河可以追溯到伏羲画卦、仓颉造字。

其实，我国出现的第一幅绘画是在战国时期，画在丝织品上的帛画，但在这之前还有原始岩画和彩陶画。正是因为这些绘画，才奠定了我国绘画是以线为主要造型手段的基础。

两汉、魏晋南北朝时期，因为本土文化与域外文化的撞击及融合，我国的绘画方向开始主要以宗教绘画为主，而画中内容大多取自本土的历史人物或者文学作品。同时，山水画也在这个时期萌芽。到了隋唐时期，随着经济与文化的发展，绘画也随之呈现出了一种高度繁荣的局面，这时，宗教绘画为主流，并达到顶峰，趋于世俗化。这个时期的画中人物多具时代特征，主要表现贵族生活。

再后来的五代、两宋时期，国画又进一步趋于成熟，宗教画逐渐衰退，山水画、花鸟画成为画坛主流。元、明、清三代，墨山水和写意花鸟得到突出发展，画坛主流为文人画和风俗画。与此同时，随着文化艺术的飞速发展，当时社会还涌现了许多伟大画家及流传后世的名画。

第 312 天　"国画四君子"指的是什么

在一幅国画作品中，一定少不了四种植物的存在，即"梅、兰、竹、菊"。这四种植物被统称为"国画四君子"，是中国画中的传统题材，这四种分据四季的植物因为各自有着鲜明的特点，所以成为古人的精神象征物。那么，这四种植物都各自有着怎样的特点呢？下面，让我们来了解一下。

梅：又名"五福花"，与松、竹合称为岁寒三友。梅花自古就象征着快乐、幸福、长寿、顺利、和平。深冬初春的梅花洋溢着一种热烈的香氛，让人不会感觉到深冬初春的冷峭。其冷寒独香的个性一直被喻为民族的精华，受到世人的敬重，是历代文学创作中所赞誉的对象。

兰：中国十大名花之一，与菊花、水仙、菖蒲并称"花草四雅"。兰花生长于深山幽谷之中，品质高洁，有着"空谷佳人"的美誉。在我国古代，人们将好的文章称作为"兰章"，将情意深厚的朋友称为"兰友"或"兰宜"，由此可见，兰花被象征为人家最美好的事物。翻看中国文学作品，兰所占的比重也是很大的，如屈原的"秋兰兮清清，绿叶兮紫茎，满堂兮美人"、杜牧的"兰溪春尽碧泱泱，映水兰花雨发香"、苏辙的"谷深不见兰生处，追逐微风偶得之"等。

竹：在中国的传统文化中，竹子与松树、梅树合称冬季的三大吉祥植物。象征着生命的弹力与长寿。从古至今，竹子的品格及形象都是令人崇拜。

菊：又名"延年"、"寿客"等，菊有着三千多年的栽培历史，是深受我国人民所喜爱的传统名花。菊花自古以来就被视为高风亮节、清雅洁身的象征，其傲岸的个性一直都是文人墨客笔下的所称赞的对象。

第313　古人是如何发明了"象形文字"的

文字的发明创造被视为人类从野蛮到文明转变的一个重要标志，它是记载人类文明的符号，那么，作为中国文字载体的汉字，又是如何起源的呢？

在上古时期，我们的祖先还没有学会用具体的符号来记录信息，他们用在绳子上打结的方法来记事。先民们想要记住一件事，就在绳子上打上一个结，以后看到绳结，就会想起那件事。如果要同时记住两件事，就打两个绳结，记住三件事就打三个绳结，以此类推，一个个绳结就代表着一件件应该铭记于心的事情。绳结数量的多寡代表事件的多少，绳结的大小则代表事件的性质和重要程度，大事打大绳结，小事打小绳结。这种记事方法简单方便，但可靠性极差，如果绳结太多，人们很难回想起每一件事情，只能根据绳结的大小和多寡来判断，一共有多少需要记住的大事小事。

结绳记事是人类记录信息的最初方式，它也是文字发展的历史源头。人类用绳结做标记不仅仅是为了记住特定的某个事件，也是为了满足其沟通和交流的需要，这种靠打结制造出的"绳文"，也是一种传播信息的载体，它加强了人类记忆的存储，增进了交流，并扩大了沟通范围。

到了原始社会末期，部落首领发现所要管理的事物越来越多，需要传达的信息也越来越纷杂，任谁也不能从堆积如山的绳结中理清头绪，因此误读信息或者做出错误决策的事情时有发生，显然简单的结绳记事已经不能满足实际需要了。为了改变这种混乱的局面，有个叫仓颉的人创制出了象形文字。仓颉是黄帝的记事史官，他按照动物、植物、山川、日月等自然事物的形状画出不同的图形，造出了第一批包括数十个图形和符号的文字。

当时部落之间的象形文字并不统一，即使是同一个事物，不同的部落也会用不同的图形和符号代表，这样信息的交流就又陷入了混乱无序的状态。为了改变这一局面，仓颉迫切需要造出适用于各个部落的统一文字，为此他广泛收集不同的图形符号，认真地将它们加以分类和整理，并给每一个象形文字指明了具体的含义，此后，象形文字才有了统一的规范。

第 314 天　甲骨文是如何被发现的

甲骨文是由生活在清光绪年间的国子监祭酒（职务相当于现在的校长）、金石学家王懿荣发现的。清光绪二十五年（1899 年），王懿荣染上了疟疾，一病不起，忙派人到达仁堂中药铺去抓药，药材买来之后，他无意中发现有一味叫龙骨的中药上面竟然刻着一些神秘的符号，就觉得非常奇怪。

龙骨是古代脊椎动物的骨骼化石，这种骨头已经有几十万年的历史了，上面怎么会有人工刻划的符号呢？对金石文字颇有研究的王懿荣对此感到十分好奇，一时之间他顾不上自己的病情，竟专心研究起眼前的龙骨来。他认为龙骨上的符号并非一般的划痕，而是一种古老的文字，其形状有点类似于篆体字，但又和篆体字不同，王懿荣越想越兴奋，有了这样的重大发现，他比得到了任何奇珍异宝都高兴。

为了找到更多的龙骨做进一步研究，王懿荣又派人到达仁堂以高价将药铺里所有刻有符号的龙骨统统买下，又通过古董商搜购龙骨，最终累计收集了1500多片刻有文字的龙骨，可惜他还没有来得及做更多的研究就去世了，他收集的龙骨就是我们所说的甲骨，而上面的奇怪符号就是我们所熟知的甲骨文。

有人或许会觉得奇怪，龙骨药材是远古生物的化石，甲骨则是由龟甲和兽骨加工成的，王懿荣购买的龙骨怎么可能是甲骨呢？原来中药龙骨并不易得，数量也十分有限，毕竟人们找不到那么多远古脊椎动物的骨骼化石，但它具有治疗咳逆、泻痢、便血的功用，需求量很大，所以有些人就用甲骨代替龙骨入药，很多宝贵的商代史料就这样被人吞进了肚子，这就是所谓的"人吞商史"。

第 315 天　"癫张醉素"说的是谁

"癫张"指的是唐代书法家张旭，"醉素"指的是唐代书法家怀素，他们都是以狂草书著称。

张旭，字伯高，吴（今江苏苏州）人，为人豪放洒脱，不拘一格，每当创作之前都激情澎湃，甚至达到癫狂的地步，"性嗜酒，每喝必醉"，喝醉之后就狂叫奔走，而后挥洒自如、落笔成书，甚至有的时候竟然用自己的头发蘸墨写书，等到酒醒之后，自己都会感叹其作品的神妙，因此被人们称为"癫张"。玄宗皇帝更是亲下诏书把张旭的草书、李白的诗歌和裴旻的剑定为三绝。张旭也因其草书笔法的独特而有着"草圣"的美誉。

怀素，俗姓钱，子藏真，永州零陵（今湖南永州）人，怀素是他的僧名，因出身贫寒，很小的时候就出家当了和尚，极其喜好书法，每逢佛事完毕就刻苦研习书法，暑往寒来从不间断，而且学书特别勤奋。怀素天性爽朗，嗜酒如命。他自称"饮酒以养性，草书以畅志"。因此被人们称为"醉素"。怀素善以中锋笔纯任气势作大草，如"骤雨旋风，声势满堂"，到"忽然绝叫三五声，满壁纵横千万字"的境界。怀素的草书在张旭的基础上有所创新，不拘一格，变化多端，风格大胆多变。

怀素与张旭被后人合称为"癫张醉素"。怀素传世的书迹较多：计有《千字文》、《清净经》、《圣母帖》、《藏真帖》、《律公帖》、《脚气帖》、《自叙帖》、《苦笋帖》、《食鱼帖》、《四十二章经》等。

第 316 天　"十八描"说的是什么

"十八描"指的是我国古代绘画的一种技法，主要是关于画中衣服褶皱的 18 种描法，具体包括：

1. 高古游丝描：最古老的工笔线描之一，常见于顾恺之的画作。线条提按变化不大，细而均匀，多为圆转曲线，顿笔为小圆头状。

2. 琴弦描：比高古游丝描要粗，多为直线，有写意味道，线条用颤笔中锋，线中有停停顿顿的变化，大多为直线的感觉。

3. 铁线描：相比琴弦描粗些，用笔方硬，是最常见的描法之一。转折处方硬有力，直线硬折，如铁丝弄弯的形态。用笔中锋，圆头顿笔。

4. 混描：是一种写意画法。先用浓墨皴衣纹，墨未干时，间以浓墨，讲求"浓破淡"的墨法变化。

5. 曹衣描，即为曹衣出水描的简称。来自于西域的画家曹仲达，其画佛像衣纹下垂、繁密，贴身如出水状，有"曹衣出水"之称。用笔细而下垂，成圆弧状，讲求线之间的疏密排列变化。

6. 钉头鼠尾描：任伯年最常用的线描方法。叶顿头大，而顿时由于大的转笔，行笔方折多，转笔时线条加粗如同兰叶描，收笔尖而细。

7. 橛头钉描：秃笔线描，是一种写意笔法。顿头大而方，侧锋入笔，有"斧劈皴"之笔意。线条粗而有力。

8. 马蝗描：马和之常用手法。相似兰叶描，顿头大，行笔曲折柔软，强劲有力。

9. 折芦描：用笔粗，而转折多为直角，折笔时顿头方而大，线多为直线，是一种写意画的线描方法。梁楷的《六祖劈竹图》用的就是这种手法。

10. 橄榄描：顿头大，如同橄榄，行笔稍细，但粗细变化亦大。

11. 枣核描：顿头如同枣核状，线条行笔中亦有枣核状的用笔变化。

12. 柳叶描：用笔两头细，中间行笔粗。十八描中无兰叶描。柳叶描和竹叶描类似，都是虚入虚出的笔法，吴道子常用此法。

13. 竹叶描：与柳叶描类似，也是中间粗两头细。

14. 战笔水纹描：明代唐寅作仕女图多用，如山水画水纹之画法。表现薄而褶多的衣纹。

15. 减笔描：用笔粗，一气呵成，一笔中有墨色变化。大多只画个外轮廓，用笔简练到极致。指的是马远、梁楷等作大写意用的笔法。

16. 枯柴描：水墨画笔法。用笔粗，水分少，类似皴法。用笔往往逆锋横卧。

17. 蚯蚓描：粗细均匀，曲折多而柔软。用篆书笔法，圆转有力。

18. 行云流水描：表现软而弯转的衣纹。

第 317 天　最古老的皇室文集是什么

我国最古老的皇室文集是《尚书》，约成书于 3000 年前的战国时期，是我国古代最早的一部历史文献汇编、最古老的皇室文集。最初，《尚书》一直被称为《书》，后来到了汉代的时候改称为《尚书》，意为"上古之书"，并成为儒家重要经典之一，又被称为《书经》。

《尚书》是儒家"五经"之一，一部多体裁文献汇编。按朝代编排，分为《虞书》、《夏书》、《商书》、《周书》。约记载了 1500 多年的历史，从传说中的尧虞舜到东周。其内容主要为历代帝王的文告及君臣间的谈话记录。真实地记录了一个时期的天文、地理、哲学思想、教育、刑法及典章制度等，是后世用来学习、了解古代社会的珍贵历史资料。虽然其作者和编写年代已经无从考究，但从这部著作的内容来推断，其作者有可能是一名史官。相传孔子曾编撰过《尚书》，但这种说法并不为多数人所信。

《尚书》的文体形式主要是散文，可以说这是中国古代散文已经形成的标志。分为"典"、"训诰"、"誓"、"命"四种体式。记载的内容分别为：

典：对当时的典章制度有了详细的记载；

训诰：记录的是君臣之间、大臣之间的谈话及祭神的祷告辞；

誓：记录的是君王和诸侯的誓众辞；

命：记载了帝王任命官员、赏赐诸侯的册命。

在《尚书》中，其内容使用的语言和词汇都比较古老，因此很难被人所读懂。

如今流传和现存的《尚书》本子很复杂，有《今文尚书》、《古文尚书》、《伪古文尚书》三种。据说，《古文尚书》是孔子的后人孔安国整理的，如今已经失传。《伪古文尚书》是三国末年，由当时颇有名气的政治家、经学家王肃所伪造。其将原本 28 篇分割成 33 篇，又新增了 25 篇，合为 58 篇，并附一篇《尚书传》，称是孔安国所做。这部作品在当时有些影响，但到了清初经过考据，才证实是一部伪书。

《尚书》在历史上的影响非常大，是中国封建社会的政治哲学经典。

第 318 天　誉为中华民族文化之源的著作是什么

周易，简称《易》，亦称《易经》。三易之一，儒家尊为六经之首。玄学、道教奉为三玄之一。各界学者对其性质认识不一，概括有以下观点：

一、卜筮书。《周易·系辞上》具体介绍大衍之数的卜筮法，卦爻辞中有大量的吉凶占语，史书认为《易经》之所以免遭秦火，正因其为卜筮书。宋人朱熹的《周易本义》主此观点，近人郭沫若的《中国古代社会研究》、高亨的《周易古经今注》、李镜池的《周易探源》等亦持此说。

二、哲学书。庄子认为："《易》以通阴阳。"阴阳问题是中国哲学基本问题。近代有学者认为，《周易》是我国现存最早的一部哲学著作。

三、历史书。讲述人类进化发展的历史。（章太炎《易论》）"乾坤两卦是绪论。阮济、未济是余论，自屯卦至离卦，为草昧时代至殷末之史，自咸卦至小过卦为周初文、武、成时代之史。"（胡朴安《周易古史观》），另有学者或以为《周易》为商周之史。或以为是奴隶起义史，或以为是用谐音隐文体和卜筮外形写成的一部特殊史书。尚有他说，所据不一。

一般认为《周易》经文为占筮书，其内容涉及历史、社会、制度，范围极广，且蕴含一定哲理。而《周易》传文则是哲学著作，故《周易》含有卜筮、哲学、历史、科学等多种成分。《周易》的主要特点是以八卦、六十四卦、象数为模型，以占筮为形式，模拟演绎、预测宇宙万物的起源、结构、运动变化的规律。其卦爻象符号系统和卦爻辞文字系统互相渗透补充，构成"任何数目都可以套进去"的"宇宙代数学"。（冯友兰《中国周易学术讨论会代祝词》）虽带有神秘的占卜色彩，但蕴含较深刻的理论思想和朴素的辩证观念。书中精义乃是对天道与人理的综合探索，凝聚着中国古圣先贤的智慧。

几千年来，《周易》原理不仅在中国思想史上产生了深远的影响，而且渗透到古代社会科技的各个领域，融化进中华民族的心理素质之中，构成中国传统文化的基本格调，启迪和推动了中国古代科技文明发展，成为中国古代学术思想的源头活水。

第 319 天　除了《喻世明言》，"三言"还包括哪两部作品

"三言"是明代著名文学家、戏曲家冯梦龙编著的三部小说集，共 120 篇。除了《喻世明言》之外，"三言"还包括《警世通言》和《醒世恒言》这两部作品。

《警世通言》，话本小说集，共 40 篇。题材主要涉及三方面：一是婚姻爱情与女性命运，二是功名利禄与人世沧桑，三是奇事冤案与怪异世界。从各个角度呈现了当时生活中的社会百态。

《醒世恒言》，白话短篇小说集，收录了40篇风格各异的故事，其大多题材取自民间传说或者史传和唐、宋小说。含有较多作者自己的创作成分，故事结构完整，情节描写细腻，从不同的程度反映了当时社会面貌和市民思想感情。但作品中存在着一些封建说教及因果报应的宣传，是这部著作的不足之处。内容上，作者冯梦龙大胆暴露揭发了当时封建统治者们穷奢极欲、荒淫无耻的生活，从不同角度去说明、反映了当时社会人民的愿望。

《警世通言》和《醒世恒言》与《喻世明言》合称为"三言"，是宋、元、明三代最重要的一部白话短篇小说集，是我国白话短篇小说在说唱艺术的基础上，经过文人的整理加工到文人进行独立创作的开始。

第 320 天　中国第一部长篇章回体历史小说是什么

《三国演义》是中国第一部长篇章回体历史演义小说，以描写战争为主，反映了魏、蜀、吴三个政治集团之间的政治和军事斗争，大致分为黄巾之乱、董卓之乱、群雄逐鹿、三国鼎立、三国归晋五大部分。在广阔的背景下上演了一幕幕波澜起伏、气势磅礴的战争场面，成功刻画了近500个人物形象，其中曹操、刘备、孙权、诸葛亮、周瑜、关羽、张飞等人物形象脍炙人口，不以敌我叙述方式对待各方的历史描述，对后世产生了极其深远的影响。编者罗贯中将兵法三十六计融入字里行间，既有情节，也有兵法韬略。《三国演义》中主要人物被称为"三绝"的分别是"奸绝"——曹操、"智绝"——诸葛亮、"义绝"——关羽。

《三国演义》反映了丰富的历史内容，人物名称、地理名称、主要事件与《三国志》基本相同。人物性格也是在《三国志》留下的固定形象基础上进行再发挥，这也是历史演义小说的套路。历史演义小说大多是虚实相间、主实重虚；古今兼顾、批古判今；一段故事，叙说两朝的情，一个人物，兼具两朝的性。《三国演义》一方面反映了真实的三国历史，照顾到读者希望了解真实历史的需要；另一方面，根据明朝社会的实际情况对三国人物进行了一定程度的夸张、美化、丑化等，给予读者一些启发，照顾到读者希望增长见识、统治者希望巩固统治的需要。它不但比较真实地反映了三国历史的真实面貌，还反映了明朝社会的内容。

第 321 天　中国第一部长篇神魔小说是什么

《西游记》成书于 16 世纪明朝中叶，作者吴承恩。《西游记》是一部中国古典神魔小说，为中国"四大名著"之一。书中讲述唐朝玄奘法师西天取经的故事，表现了惩恶扬善的古老主题。自问世以来在中国及世界各地广为流传，被翻译成多种语言。在中国《西游记》家喻户晓，其中孙悟空、唐僧、猪八戒、沙僧等人物和"大闹天宫"、"三打白骨精"、"火焰山"等故事尤其为人熟悉。

《西游记》被改编成各种地方戏曲、电影、电视剧、动画片、漫画等，版本繁多。《西游记》不仅内容丰富，故事情节更加完整严谨，而且人物塑造更加鲜活、丰满，想象力丰富，情节多姿多彩，语言也朴实、通达。更为重要的是，小说《西游记》在思想境界、艺术境界上达到了前所未有的高度，可谓是集大成者。

《西游记》不仅有较深刻的思想内容，艺术上也取得了很高的成就。它以丰富奇特的艺术想象、生动曲折的故事情节、栩栩如生的人物形象、诙谐幽默的语言，构筑了一座独具特色的《西游记》艺术宫殿。《西游记》在艺术上的最大成就是成功地塑造了孙悟空、猪八戒这两个不朽的艺术形象。《西游记》在艺术上取得的成就是十分惊人的，孙悟空、猪八戒这两个形象以其鲜明的个性特征，在中国文学史上树立起一座不朽的艺术丰碑。

第 322 天　《左传》的"左"是什么意思

《左传》原名叫《左氏春秋》。汉代改称《春秋左氏传》，简称《左传》。相传是春秋末年一个叫左丘明的人所著，所以叫《左传》。又是为了解释孔子的《春秋》而著，所以其原名叫《左氏春秋》。实际上《左传》

是一部独立撰写的史书，它述说了自鲁隐公元年（前722年），一直到鲁哀公二十七年（前468年），共200多年的历史。以《春秋》为本，通过记述春秋时期的具体史实来说明《春秋》的纲目，是儒家重要经典之一。

《左传》作为编年体史书，叙述详细。和另外的两本《春秋公羊传》、《春秋谷梁传》并称"春秋三传"。《左传》不仅仅是一部史书，对史学做出了贡献，它的文学价值也很高。《左传》之所以如此被后世看重，也正是基于这两点。它代表了先秦时期史学和文学的最高成就，是一部集大成式的巨著，文史并茂。它承《尚书》、《春秋》之后，启《史记》、《汉书》之先，可谓承前启后，继往开来，是中国最优秀的史书之一。

第 323 天　哪部著作被誉为"中国封建社会的百科全书"

《红楼梦》，中国古代四大名著之一是一部章回体长篇小说，成书于公元1784年（清乾隆四十九年），梦觉主人序本正式题为《红楼梦》。其原名有《石头记》、《情僧录》、《风月宝鉴》、《金陵十二钗》等。前80回曹雪芹著，后40回高鹗续（一说是无名氏续），程伟元、高鹗整理。作者具有初步的民主主义思想，他对现实社会、宫廷内幕、官场的黑暗、封建贵族阶级及其家族的腐朽，对封建的科举、婚姻、奴婢、等级制度及社会统治思想等都进行了深刻的批判，并且提出了朦胧的、带有初步民主主义性质的理想和主张。

《红楼梦》是一部具有高度思想性和高度艺术性的伟大作品，代表了古典小说艺术的最高成就，也是中国古代四大名著之一。它以荣国府的日常生活为中心，以宝玉、黛玉、宝钗的爱情婚姻悲剧及大观园中点滴琐事为主线，以金陵贵族名门贾、史、王、薛四大家族由鼎盛走向衰亡的历史为暗线，展现了穷途末路的封建社会终将走向灭亡的必然趋势。并以其曲折隐晦的表现手法、凄凉深切的情感格调、强烈高远的思想底蕴，在中国古代民俗、封建制度、社会图景、建筑金石等各领域皆有不可替代的研究价值，达到中国古典小说创作的高峰，被誉为"中国封建社会的百科全书"。

第 324 天　中国传统社会的典范教材是什么

从古至今，先人所吸取的教训就是对后人最好的告诫与教育，我国早在南北朝时期，就有一部著作是通过总结个人的经历、思想及学识的方式去告诫、教育子孙的，这部著作就是《颜氏家训》，该书是中国传统社会的典范教材，"古今家训之祖"，由北齐著名文学家颜之推撰著。全书分 7 卷，共 20 篇。

《颜氏家训》的问世，开启了后世"家训"的先河，是我国古代家庭教育理论宝库中的一份珍贵遗产，其作者颜之推也因为这部著作而享千秋盛名，由此可见，这部著作的深远影响。

著作受到历代学者的推崇，将其视为垂训子孙以及家庭教育的典范，《颜氏家训》还是一部有着丰富文化内蕴的作品，不仅在家庭伦理、道德修养等方面起着对后世影响颇深的作用，还对研究古文献学，南北朝历史文化有着很高的学术价值，为我国古代优秀文化的一种。

著作中文章内容真实，文笔平易近人，"质朴"是它的独特风格。这部著作之所以可以广为流传，经久不衰，主要原因是因为著作中的内容与封建社会中儒士们教育子孙立身处世的需要相适应。并对此提出了一些教育方法及主张，为后人所受益。由此可见，《颜氏家训》是一部在中国古代教育史上占有重要地位的著作。

第 325 天　《世说新语》为什么被称为"名士的教科书"

《世说新语》是由南朝刘宋宗室临川王刘义庆组织一批文人编写的，梁代刘峻作注。全书原 8 卷，刘峻注本分为 10 卷，今传本皆作 3 卷，记述自汉末到刘宋时名士贵族的遗闻逸事，主要为有关人物评论、清谈玄言和机智应对的故事。

《世说新语》是中国魏晋南北朝时期"志人小说"的代表作，为言谈、轶事的笔记体短篇小说。从这部书的内容来看，全书没有一个统一的思想，既有儒家思想，又有老庄思想和佛家思想，可能是出自多人之手，刘义庆召集的文学之士很可能参加了它的编撰。

《世说新语》依内容可分为"德行"、"言语"、"政事"、"文学"、"方正"等 36 类，每类收有若干则故事，全书共 1200 多则，每则文字长短不一，有的数行，有的三言两语，由此可见，笔记小说"随手而记"的诉求及特性。其内容主要是记载东汉后期到晋宋间名士的一些言行与轶事。书中所载均属历史上实有的人物，但他们的言论或故事则有一部分出于传闻，不完全符合史实。此书中相当多的篇幅系杂采众书而成。如《规箴》、《贤媛》等篇所载西汉个别人物的故事，采自《史记》和《汉书》。其他部分也多采自前人的记载。一些晋宋间人物的故事，如《言语篇》记谢灵运和孔淳之的对话等则因这些人物与刘义庆同时而稍早，可能采自当时的传闻。该书被鲁迅先生称为："一部名士底（的）教科书。"

第 326 天 儒家经典著作中的四书指什么

南宋学者朱熹将《礼记》中《大学》、《中庸》两篇拿出来单独成书，和《论语》、《孟子》合为四书。《四书》是公认的儒学经典，它原来并不是一本书，而是由《论语》、《孟子》这两部书和《大学》、《中庸》两篇文章合辑在一起的统称，由南宋大儒朱熹汇辑刊刻，从此广为流传，声名鹊起。

《大学》原本是《礼记》中一篇，在南宋前从未单独刊印。传为孔子弟子曾参（前 505～前 435 年）作。自唐代韩愈、李翱维护道统而推崇《大学》，至北宋二程百般褒奖宣扬，甚至称"《大学》，孔氏之遗书而初学入德之门也"，再到南宋朱熹继承二程思想，便把《大学》从《礼记》中抽出来，与《论语》、《孟子》、《中庸》并列，到朱熹撰《四书章句集注》时，便成了《四书》之一。

《中庸》原来也是《礼记》中一篇，在南宋以前从未单独刊印。一般认为它出于孔子的孙子子思（前 483～前 402 年）之手，《史记·孔子世家》称"子思作《中庸》"。自唐代韩愈、李翱维护道统而推崇《中庸》，甚至认为《中庸》是"孔门传收授心法"，再到南宋朱熹继承二程思想，便把《中庸》从《礼记》中抽出来，与《论语》、《孟子》、《大学》并列，到朱熹撰《四书章句集注》时，便成了《四书》之一。

《论语》是记载孔子及其弟子言行的一部书。孔子（前551～前479年），名丘，字仲尼，春秋时鲁国陬邑（今山东曲阜）人。儒家学派创始人，中国古代最著名的思想家、政治家、教育家，对中国思想文化的发展有极其深远的影响。

《孟子》是记载孟子及其弟子言行的一部书。和孔子一样，孟子也曾带领学生游历魏、齐、宋、鲁、滕、薛等国，并一度担任过齐宣王的客卿。由于他的政治主张也与孔子的一样不被重用，所以便回到家乡聚徒讲学，与学生万章等人著书立说，"序《诗》《书》，述仲尼之意，作《孟子》七篇"（《史记·孟子荀卿列传》）。赵岐在《孟子题辞》中把《孟子》与《论语》相比，认为《孟子》是"拟圣而作"。

第327天　中国十大古典悲剧著作是什么

中国十大古典悲剧著作分别为：

1. 《窦娥冤》：元代关汉卿的代表作，作品的主人公是一个生活于社会底层、处于弱势地位的民女窦娥，作品通过她的悲惨遭遇，描写了小人物对不公平现实的反击，让人为之动情。

2. 《汉宫秋》：元代马致远的代表作，讲述的是昭君出塞的故事。昭君远嫁匈奴，虽然换来了社会一时的安定，但对于昭君本人来说，她在汉室和匈奴的遭遇都是带有悲剧色彩的。

3. 《赵氏孤儿》：元代纪君祥的作品，内容曲折精彩。作品揭露了权奸的凶残本质，歌颂了程婴等人为了维护正义、舍己为人的高贵品质，气势悲壮，感人肺腑。

4. 《琵琶记》：明代高则诚所著，写的是东汉时期，秀才蔡邕告别父母和妻子赵五娘，进京赶考，得中状元。牛丞相看中了他，强招为婿。此时他的家乡正遇大旱，赵五娘孝敬公婆，备受困苦煎熬，公婆因饥饿相继去世，之后，赵五娘带着琵琶一路卖唱求乞去京寻夫，历尽千辛万苦，终于找到丈夫，夫妻团聚。该剧是社会劳动人民苦难生活的真实写照，写的是悲剧性的矛盾。

5.《娇红记》：明代孟称舜作品，写的是追求功名的年轻秀才申纯在秋试中落第，郁郁寡欢，来到舅父王文瑞家中散心。见到表妹娇娘后，二人赏花和诗，心意渐通，申纯将心中烦闷之事全然忘却。后二人心生爱意，私定终身。随后申家遗媒王家，舅父以"朝廷立法，内兄弟不能通婚"为由拒绝了申家，申纯、娇娘二人只得各奔东西。后来申纯中榜得官，娇娘之父便主动提出议婚，二人得知后非常高兴，却没想到久慕娇娘美貌的四川节镇公子派人通婚，娇娘之父因惧怕其威势，就将娇娘许配公子。二人得此消息，伤心欲绝，双双以死殉情，实现了"生同舍，死同穴"的誓言。二人死后，被家人合葬于锦江边。坟茔之畔，从此有一对鸳鸯相偎相伴。

6.《精忠旗》：明代冯梦龙作品，写的是岳飞父子为了收复中原，遭受秦桧陷害。岳珂为岳飞的后代，忠心爱国，立志替父祖翻案雪耻，后取得证据，可替岳飞翻案，但为顾全皇家颜面，终以鲜血毁证物。此举感动在位皇帝，下旨恢复岳家名声，岳珂继祖志显孝，名留青史。

7.《桃花扇》：清初作家孔尚任所著，该剧是他经历十余年三易其稿而完成的。此剧表现了明末时以复社文人侯方域、吴次尾、陈定生为代表的清流同以阮大铖和马士英为代表的权奸之间的斗争，揭露了南明王朝政治的腐败和衰亡原因，反映了当时的社会面貌。

8.《雷峰塔》：清代方成培所著，是一个感人至深的悲剧，以白娘子和许仙的爱情波折为主线，展示了白娘子为冲破封建枷锁而不断斗争、锲而不舍的精神。

9.《清忠谱》：清代李玉、朱素臣、毕魏和叶雉斐共同创作完成。描写了明代天启年间阉党魏忠贤等人对东林党人进行迫害的史实，成功地塑造了颜佩韦等"五义士"的市民形象，他们舍生仗义，毫不畏惧，可歌可泣，与胆小怕事、迂腐可笑的请愿书生形成鲜明对照。特别是剧中描绘了广大人民群众积极参与抗争的场面，在舞台上展示了市民暴动的壮烈景象。

10.《长生殿》：清初剧作家洪昇所著，取材于唐代诗人白居易的长诗《长恨歌》和元代剧作家白朴的剧作《梧桐雨》。讲的是杨国忠招权纳贿，激起朝臣的愤怒，番将安禄山起兵造反。唐明皇逃至马嵬坡，随行将士杀死杨国忠，杨玉环被迫自缢身亡。唐明皇因思念杨玉环不久于人世，最终两人回到天宫，永结夫妇。

第 328 天　中国十大古典喜剧著作是什么

中国十大古典喜剧著作分别为：

1.《救风尘》：是一部杂剧剧本。元代关汉卿作，是一部杰出的现实主义古典喜剧。写的是恶棍周舍骗娶妓女宋引章后又对她百般虐待，宋引章的结义姐妹赵盼儿见义勇为，设计将宋救出的故事。

2.《墙头马上》：元代白朴的作品。写的是李千金与裴少俊相爱而私订终身，后被裴父发现赶出，最终二人得以团圆的故事，塑造了敢于反抗封建礼教的李千金这一形象。

3.《西厢记》：它是一部中国家喻户晓的古典戏剧名著，为元代王实甫作，它叙述了书生张君瑞和相国小姐崔莺莺邂逅、一见钟情，经红娘的帮助，为争取婚姻自主，敢于冲破封建礼教的禁锢而私下结合的爱情故事，表达了对封建婚姻制度的不满和反抗，以及对美好爱情理想的憧憬和追求。

4.《看钱奴》：它是元代郑廷玉的作品。主要写了贫民贾仁因得周荣祖家财而暴富，后又廉价买得周荣祖之子为养子，最后钱财重归周家。

5.《李逵负荆》：元代康进之所写，讲述的是晋棍冒充宋江、鲁智深，抢走酒店主王林的女儿。李逵下山，闻知此事，信以为真，勃然大怒，径回梁山泊，与宋江大闹一场，斥责宋江丢了梁山好汉的脸。宋江有口难辩，只好下山对质，后来误会解除后，李逵后悔不已、负荆请罪的故事。本剧语言老练，饶有风趣、幽默，在古代喜剧中是非常出彩的一部。

6.《幽闺记》：其为元代施君美所著，故事发生在"天翻地覆、黎民遭贱"的时代背景中，主人公的遭遇相当悲惨，他们的美好情操和坚强意志，对生活充满信心和希望，使作品交织着悲剧气氛与喜剧的色彩。

7.《中山狼》：据传是明代康海的作品，本剧根据民间传说改编而成，写的是中山狼被猎人追赶，祈求东郭先生救它。东郭先生见狼可怜，就发善心将它藏了起来，骗走了猎人。猎人走后，狼便露出本来面貌，想把东郭先生吃掉。幸亏路遇老人，设计杀死了恶狼，东郭先生得以保命的故事。

8.《玉簪记》：是明代高濂的作品。写道姑陈妙常与书生潘必正二人的爱情婚姻故事。少女陈娇莲在金兵南下时与家人离散，入金陵女贞观为道士，法名妙常。观主之侄潘必正会试落第，路经女贞观，陈、潘二人经过茶叙、琴挑、偷诗等一番波折后，私自结合，终成连理。此剧中，作者将陈妙常对爱情既热烈追求又害羞畏怯的复杂心理，描写得淋漓尽致。

9.《绿牡丹》：是明代吴炳所写，讲的是官僚家庭的小姐沈婉娥，其父为她召开文会，以绿牡丹为题考题招婿。书生柳希潜、车本高、顾粲三人对沈小姐非常倾心，假名士柳希潜和车本高滥竽充数，请人代写诗作，企图蒙混过关，顾粲却以自己的学识写文应对。结果，沈婉娥在批阅诗稿时，看出了其中的端倪，拆穿了柳、车的把戏，最后与顾粲结为连理的故事。

10.《风筝误》：它是清代著名戏曲家李渔的作品。书生韩世勋在风筝上题诗，纨绔子弟戚施放风筝，风筝线断，飘落他处，被詹府才貌双全的二小姐淑娟拾到，重新题诗后再放飞风筝，由此引出一连串误会与巧合，生出了韩世勋、戚施与詹府两位小姐两桩相互对比而又相互纠葛的婚事。

第 329 天　北魏三大奇书之《洛阳伽蓝记》有着怎样的特点

《洛阳伽蓝记》是一部集历史、地理、佛教、文学于一身的历史和人物故事类笔记。伽蓝：梵文的音译，为佛教寺院的统称。这部著作不仅介绍了洛阳一些寺庙的建筑风格，及相关人物的传说、事件、逸闻等，还保存了洛阳地区的许多掌故、风土人情及中外交流诸事。而且，《洛阳伽蓝记》中，语句优美，文章上乘，是我国早期地区专业志的佳作之一。那么，这部著作有怎样的特点呢？

1. 《洛阳伽蓝记》是一部记载佛教寺院的书籍，专门以京城内的佛寺建筑为撰写对象，这在我国的中国古籍中可以说是独一无二的。除了对佛寺建筑的描写，这部著作中所涉及的领域也是非常广泛的，有地理、政治、人物、风俗等，内容真实、亲切、传神。

2. 《洛阳伽蓝记》与《水经注》、《齐民要术》并称为传世的北魏三大奇书。但与同样是记载人文地理的《水经注》相比较，《洛阳伽蓝记》注重的是记录小建筑的宏伟精致，突出我国古代劳动人民的智慧与勤劳。

3. 《洛阳伽蓝记》这部著作结果严密，以城内、城东、城南、城西、城北分卷，内容精确，其内容可考在同类书籍中是非常罕见的。

4. 著作在文笔上简明清丽，形象生动，具有自己的独到的艺术特色。

第 330 天　中国音乐起源及发展历程是什么

音乐是一门艺术，用来表达人们的思想感情，没有语言的界限，没有国别的差异，由节奏和旋律组成。那么，我国的音乐起源于何时呢？在发展过程中经历了怎样的变化呢？

据学者考古发现，我国的音乐可以追溯到 5000 多年以前，下面，让我们来了解下音乐的发展历程。

最初的古乐常常是诗歌、音乐、舞蹈的结合体，是在人们的劳动节奏中和劳动呼吸中萌发出来的。所以，最初的古乐往往都是和原始人类的生产活动、与自然灾害的斗争有着很直接的关系。在原始社会，音乐对于人们的意义就仿佛具有魔术般的力量。那时流传下来的古乐主要有《云门》、《咸池》、《韶》等，其中《韶》最为重要，还曾受到季札和孔子的高度评价。

夏朝的时候，我国逐渐进入奴隶社会，那时的音乐大多由奴隶创造，供贵族奴隶主阶级享受。奴隶社会的音乐大多用于祭祀等重大典礼活动，内容多为歌颂统治者列祖列宗的功德。后来到了西周时期，音乐制度逐渐走向完备，并根据在礼仪中的不同应用分成不同等级，并对每个等级都做出了严格的规定。

战国时期，社会进入发展阶段，不断的改革对音乐造成了很大的冲击，旧时雅乐逐渐衰败，新的民间俗乐兴起，并纷纷进入宫廷。不同的音乐代表着不同的音乐思想，使音乐也逐渐形成了一种"百家争鸣"的盛况。这种盛况直到秦汉时期才逐渐消散。

三国、两晋、南北朝是中国历史上一个大动乱时期，因为社会的动荡不安，所以音乐成为了人们寄托理想的避难所。其中在当时社会占主导地位的音乐是风格纤柔绮丽的清商乐。这种音乐作品大多以爱情为题材，较少触及社会现实。而与此同时，琴曲也在当时得到了重大发展。许多琴家以琴寄志，创作出了不少具有影响力的琴曲。

唐朝的时候，国家设立了一些庞大的音乐机构，如大乐署、鼓吹署、教坊和梨园。这些音乐机构各有各的音乐特色，统领着各色的音乐，机构总人数达到数万人。

宋、元时期，手工业的发展促进了商品流通，城市繁荣，市民阶层扩大，城市游乐场所和专业艺人大量增加。这时以说唱、戏曲为主的多种民间音乐形式得到了迅速发展，一些新兴戏曲逐渐代替了歌舞戏曲在音乐中的核心地位。因为宋、元时期的意识形态受到理学的统治，所以音乐思想上充斥着复古主义气氛，音乐理论未能取得明显的突破，逐渐出现的一些音乐理论方面的著作是后人用来研究音乐史方面的重要工具，其中，陈旸的《乐书》是最早出现的一部音乐百科全书。

明代时，杂剧渐趋衰微，南戏转趋兴盛，四大声腔（海盐腔、余姚腔、弋阳腔、昆山腔）获得了发展。明清时期的音乐继承了宋、元音乐的风俗，各种民间音乐形式得到普遍发展，许多戏曲剧种、说唱曲种和器乐乐种逐渐形成，为现代音乐提供了良好的发展基础。

第 331 天　我国最早的弹弦乐器是什么

所谓的弹弦乐器，就是用手指或拨子拨弦，或者用琴杆击弦而发声的弦乐器。我国最早的弹弦乐器是古琴，同时，古琴也是世界上最早的弦乐器。

古琴历史久远，凭借着文献的浩瀚、内涵的丰富和影响之深远备受世人所珍视。自唐宋以来，我国历代都有古琴精品传世，只是南北朝至清代的琴谱就有百余种，琴曲多达三千。同时，还有大量关于琴家、琴论、琴制、琴艺的文献。

先秦时期，古琴除用于郊庙祭祀、朝会、典礼等雅乐外，还一度兴盛于民间，用以抒情咏怀，深得人们喜爱。

隋唐时期，中国古琴传入东亚诸国，再后来又走遍世界各地，逐渐成为了西方人心目中东方文化的象征。

琴在我国古代占有着重要的地位，居于"琴、棋、书、画"首位。春秋时期的孔子，十分喜欢弹琴，无论是在杏坛讲学还是受困于陈蔡，永远是琴声不断。又如春秋时期的伯牙、子期，"高山流水觅知音"。魏晋时期的嵇康曾给予古琴"众器之中，琴德最优"的至高评价。唐代文人刘禹锡曾在名篇《陋室铭》中为世人勾勒出一幅"可以调素琴、阅金经。无丝竹之乱耳，无案牍之劳形"的淡泊境界。在"四大名著"中，有三部名著对古琴有所描写。这些"古人爱琴"的故事都可以证明，古琴是一件备受古人所喜爱的乐器，且在民间普遍流行。

如今，古琴在我国甚至世界上也占据着重要的地位，是我国非物质文化遗产，还被联合国教科文组织授予了"人类口头和非物质遗产代表作"的荣誉。

第 332 天　中国象棋的四大名局都有什么

象棋在我国有着悠久的历史，其魅力之处就在于简单的 32 枚棋子，就可以组成千变万化的对阵局势，不一样的残局，不一样的解法，对其认真钻研，十分有趣。在象棋众多的残局当中，有四个是十分有名的，被称为是象棋中的四大残局，它们是"七星聚会"、"蚯蚓降龙"、"野马操田"、"千里独行"。这四个残局着法深奥、变化繁复。既是最典型的江湖排局，又是学习棋艺的经典资料，对于提高象棋实战水平，有着不可低估的作用。下面，让我们来了解下这四大名局分别是什么样的。

七星聚会：这个残局起源于清代，并广泛流传在民间，凡是清代出版的著名棋谱，几乎对这个残局都有刊登。只是在局名上稍微有些不同。有"七星拱斗"、"七星同庆"、"七星曜彩"等别称。这一局在局势上双方各有七枚棋子，所以形象地以"七星"命名。这局的特点是，乍一看以为红方有较大的胜算，但如果求胜心切，就会误入设局人的圈套，所以很多江湖艺人都以此局当作谋生的法宝。

蚯蚓降龙：这个残局的局势是三卒单缺象对双车一兵。在原谱中，作者是将双车比拟成了大海中的蛟龙，将三个行动缓慢的小卒比作了力量弱小的蚯蚓。因为局势的特定，所以双车被两个小卒牵制，没办法随意活动。这一局是弱子战和强子战的一个典型残局。

野马操田：这一局的变化是十分复杂、深奥的。是双车马对双卒车。因为这一局的使用价值很高，所以研究此局的棋手很多。

千里独行：这局的结尾棋势是一车大战三兵，在双方交战的过程中，车（車）、马、兵（卒）和将（帅）士（仕）、象（相），都各尽所能，充分发挥自己的攻防战斗力。是一局用来研究局中解着、停着（等着）的好材料。

第 333 天　中国象棋的发展史是什么

我们今天所见到的中国象棋，其实并不是最初被创造出来的那样，随着历史的变迁，象棋在形式和玩法甚至棋子上，都在逐渐发生着改变，那么中国象棋的发展历史是怎样的呢？

早在两千多年前，我国发明了象棋，并称其为"象戏"、"桔中戏"，是由先秦时代的博弈演变过来的。后来随着棋类的不断发展，"象戏"逐渐演变成了"六博"象棋，就是当时人们最常玩的一种棋，每方各有六枚棋子。唐代的时候，象棋的棋盘同现在的国际象棋棋盘一样，棋子有"将、马、车、卒"四个兵种。到了宋代的时候，因为火药的发明，所以在棋子上增加了"炮"，同时还增加了"士"、"象"，同现在我们所下的象棋已经很相似。再后来，到了明代的时候，"将"被改成"帅"，也就成为了我们今天所下的象棋，并且一直留传到今天。

第十六章
称呼 "趣谈"：蕴藏在 "称呼" 中的博大文化

第 334 天 在古代，"老公" 的称谓具体指谁

在当下，女性朋友们时常都会用 "老公" 来称呼自己的丈夫或男朋友，却不知道，"老公" 一词在古代是对太监的称呼。

中国古代，宦官一般被称为寺人、黄门、貂珰，卑称内竖、阉宦、太监、阉人等，而民间则俗称其为 "老公"。

清人笔记《枣林杂俎》在记载李自成进京后驱逐太监，曰 "群呼逐打老公"，这里的 "老公" 就是指太监。明朝时宫中的太监时常仗势欺人，万历年间出现了 "矿监脱使"，他们专门欺压百姓，造成了人民的反抗，所以常常有 "打老公" 的事情发生。

明朝时期，太监专权，政治腐败，官员都尊称太监为 "老公公"，宫中办事的中层太监叫 "公公"。自古到今，人们都喜欢在一些词前加 "老" 字，表示对对方的敬重。师者称之为 "老师"，称呼年纪大的叫 "老张、老王" 等，为此，古人把 "公公" 叫作 "老公" 的说法也是合理的。

在《红楼梦》第 83 回写道：门上的人进来回说："有两个内相在外，要见二位老爷。" 贾赦道："请进来。" 门上的人领了老公进来。这里的 "老公" 即为宫中太监的意思。《官场现形记》第 9 回中也写道："他就立刻进京，又走了老公的门路。" 可见，在古代，"老公" 一词，普遍是用来称呼太监的。

第335天 古人为什么把妻子称作"糟糠"

古人常用"糟糠"来形容结发妻子，所谓的"糟"指的就是酒糟，"糠"指的就是米糠，"糟"和"糠"都是旧时穷苦人用来果腹充饥的粗劣食物，用它们来称呼妻子，不免让人产生联想，"糟糠之妻"的说法是对古代妇女社会地位低微的影射吗？其实不然，我们完全误解了它的本意。

"糟糠之妻"的典故源于东汉时期。东汉初期，宋弘担任大司空一职，为官清廉、刚直不阿，很受光武帝赏识，被封为宣平侯。光武帝曾打算让他娶自己的寡姐湖阳公主。一日，光武帝试探湖阳公主，和她谈论起朝中的大臣。湖阳公主对宋弘赞不绝口："宋公品德高尚、威武不凡，朝中大臣没有人比得上他。"光武帝听罢大悦，便打算撮合姐姐和宋弘的婚事，可是宋弘已有妻室，怎么办呢？于是光武帝召见了宋弘，安排姐姐在屏风后面静观其变。光武帝开口道："人常道高贵了就会忘掉至交，富有了就会产生再娶一个妻子的想法，这是人之常情吗？"

宋弘觉得皇帝话里有话、弦外有音，但他依然从容不迫地回答道："我觉得不能因为自己社会地位提升了就忘记了贫穷困苦时结交的挚友，不能因为自己突然富贵了就抛下与自己吃糠咽菜、相濡以沫的妻子。"光武帝闻言，甚是佩服宋弘为人，只好遗憾地告诉姐姐，他们结亲的事办不成了。从此光武帝更加信任和器重宋弘。

后来，人们根据这个典故，把同自己携手相依、甘苦与共的妻子呼之为"糟糠之妻"。可见这个词丝毫不含一点贬义。

第336天 "老公"和"老婆"称谓的由来

在当下，女人都管自己的丈夫或男朋友叫"老公"，男人都喜欢称自己的妻子或女朋友为"老婆"。那么，"老公"、"老婆"这些称谓是如何来的呢？这要从一个故事说起：

在唐代，有位叫麦爱新的名士，他与妻子成婚多年，看到自己的妻子年老色衰，便有了嫌弃之意，很想再纳一位妾。于是，他写了一副上联放在自己的案头："荷败莲残，落叶归根成老藕。"恰巧被他的妻子看到了。

妻子从联中看出了丈夫的心思，于是便提笔续写了下联："禾黄稻熟，吹糠见米现新粮。"这副下联，以"禾稻"对"老藕"，不仅十分工整贴切，新颖通俗，而且，"新粮"与"新娘"为谐音，别有一番风趣。

麦爱新看到了妻子对的下联，就被妻子的才思敏捷和爱心所打动，便放弃了弃旧纳新的想法。妻子见到丈夫回心转意，不忘旧情，于是就挥笔写道："老公十分公道。"麦爱新也写道："老婆一片婆心。"为此，这个具有教育意义的故事便马上流传开来，被人传为世代的佳话，从此便有了"老公"和"老婆"这两个词。随着社会的发展，这两个词也逐渐被演绎为夫妻或情侣间的称谓。

第 337 天　皇帝的女儿为何叫"公主"

"公主"这个词是春秋战国时候才开始有的。当时，周朝的天子将女儿嫁给诸侯，自己是不主持婚礼的，而叫同姓的诸侯来主婚。当时各诸侯国的诸侯一般都称"主"，"主"就是"主婚"的意思，所以因为是诸侯主婚，天子的女儿就被称为"公主"了。其实在当时，诸侯的女儿也被称为"公主"，也称"郡主"，《史记·吴起列传》说："公叔为相，尚魏公主。"古书尚也常常将公主简称为"主"。

但是从汉朝开始，只有皇帝的女儿才能称为"公主"，诸侯王的女儿则称为"翁主"。

第 338 天　"公主"的丈夫为何叫"驸马"

在古代，"驸马"指皇帝的女婿，公主的丈夫，为何要这样叫呢？

据说，秦始皇在博浪沙（今河南原阳）巡游时，张良会同大力士狙击秦始皇，只击中副车。这一下使秦始皇很是吃惊。因此，在以后的巡游过程中，他乘车的车辆常有变换，同时安排了许多副车。他还特地设了一个替身来掩人耳目，借以表明皇帝在"副车"上。

从此以后，历代皇帝出巡时，都仿效秦始皇的做法，亲自选定一个替身，而这个替身又大都是自己的女婿。因为女婿是皇室的人，不会损害皇帝的威仪和尊严，而女婿总比其他人可靠一些。若万一发生意外，女婿又是外姓人，死了也不过是一个牺牲品，皇子是绝对不会乘"副车"的。这样，因为皇帝的女婿作为替身坐在副车上，跟随皇帝出巡各地，后来，人们就将皇帝的女婿称为"驸马"。

第 339 天　"陛下"一词的由来

在中国古代，为何臣子们都称皇帝为"陛下"呢？"陛"本来是指宫殿的台阶，《说文》载："陛，升高阶也。"又特指皇帝座前的台阶。皇帝临朝时，"陛"的两侧要有近臣手执兵刃站列，以防不测和显示威风。群臣对皇帝说话，要由站在"陛下"的侍卫者转达，以示皇权的崇高。"陛下"这一称呼最早见于司马迁的《史记》。《史记·秦始皇本纪》中有这样的记载："今陛下兴义兵，诛残贼，平定天下，海内为郡县，法令由一统，自上古以来未尝有，五帝所不及。"后来，人们就用"陛下"作为对皇帝的直接称呼，表示自己虽然是在对皇帝说话，但在礼仪上不敢忘记自己本来无此资格。

第 340 天　为什么将从事贸易活动的人称为"商人"

古往今来，人们一直把从事贸易活动的人称为商人，管做生意叫经商，并把用来交换的物品称作商品，那么为什么凡是和买卖有关的人和事，都要冠以商字呢？商人这个词是怎么来的呢？它和古代的商朝有直接关系吗？

据考证，商人确实和商朝有关，商人是从商族人演变而来的。原始社会末期，社会上已经出现了以物易物的贸易活动，到了夏朝，社会上有了专门从事物品交换的一批人。当时黄河流域有一个古老的部落，部落的首领叫契，他因为协助大禹治理洪水有功，得到了一块封地，封地的名字就叫商（今河南商丘），从此他的部落就被称作商族。

契的六世孙王亥聪明干练，擅做生意，他常带着一批奴隶驾着牛车浩浩荡荡地到黄河北岸从事买卖活动。有一年他和弟弟王恒满载着货物从封地出发，来到了有易氏（今河北易水一带），有易氏的部落首领起了贪心，杀死了王亥，劫走了货物，王恒狼狈地逃回了封地商丘。四年之后，王亥的儿子甲微杀死了有易氏的首领，报了父仇。商族人消灭了有易氏部落，这才解了心头之恨。

商族部落在商汤时期，纺织业迅速发展，商汤有了灭夏的打算，于是组织大批妇女纺纱织布，以此来换取夏王朝的粮食，为以后的战争做充分准备。后来商族灭了夏朝，建立了商朝，可惜商纣王登基后，残暴无道，把商朝引向了覆灭，商族人的好日子也就走到了尽头，在周朝的统治下，商族人生活每况愈下，为了谋生，他们纷纷重操旧业，又做起了生意。由于当时做买卖的人大多是商朝后裔，所以人们就把这些人称之为商人，后来又将所有从事买卖活动的人统称为商人。

第 341 天　为什么花钱买到的是"东西"，而不是"南北"

我们常常把物品称作"东西"，怎么不叫"南北"呢？这两个本来表示方向的字怎么连在一起就成了一切物品的通俗代称了呢？

我国古代哲学有"五行"的理论，五行即木、火、金、水、土，世间万物都可以看作由这五种物质组成，同时，"五行"对应着东、南、西、北、中五个方位。这样一来，我们可以看出，东方对应着木，而木是一切植物的代表和总称；西方和金对应，代表了金、银、铜、铁等所有的金属；南方的火是一种自然的现象或者说是一种化学的现象；北方的水是一种自然界存在的普遍物质，但是仅指水这一种物质，不具有广泛的代表性，严格意义上说，水也是一种化学变化的产物。人们自然不可能把水火推而广之用来做天地万物的通指，这样一来，代表木和金方位的东和西自然就连在一起，被人们用来代表这个大千世界的一切的物品。

其实这也只是一家之言，有关"东西"作为物品的通指还有很多不同的说法和传说，在这里我们再列举一些，以供阅读参考。

也有人说这个词发源于唐朝，当时的京城长安是世界上最繁华的国际性都市，东西方商队络绎不绝，更是闻名世界的丝绸之路的东方起点。长安城东西两面设有市场，人们在这里相互交易，购买自己需要的物品。或东出潼关，进入中原，或西出阳关出走西域，做买卖，买东买西同时也是卖东卖西。慢慢地，就简化成了今天的"买东西"。

还有人说是来源于东汉时期，东汉和西汉合称汉朝。西汉都城长安，东汉都城洛阳。东汉时虽然京城迁到了洛阳，但是，长安依然是当时最繁华的城市之一，贸易发达，人们买卖商贸于西都长安和东都洛阳之间，"买东买西"，长久下来，就逐渐地简称为了"东西"，用来代表各种的货物，物品的泛指，一直到今天。

第 342 天　古人为什么把旅费称为"盘缠"

现在，在民间上了年纪的老人口中或者在历史小说、电视剧中我们会经常听到或看到人们把外出时的旅费资金叫作"盘缠"，为什么会有这样的称呼呢？

水有源，树有根，凡事必有因果。"盘缠"的叫法和我国古代使用的钱币有直接的关系。从秦始皇统一中国以后，在中国漫长的封建社会中，人们使用的是一种圆形方孔的金属硬币。实际的生活中，人们常常用绳子把一个个的钱币穿起来，这样很方便携带。当外出的时候，人们把钱币缠在自己的腰上，既方便，又很安全。根据这种钱币的特点和生活语言的方便简化需要，慢慢地就用"盘缠"来代表旅费了。一直到现在，口语中还经常这么说。

虽然我国纸币出现得很早，北宋时就已经出现，但是圆形方孔的钱币使用历史悠久，早已深入人心，所以这个叫法就这么一直传了下来。

第 343 天　为何称皇帝的死为"驾崩"

现代的人死亡称呼为"死"、"去世"，古代的人对死的叫法也有很多，而且对死的称呼还有等级的区别，即不同等级的人，死的称谓也不同。

据《礼记》中记载，天子死为"驾崩"、"薨"；士卒死叫作"卒"；诸侯死为"毙"；士死为"不录"，等等。唐代礼制中还规定了"凡丧，二品以上称薨，五品以上称卒，后六品与庶人称死"。那么，为什么称呼皇帝的死为"驾崩"？之所以称皇帝的死为"驾崩"，是因为皇帝是处在万人之上的九五之尊，得到了万民的称颂和爱戴，他拥有足够的权力驾驭和支配任何一个臣民，以此治理自己的国家，使自己的国家更加稳定和强大，也是万民的一种精神支柱。当皇帝突然死了，一时间没有人来治理国家和处理所有的政事了，万民就像失去了精神支柱一样，感觉少了这个精神支柱，整个国家就会崩塌似的，使人比较哀伤和惶恐，所以人们就把皇帝的死称为"驾崩"了。

第 344 天　为何将岳丈称为"泰山"

我们知道，泰山是我国的著名山峰之一，为"五岳"（东岳泰山、西岳华山、北岳恒山、中岳嵩山、南岳衡山）之首。然而，在古时候，泰山还有另外一层含义，就是被用来指称岳父。这是为什么呢？这样"怪异"的称呼是源于何时呢？

自唐朝开始，男子对自己妻子的父亲就有了"泰山"、"岳父"这样的专称，关于这个称呼，历史上还有这样一则小故事，被记录在《酉阳杂俎·语资》中。

唐明皇李隆基在泰山封禅时，当时的宰相张说被任命为封禅使。按照当时的制度，封禅之后，三公里外随行皇帝的人都可以得到一级的晋升。在这些随行的官员中，有一个叫作郑镒的人，是张说的女婿，郑镒原本只是一个九品的小官，却在封禅之后连升了四级，成为了一个五品官。后来唐明皇大宴群臣的时候，见郑镒穿着绯红的五品官服，于是好奇地问："你为何升迁这么快？"郑镒见皇帝这样问，一时不知该如何回答，就愣在了那里。旁边一个宫廷戏子黄幡绰把话接过来说："这都是泰山的力量啊。"其实这句话中的"泰山"是一语双关，与其说是泰山成全了郑镒，不如说是他岳父成就了他。

从那之后，"泰山"便成为了男子对妻子父亲的代称，又因为泰水被称为"东岳"，所以又将妻子父亲称为岳父、岳翁、家岳。称妻子母亲为岳母、泰水。

第 345 天　为何把要把犯傻的人称为"二百五"

为什么人们用"二百五"这个数字来形容犯傻的人？为什么不是其他的数字呢？和其他的很多的俗语一样，这里面都有个历史典故。"二百五"的故事发生在我国的战国后期。事情是这样的：

战国末年，西边的秦国经过商鞅的变法改革，以及历代秦王的不懈努力，秦国终于具有了问鼎中原的实力，成了战国七雄中最强大的国家。这引起了东方六国的担忧，苏秦这个人很是了不起，他当时是六个国家的丞相。由于他顺应六国国君为求自保的心理，从中穿针引线，组建了六国联盟，共同攻打秦国。于是引起了秦国的害怕和仇视，最后就派刺客把苏秦刺杀了。临死之前，苏秦给齐王献上了抓住刺客的方法。

那就是让齐王把自己的头颅悬挂在城门之上，并贴出告示，说自己是个奸细，误国误民，死有余辜。值得庆幸的是现在有义士为民除害，杀死了苏秦，齐王很是高兴，下诏奖励黄金千两，望义士前来领取。

有四个人前来领赏，坚定地说自己就是杀死苏秦的英雄！这四人来到了齐王的面前，齐王平静地问道："四个人一千两黄金，怎么分？"这四个死到临头的人还兴奋地回答说每人二百五十两。

最后，一切该来的终归来了，齐王怒声喝道，把这四个二百五都推出去砍了。手起刀落，就这样砍出了"二百五"的称呼。这四个自称杀死苏秦的人不一定是真正的刺客，但是这四个人却让人想起了一句古语，人为财死，鸟为食亡。这就是二百五的来历，鉴古知今，凡事不为利焚身，三思而后行。

第 346 天　故宫为何又叫"紫禁城"

"紫禁城"其名主要借喻紫微星垣而来。中国古代天文学家曾把天上的垣星分为三垣、二十八宿和其他星座。三垣包括太微垣、紫微垣和天市垣。紫微垣在三垣中央。中国古代天文学家根据对太空天体的长期观察，认为紫微星垣居于中天，位置永恒不变，因此成了代表天帝的星座，是天帝所居。因而，把天帝所居的天宫谓之紫宫。

封建皇帝自称是天帝的儿子，自认为是自己是真命天子，他们所居住的皇宫被比喻为天上的紫宫，皇宫乃皇家重地，闲杂人等严禁来此。所以，故宫也称为"紫禁城"。

第 347 天　慈禧为何被人称作"老佛爷"

"慈禧"是清末的女性掌权者，但是人们都称她为"老佛爷"，这个称谓是如何来的呢？据说有两种说法：

第一种说法为，在慈禧满 40 岁时，为了达到二度垂帘听政的目的，曾使用了种种手段，但慑于朝中有人反对，终日心中怏怏不乐。

心腹太监李莲英猜知其心事，便令人在万寿寺大雄宝殿的后面建了一座佛，建成后，李莲英速去禀告慈禧，说："听说万寿寺大雄宝殿后面常常有双佛显光，这是大吉大利之兆，奴才想请太后驾临前往观看。"

慈禧听罢感到十分惊奇，便起驾出宫。出西直门下高梁桥，坐上皇船，沿长河，直到万寿寺（今北京艺术博物馆）。慈禧上了码头，进了山门，直奔大雄宝殿而来。进得殿来，见供奉的依然是原来的三世佛，不觉得勃然大怒："明明是原来的三世佛，哪来的双佛显光？"

在当时，臣子欺骗君上是要杀头的，对此，机灵的李莲英忙说："太后息怒，请您后殿御览。"慈禧太后慢慢悠悠转到三世佛后，果见一慈眉善目的观世音坐在殿中央，此时方丈住持，还有慈禧的文武大臣也在这里。这时，李莲英喊道："老佛爷到。"其他人即刻跪伏高呼："恭迎老佛爷！"

慈禧见状明白了一半儿，但她故作不解地问道："你们迎接的是哪位老佛爷呀？"李莲英他们答道："就是迎接太后您老佛爷呀！""您就是当今救苦救难的观世音菩萨啊！""如今先皇晏驾，新皇尚幼，国不可一日无主，臣民们请您垂帘料理朝政，您可要救庶民于水火啊！"一席话说得慈禧心花怒放。自此，老佛爷这个称呼便从万寿寺传遍京城，举国上下，都称慈禧为"太后老佛爷"。慈禧也就心安理得地垂帘听政了。

第二种说法为，中国历史上历代帝王除了有"庙号"、"谥号"和"尊称"以外，有些帝王还有"特称"。如宋代皇帝的特称叫"官家"，明代皇帝的特称叫"老爷"，而清代皇帝的特称则叫"老佛爷"。实际上，"老佛爷"的称呼并非是慈禧一个人的专用，清朝各代皇帝的特称都叫"老佛爷"。

清朝帝王之所以用"老佛爷"这个称呼，是因为满族的祖先——女真族首领最早称为"满柱"。"满柱"是佛号"曼殊"的转音，意为"佛爷"、"吉祥"。后来，有的显赫家族，世袭首领，起名就叫"满柱"。满清建国后，将"满柱"汉译为"佛爷"，并将它作为皇帝的特称。而以皇太后身份称老佛爷的，只有慈禧一人，但因为她是清朝最后一个大权在握的实际上的"皇帝"，所以，"老佛爷"这个清朝皇帝的特称，后来就演变成她一个人的专称了。

第 348 天　皇帝为什么被称为"九五之尊"

古时皇帝贵为天子，还被称为是"九五之尊"，这是为什么呢？这个"九五之尊"是什么意思呢？

古时候，"九"和"五"这两个数字与封建宫廷有着密不可分的联系，象征着至高无上，只有封建帝王才能享有这样称呼。这种说法来源于《易经》。《易经》六十四卦的首卦为干卦，所谓干者，象征的是天，所以这一卦就成了代表帝王的卦象。干卦由六条阳爻组成，是极阳、极盛之相。从下向上数，第五爻称为九五，九代表此爻为阳爻，五为第五爻的意思。所以，九五是干卦中最好的爻，干卦是六十四卦的第一卦，因此九五也就是六十四卦三百八十四爻的第一爻了，即帝王之相。其中，这里所说的"九"并不是具体的数字，而是用来判断数字阴阳属性的符号。后来人们之所以将"九"和"五"当作具体的数字去运用，一是因为"九"和"五"两个数字在建筑上的使用也是非常符合美学原则的，再者就是为了契合代表帝王的"九五"之爻。

第 349 天 皇帝的老婆为何称为"后"

在中国古代宫廷中,皇帝拥有后宫佳丽三千,在众多的妻妾中,皇帝的正妻称为"皇后",也有古籍简称为"后";尊称皇帝的母亲为"皇太后";皇帝的祖母则尊为"太皇太后"。

为何皇帝之妻称为"后"呢?

在古代典籍中,"后"原为君主之意。《诗经》载:"商之先后,受命不殆,在武丁孙子。"对此,东汉末年的经学大师郑玄在其注解中说:"后,君也。"在周朝之前,天子之妻都被称为"妃",自周朝开始则称为"后"。如《礼记·曲礼下》记载:"天子之妃曰后。"到了秦始皇统一六国后,改天子为皇帝,并制定皇帝的正妻为皇后的后妃制度。不过,较完备的后妃制度和等级划分制度到了汉代才开始正式地执行。《汉书·高帝纪下》载:"尊王后曰皇后,太子曰皇太子。"

在甲骨文中,"后"字形为:左下方是一口字,右上方是一拢起的手。但自金文将"后"字形成镜像翻转,拢起的手移到左上方,便一直沿用至今。《说文解字》上载:"后,继体君也,像人之形,施令以告四方,发号者,君后也。"因为在远古氏族部落中,一般发号施令者为女性的权威,所以,"后"的意思为有权威的女性长辈。在甲骨文的卜辞中,"后"还经常用来代指氏族中的女性首领,因而被引申为帝王的正妻等含义。

皇后在后宫的地位就如同天子,是众妃之首,所以,后来的古代就称皇帝的老婆为"后"。

第 350 天 古代"先生"的称谓,你知道几个

先生是称谓,字面意思是指:出生得比较早。对地位、学识、资格比较高的人也可以称为先生。

"先生"这个称呼的历史也比较悠久了。历史上不同的时期,"先生"这个称呼对不同的人意思是不一样的。《论语·为政》:"有酒食,先生

馔。"注解说："先生，父兄也。"意思是将酒肴用于孝敬父兄。

在古代，这个词第一个是用来称呼老师的，见于《曲礼》："从于先生，不越礼而与人言。"从前老师大多数是男性，所以慢慢地"先生"就成为了一种对有一定身份地位的成年男子以及对知识分子的尊称。我们看明黄道周《节寰袁公传》："董先生（董其昌）曰：'公（袁可立）才兼数器，心运四虑。'"处于明朝时期的董其昌与黄道周的老师兼主考官袁可立是在同一年出生的，文中"先生"一词仍然保留着传统称呼的含义。再看明董其昌《节寰袁公行状》："呜呼哀哉！念其昌与公（袁可立）同举于兰阳陆宗伯先生之门。"此处的"先生"同样是指董其昌和袁可立的恩师陆树声。

清初，"老先生"变成了对相国的一种称呼。乾隆以后，"老先生"一词就很少用了。到了辛亥革命以后，"老先生"的称呼又开始盛行了，尤其是交际中，大家见了面，都称呼老成的人为"老先生"。

现在"先生"一词的用法也比较多。一般结了婚的女性可以将自己的丈夫或者是别人的丈夫称为"先生"。

第 351 天 你知道"和尚"一词的来历吗

"和尚"一词来源于梵文，意思是"师"。和尚本来是对人的尊称，有一定资格而且能够成为人师的人，才能够被人称为和尚。但是这个称呼并不是男子的专用词，出家的女性同样有资格称为和尚。到了后来，和尚一词多用于对出家人的称呼，而且一般是出家的男性群体专用的名词，和之前的意思有点不太一样。现在人们称呼出家人为"法师"。

和尚这个词，是由西域语言的音译过来的。在印度，人世间的博士通称为"乌邪"，在于阗国称和社或和沙，中国人把它翻译成了和尚。所以印度的外道也有和尚以及尚尼的。和尚一词，并不是佛教专用的名词，但是在佛教中，的确是有它的依据，佛教中的律藏、剃度师以及传戒师都被称作邬波驮耶，"和沙"一词，就是从此处得来的。

"和尚"一词，是汉文的讹误，在汉文中最早出现的，可能是石勒崇信佛图澄而叫佛图澄为"大和尚"。但在律中通常不用和尚，而是用"和上"，这样是和流俗的讹误区别开来，因为，根据邬波驮耶的本意，应该被翻译为亲教师。只有那些受了比丘戒十年以上，而且对比丘及比丘尼的二部大律特别熟悉之后，才有资格为人剃度、为人授戒，然后才能被叫作邬波驮耶。这不但和印度俗称博士的乌邪不同，也和中国误传的和尚不同。

第 352 天　平民为什么被叫作"匹夫"

顾炎武提出"天下兴亡，匹夫有责"的思想主张，意思是国家的兴盛和衰亡不再只是王侯将相忧虑的事，普通的平民百姓也要担当自己的责任。"匹夫"在古代原指平民男子，也泛指百姓，这里"匹夫"指的就是普通的老百姓。那么，这个词是怎么来的呢？为什么要把普通百姓称作"匹夫"呢？

匹，是量词，指整卷的绸或布，用作布帛的数量单位。在古代，四丈等于一匹。按照汉代班固《白虎通》所载："匹，偶也，与其妻为偶，阴阳相成之义也。"因此就夫妻而言，丈夫被称作匹夫，妻子被称作匹妇，指的是社会地位不高的平民。此后匹夫和匹妇用来指代普通人，也可只用匹夫来指代普通人。子曰："三军可夺帅也，匹夫不可夺志也。"（意思是一个军队的主帅可以被夺去，但一个普通人的志向是不可以被剥夺的。）战国的《左转·昭公六年》中有："匹夫为善，民犹责之，况国君乎？"（意思是普通老百姓都在做善事，人民按照规则行事，何况一国之君呢？）匹夫都用以形容普通人。

"匹夫"在有些情况下带有贬义，比如我们讽刺一个人好逞"匹夫之勇"，指的是那些性情急躁、有勇无谋，常耍狠斗勇的人。如在清昭连《啸亭杂录·书光显寺战事》中："余素以豪杰待王，今乃知王直匹夫耳！"意思是我平素把大王当作豪杰相待，现在才知道大王就是一个鲁莽的匹夫。在"匹夫"前面加上一个"老"字就成了骂人话，如果说一个人是"老匹夫"就是在鄙夷地辱骂这个人。

第 353 天　"老百姓"这一称呼是怎么来的

古代对人民的称呼有很多，比如庶民、平民、臣民、村民等，而"老百姓"是中国人的一种自称。那么，"老百姓"一词是怎么得来的呢？

说起"老百姓"的来历，我们先说一下"姓"这个字，它是由"女"和"生"组成的，母亲和孩子的姓有密切的联系。相传，黄帝姓姬，那是因为黄帝的母亲当时在姬水边上产下的黄帝。舜姓姚，是因为当时舜的母亲住在姚虚。当时，孩子的姓氏并不是跟随父亲的，比如说黄帝的后代就有 12 个不同的姓。所以那时候只有王公贵族才有姓，"百姓"也就是指的"百官"。当时的平民只能称为"黎民"或者"庶民"。

战国以后，出现了一个阶级，这个阶级的人数既不是贵族也不是奴隶，即这个阶级处于贵族和奴隶之间。因为这个等级的人也有姓，所以就用"百姓"来称呼他们了。这样一来，"百姓"、"黎民"、"庶民"都是对平民的称呼。也就有了"黎民百姓"这一词语。至于"老百姓"这一称呼不能在古书中查到，可能是某个朝代不会写书的"庶民"们开始自称"老百姓"，当时"老百姓"只能在百姓之间才敢说。这就是"老百姓"一词的来历。

第 354 天　县官老爷的办公地为何叫"衙门"

古装影视剧中当两人产生纠纷，或是某人犯了王法就会被带到衙门"说理"，据此人们对"衙门"有了一定的了解。不错，"衙门"就是古代官员的官署，官员办案、审案都要在衙门进行。但"衙门"一词的由来却有着一段相当有趣的"插曲"。

衙门其实是由"牙门"转化而来的。六扇门是衙门的另一个别称。古代常用猛兽的利牙来象征武力。"牙门"最早是古代军事用语，代指军旅营门。俗话说"天下合久必分，分久必合"，古代社会的发展就是在不断的战争中挣扎前进的，当时战事频繁，今天你来打天下，明日我来坐江山，全凭真枪实刀的征战讨伐，因此有才能的军事长官就特别被器重。军事将领们以此为荣，常常将猛兽的爪、牙放在办公的显眼处，以示军功。后来感觉此举太烦琐，索性就在军营门外立起几根大木头，把兽牙的图案绘于木头之上，有时还会把战旗的形状剪成兽牙状，战旗边缘剪裁成锯齿形的牙旗，于是，营门也被形象地叫作"牙门"。

汉朝末年，"牙门"正式成为了军旅营门的别称。随后这一称谓逐渐被官府移用。《武瓦闻见记》中记载："近俗尚武，是以通呼公府为'公牙'，府门为'牙门'，字稍讹变转而为'衙'也。"唐朝以后，"衙门"一词广为流行。到了北宋以后，人们就几乎只知道"衙门"而不知有"牙门"了。由"衙门"派生出许多词，如"衙役"，指衙门里的差役；"衙内"，指衙门里的警卫官，因多为官吏之子弟充任，所以称官吏之子弟为"衙内"，如《水浒传》里陷害林冲的高衙内。

第 355 天 人们常说"两口子"，这种说法究竟是怎么来的

人们对于"两口子"这一民间俗语都不陌生，它常用来形容夫妻俩，那么这种说法是怎么产生的呢？为什么要用"两口子"来指代夫妻二人呢？

"两口子"的历史渊源可追溯到清朝乾隆年间，它和一名叫张继贤的山东才子有关。因机缘巧合，张继贤邂逅了当地恶少石万仓的妻子曾素箴，两人一见钟情，随着交往的加深，更发现彼此情投意合，但是曾素箴已嫁作他人妇，这段爱情之路注定坎坷。

石万仓生性顽劣，又是个酒鬼，后来终因酗酒过度身亡。石家人接受不了石万仓过量饮酒导致死亡的事实，怀疑有违妇道的曾素箴和其相好张继贤联手谋杀了石万仓，于是不由分说将二人告到了当地府衙，一口咬定曾素箴谋害亲夫。县官听罢，义愤填膺，根本不让两人申辩，直接将他们打入死牢，并将他们押送到了京城。

一日，乾隆皇帝在翻看案例时，被张继贤一纸供状打动，觉得此人文采斐然，是不可多得的人才，遂萌生了救他一命的想法，之后亲自来到关

押张继贤的牢狱，与其交谈，发现他果真谈吐不凡，确实是个才子。

一次，乾隆皇帝在江南微服私访途经微山湖时，想出了一个办法：特批免除张继贤和曾素箴死罪，将二人分别发送到微山湖的卧虎口和黑风口，两口之间相隔不远，两人可以往来自如。因为张继贤和曾素箴经常往来于两口之间，所以他们被称之为"两口子"。后来"两口子"演变成夫妻的代名词。

第 356 天　学生为什么被称作"桃李"

人们常用"桃李满天下"来形容老师培养了许多学生。比如儒家学说创始人孔子一生培育了 3000 多名学生，其中较为知名的有 72 人，这位大教育学家真可谓是"桃李满天下"了。那么为什么要用"桃李"来指代学生呢？是因为学生多得数不胜数吗？为什么不用"杏梨"来形容学生呢？关于"桃李"的由来有两种说法。

一种说法是春秋时期，魏国有个学问渊博的大臣，名叫子质，他春风得意时曾培养过不少人，后因得罪魏文侯而失势，丢了官位，狼狈地跑到北方。在北方，他认识了一个叫简子的人，忍不住向其大倒苦水，抱怨自己培养过的人知恩不报，危难之时居然都不愿施以援手。简子听罢笑着对他说："春天种下桃树和李树，夏天可以在树下舒服地乘凉，秋天还可以吃到甘美的果子。但是，倘若你春天种下蒺藜，夏天用不到它，秋天还可能被它满身的刺刺伤。因此培养人才就好比种树，选择合适的对象再去培育，才会有好的结果啊！"所以后人就把培养人才叫"树人"，提拔培养的人才叫"桃李"。

另一种说法是子质逃到北方朋友家里避难，之后以教书育人谋生。学馆里栽种了一棵桃树和一棵李树，子质和学生们站在树下，语重心长地教导学生道："你们要努力学习，将来像这两棵树一样结出果实。"后来学生们成为了有用之才，他们为了感谢先生当年真挚的教诲，纷纷在自己的住处栽种桃树和李树，子质欣慰地说："我的学生真是桃李满天下啊！"从此"桃李"便指学生。

第一种说法更贴合实际，育树和育人本来就有很高的相似性，正所谓

"十年树木百年树人"，简子智慧的解答便是"桃李"一说的由来。

第 357 天　主人为什么又叫"东道主"

我们常把迎接客人的主人或宴请宾客的人叫作"东道主"，从字面上来看"东道主"就是"东面道路上的主人"，这跟请客又有什么关系呢？它又有什么来历呢？

关于"东道主"的说法有一个历史典故。春秋时期，晋国和秦国联合起来对付郑国，郑国势单力孤，连国都都被晋秦两国包围了。郑文公心急如焚，思量再三，把解围的重任托付给了老臣烛之武。烛之武不辱使命，当天夜里就趁夜色行动，他让人用粗绳绑住自己，然后从城头慢慢地吊下去，顺利地出了城，并见到了秦穆公。

秦晋两国虽然暂时结成同盟关系，但因为利益冲突，一直矛盾不断。烛之武充分利用了这一点，开始对秦穆公晓以利害，他分析道："秦晋两国一起灭掉郑国，对秦国来说一点好处都没有。从地理位置上看，晋国处于秦国和郑国之间，秦国难以通过晋国控制郑国，最终获利的还是晋国。而晋国实力的增加就意味着秦国实力的削弱啊！"

秦穆公认为烛之武言之有理，烛之武又接着说："如果贵国改变主意，让郑国存留下来，郑国愿意成为贵国东方道路的主人。如有贵国使者来访，一旦缺少什么，郑国就安排供应，这样不是更好吗？"

烛之武的一席话打动了秦穆公，于是秦国和郑国签订了合约。晋文公没有应对之策，只好不情愿地撤兵了。因为秦国在西方，郑国在东方，所以郑国对秦国而言就是"东道主"。此后，"东道主"泛指迎接客人的主人或宴请宾客的人。

第 358 天　"祖宗"的叫法是怎么来的

民间常把自家的和本民族的祖先叫作"祖宗"，那么"祖宗"这个称呼是怎么来的？为什么要把祖先称为"祖宗"呢？

在古代汉语中，"祖"和"宗"拥有不同的含义。泛指祖先的是"祖"。由于古代实行宗法制，祖先的身份地位就显得极为重要，如果家族的始祖和历代祖先都出身显赫，那么后人就会延续这种尊贵的血统，便可在社会以及家族谱系中获得较高的地位。因此，贵族们世世代代都要为自己的始祖和历代祖先建立庙宇，这个祖庙就被称为"祖"。"宗"就是为始祖之后历代先人建立的庙宇。后来人们把白手起家开创大业的人叫"祖"，把"祖"的继承人叫"宗"。自汉朝开始，就延续了这种叫法。开国之君被称为太祖、高祖或世祖，之后的继任者被称为太宗、世宗等。比如唐朝开国皇帝李渊叫唐高祖，而他的儿子李世民继承帝位后名号为唐太宗。"祖宗"连用指的就是祖先。

封建社会非常重视祖先，我们经常可以在电视上和书籍中看到人们供奉祖先和拜祭祖先的各种场景。发愤图强的后人总想"光宗耀祖"，做了错事总是要跪在祖先的牌位下忏悔，总之，祖先们不会因为生命的消逝而扯断了对后代的影响。国人重视家谱，有些人还为了自己是某些名人的后代而自豪不已，从这一点我们就可以看出与其说寻根是一种文化情结，不如说它代表的是一种身份认同。

第 359 天　"发小"的称呼是怎么来的

人们常把从小一起长大的朋友叫作"发小"，那么这个称呼是怎么来的呢？

"发小"来自北京方言，和东北地区的"光腚娃娃"是一个意思，指的是在一个院里长大每天玩在一起的小朋友或者是在幼儿园、小学跟自己十分要好的小伙伴。"发小"没有男女之分，他们在一个灯下写作业，在一个墙角捉蛐蛐，一起淘气闯祸，一块分享玩具和最简单的快乐。后来这种说法逐渐扩散到北方，成了北方民间常用的称呼。

发小虽不是自己的兄弟姐妹，但感情也是十分深厚的。发小之间的情谊是非常可贵的。长大之后，发小往往成了最特别的朋友。大家互相调侃小时候的糗事，一起开怀大笑，感叹时间过得太快。人们有什么工作和生活的烦恼，都愿意向自己的发小倾诉。发小不会像长辈那样严肃，也不会像一般朋友那样对自己漠不关心，他们会以幽默诙谐的话语直接击中你的要害，三言两语就让你喜笑颜开。

电视剧《你是我兄弟》里的马学军和英子就是发小，两人从小住在一个四合院里，每天一块上学放学。后来马学军遭遇家庭变故，又因为违反校规被开除。英子上大学时，马学军下海经商，两个人的感情还是像小时候一样好，马学军常常把搞到手的时尚小玩意送给她。后来马学军创业成功，英子成了他最得力的助手。两人从不计较利益得失，一起承担压力分享成果。

可见，发小是我们人生际遇里最应珍视的一类人，他们曾经像我们的影子，总是陪伴左右，即便分开了也总会再次相逢，他们能带给我们的正能量往往比我们想象的要多。

第 360 天　为什么称女儿为"千金"

古代的贵族少女常常被称为"千金"或"千金小姐"，用以表示身份的尊贵。那么，这个称呼是怎么来的呢？

"千金"最初并不是用来形容人的。秦汉时金多指黄铜，秦代一镒为一金，汉代一斤为一金，"千金"即一千斤黄铜，通常用以形容一大笔钱财。之后，"千金"就带有贵重的意思，比如我们日常所说的一笑千金、一诺千金、一言千金等。药王孙思邈所著的医书之所以取名为《千金方》，是因为人的生命有如千金贵重，上面所载药物可以救人性命，所以治病良方便可谓之千金方了。

"千金"开始用以形容人，早期可用在男性身上，并不专指女孩。南朝有个叫谢朏的男孩，聪明过人，年仅十岁就写得一手让人称赞的好文章，父亲谢庄甚是疼爱他，无论到哪儿都让他随行左右。一天谢朏跟父亲一起爬山游玩，回来之后父亲让他即兴写一篇游记，谢朏挥毫泼墨，一会儿就写完了一篇质量上乘的佳作。当时的宰相王景文夸赞谢朏是神童，谢庄感到十分自豪，于是用手抚摸着儿子的背说道："他真是我家千金啊！"

以后"千金"就用来形容出众的少年男子。

元朝以后，千金用来专指少女，含义是出类拔萃的女孩子，是对年轻女孩能力的赞美。"千金小姐"的称呼最早出现在张国宾的杂剧《薛仁贵》里。在明清时代的很多文学著作里，"千金"都用来称呼身份尊贵的大户人家女孩或是对别人家女孩的敬称。

第 361 天　什么是"雷池"，为何人们"不敢越雷池一步"

雷池是古代的地名，在今天的安徽望江县南。"雷池"一词出自三国时期的《孝子传》，而"不敢越雷池一步"的说法来自于《晋书·庾亮传》。

相传东晋时期，中书令庾亮为了确保西北边陲一带的国防安全，向朝廷举荐温峤到江州任职，命其训练士兵，提防强敌进犯。温峤到任不久，历阳太守苏峻起兵造反，带着叛军攻向京都建康。温峤得知后，马上召集三军，下令从水路进军京都，擒拿叛军首领苏峻。庾亮却不赞同这种做法，他写信给温峤说："吾忧西陲过于历阳，足下无过雷池一步也。"意思是西陲的敌人比叛乱的苏峻更让我担忧，你必须驻守原地，千万别越过雷池到京都。

温峤只好按兵不动。怎料苏峻的叛军打起仗来势如破竹，没过多久就逼近了建康，庾亮率领晋军迎战杀敌，却被打得落花流水，京都建康失陷。最后庾亮只好投奔温峤，温峤并没有把战事失利的责任归咎到庾亮头上，而是心平气和地请他守卫白石的营垒，自己秣马厉兵，强化水军作战能力，准备与苏峻一决雌雄。之后温峤和庾亮同心协力打败了叛军，除掉了苏峻，终于平息了叛乱。

庾亮让温峤不要跨越雷池一步，是对形势的错误估计，从战略上看是十分不明智的。之后人们就用"不敢越雷池一步"形容墨守成规、不敢推陈出新，难以适应局势的变化，总把行动控制在可操纵范围内的做法。

第 362 天 "乱七八糟"一词的来历你知道吗

我们知道"乱七八糟"是用以形容事情一片混乱的状态,可是你知道人们为什么用数字"七"和"八"来形容乱,而不用"五"和"六"呢?

"乱七八糟"的说法源自历史上的两个典故。其中一个典故出自西汉景帝时期。当时各诸侯王财力雄厚、封地众多,又享有各种特权,势力越来越庞大,已经严重威胁到了王权的统治。晁错便提出通过"削藩"来巩固国家政权的政策。所谓的削藩就是指削减地方诸侯的封地和权力。汉景帝采纳了这一建议。政策刚刚施行,就遭到了众诸侯的强烈抗议。汉景帝三年(前 154 年)时,吴、楚两国率领七国打着"诛晁错,清君侧"的旗号谋反,史称"七国之乱","乱七"一词便由此产生。

另一个典故出自西晋时期。开国皇帝司马炎驾崩后,贾后独揽朝政,权倾朝野。永康元年,赵王伦率军攻入国都洛阳,杀死贾后,诛灭余党,拉开了皇族夺权斗争的序幕,这场旷日持久的血战持续了十六年,先后有八个同姓王加入混战,给人们带来了深重的苦难,史称"八王之乱"。这场皇室内部的残酷战争,彻底扰乱了时局,全国上下一片混乱,动荡的政局严重影响到了人民的生产和生活,于是百姓就把"糟"(原是指"做酒剩下的渣子",后来衍生为"把事情办糟")和"八王之乱"联想到了一起,"八王之乱"就被称为"八糟"。

后人将"七国之乱"和"八王之乱"联系起来,构成了"乱七八糟",用以形容事情办得一团糟。

第 363 天 打败仗为何叫"败北"

"败北"就是吃败仗的意思,也引申为事情没办好、竞争失败或大选失利。那么,为什么用"败北"来形容失败呢?是指打了败仗就向北方奔逃吗?那为什么不用"败东"或"败西"呢?

其实"北"指的并不是方位词,跟"东西南北"中的"北"毫无关联。在古代汉语语境里，"北"是"背"或"相背"的意思。在甲骨文中，"北"指的是两个人背靠背。古人作战非常讲究规则，双方交战之后，如果决出了胜负，战败方撤退的时候要背对着获胜的一方。因此"背"（即"北"）就有了战败的含义。兵法云"佯北勿从"，"北"就是"败退""败逃"的意思，指的是如果敌军佯装败逃，千万不要盲目追击。《左传·哀公二年》中"大子救之以戈，郑师北。"中的"北"指的也是同样的意思。但兵强马壮的军队也喜欢"追奔逐北"，意思是追杀背向自己狼狈逃命的敌人。据《史记·高祖本纪》记载，秦兵战斗力极强，常常乘胜追击溃败逃跑的敌军。

秦汉之后，人们开始用"败北"来形容打败仗。在司马迁为项羽所写的传记《史记·项羽本纪》中，这位非同凡响的本色英雄自起兵以来，足足八年，身经七十余战，几乎战无不胜，攻无不克从来就不知道什么叫作失败。书中所载的"未尝败北"就是指从来没有战败过的意思。后来"败北"这个词被引申为办事不力、竞争失败或没能赢得大选。比如某国运动员与金牌失之交臂或者某位令人看好的政客最终落选，我们就可以用"败北"来形容他们。

第 364 天　"耳旁风"指的是什么风

"耳旁风"又叫耳边风，是指对别人所讲的话毫不在意、充耳不闻。我们常说的"左耳进，右耳出"就是这个意思。通常，长辈批评晚辈或者老师批评学生时，总喜欢说："你们把我的话当耳旁风了？"那么"耳旁风"这个词是怎么来的呢？它究竟指的是什么风？

"耳旁风"是由"秋风过耳"转变而来，出自汉代《吴越春秋·吴王寿梦传》中的一句："富贵之于我，如秋风之过耳。"

相传春秋时期，吴王寿梦膝下有四子，长子叫诸樊，次子叫余祭，三子叫余昧，四子叫季礼。四子之中，小儿子季礼各方面表现都十分出色，而且品德高尚，性情温良，因此最受吴王喜爱。吴王寿梦曾想过把国家交给季礼管理。由于在当时的历史时期，国王去世后，王位一般由长子继承，所以把王位传给德才兼备的季礼是不符合当时的继位制度的。但寿梦不是一个墨守成规的人，在临终前向儿子们宣布了这一重大决定，但却遭到了季礼的拒绝。由于季礼不肯继承王位，寿梦只好下诏规定王位由四个儿子依序相继继承。

寿梦离世后，季礼的兄长们依此登上了王位，按照寿梦的遗诏，该轮到季礼当大王了。季礼对王位还是不受，他十分平静地说："父王在世时，我已表态不想继承王位。我追求的是做人正直，品行高尚，至于王权富贵，对我而言不过是秋风过耳，不值得留恋。"但他的三哥余昧为完成父愿，还是想让季礼做王，季礼只好隐居起来，直到余昧的儿子继位后方才回宫，之后尽心竭力辅佐新王，处理朝政。

现在"耳旁风"的含义虽然有了一点变化，但跟古时的用法基本是相同的，都是指对别人的话漠不关心，或者对某种事物毫不放在心上。

第 365 天　"小巫见大巫"是怎么来的

"小巫见大巫"指的是见到比自己更有才干的人，无法展现自己的能力。后来喻为两者相较，一个和另一个相差甚远。这个词起源于《三国志注》中的一则故事。

故事的大致情节是：陈琳和张纮是三国时代的同乡好友，虽然两人各为其主，一个为魏王效力，另一个为东吴孙权出谋划策，但因为都爱写文章，又互相欣赏对方的才华，所以经常通信往来切磋和探讨作品。

一天，张纮兴致大发写了一篇赋。远在千里的陈琳读完后，认为是上佳作品，就在宴请宾客时，特意与宾客们一起欣赏文章的精妙之处，读完之后还连连赞叹说："这篇文章写得多么不同凡响啊！文风清新脱俗、文笔流畅自如、文采飞扬洒脱，句句都是神来之笔啊！你们可知它是出自我同乡张纮的笔下……"没过多久，陈琳作了《武库赋》和《应机论》两篇文章，张纮见到后赞叹不已，于是写信夸赞陈琳说这两篇作品文辞优美清新、见解新颖深刻，是难得的佳作，并表示自己愿意虚心向他学习。

陈琳收到来信后感慨万千，他在回信时谦逊地写道："我生活在闭塞的北方，没有太多机会跟饱学之士交流，也没见过什么世面。这里没有多少能舞文弄墨的人，所以我很容易显露头角，得到了过多的赞美，其实我并没有那么优秀，和像你一样有真才实学的人相比，就好像小巫见大巫，相差得太悬殊了，我都没办法施展自己了。"